Timo Grünzinger

Künstliche Intelligenz und Unternehmenskultur

Auswirkungen einer neuen disruptiven Technologie auf den Arbeitsmarkt

Bibliografische Information der Deutschen Nationalbibliothek:

Die Deutsche Nationalbibliothek verzeichnet diese Publikation in der Deutschen Nationalbibliografie; detaillierte bibliografische Daten sind im Internet über http://dnb.d-nb.de abrufbar.

Impressum:

Copyright © Studylab 2019

Ein Imprint der GRIN Publishing GmbH, München

Druck und Bindung: Books on Demand GmbH, Norderstedt, Germany

Coverbild: GRIN Publishing GmbH | Freepik.com | Flaticon.com | ei8htz

Inhaltsverzeichnis

Danksagung V

Abstract VI

Abkürzungs- und Symbolverzeichnis VII

Abbildungsverzeichnis VIII

1 Einleitung 1

    1.1 Fragestellung und Zielsetzung der Arbeit 1

    1.2 Struktureller Aufbau der Arbeit 2

2 Literarische Grundlagen von Künstlicher Intelligenz und dessen zunehmende Auswirkungen auf den Arbeitsmarkt und die Unternehmenskultur 4

    2.1 Definition von Kernbegrifflichkeiten 4

    2.2 Mensch-Maschine-Beziehung 7

    2.3 Human-Resource-Prozesse 10

    2.4 Implikationen auf den Arbeitsmarkt 12

3 Qualitativ empirische Analyse auf Grundlage von leitfadengestützten Experteninterviews 14

    3.1 Beschreibung und Begründung der Forschungsmethodik: Das semi-strukturierte Experteninterview 14

    3.2 Auswertung des Kategoriensystems 18

4 Diskussion der Forschungsergebnisse 32

    4.1 Interpretation der Forschungsresultate und Abgleich mit der Literaturanalyse 32

    4.2 Klärung der übergeordneten Forschungsfrage 36

    4.3 Analyse der Haupterkenntnisse unter utilitaristischer Betrachtung 37

    4.4 Handlungsempfehlungen für Unternehmen 40

5 Fazit und Ausblick **42**

6 Literaturverzeichnis **44**

7 Anhang **48**

    7.1 Semi-Strukturierter Fragebogen 48

    7.2 Tabellarisches Kategoriensystem 50

    7.3 Transkribiertes Experteninterview 1 53

    7.4 Transkribiertes Experteninterview 2 66

    7.5 Transkribiertes Experteninterview 3 76

    7.6 Transkribiertes Experteninterview 4 84

    7.7 Transkribiertes Experteninterview 5 102

    7.8 Transkribiertes Experteninterview 6 121

    7.9 Transkribiertes Experteninterview 7 132

    7.10 Transkribiertes Experteninterview 8 143

Danksagung

An erster Stelle möchte ich meinem Studiengangsleiter und Betreuer Prof. Dr. Hans-Rüdiger Kaufmann danken, welcher mich nicht nur richtungsweisend und mit viel Engagement während meiner Bachelorarbeit begleitete, sondern mir ebenfalls während meines gesamten Studiums mit Rat und Tat bei Seite stand.

Des Weiteren gilt ein besonderer Dank allen Teilnehmern meiner Experteninterviews, ohne die diese Arbeit nicht hätte entstehen können. Mein Dank gilt ihrer Informationsbereitschaft und ihren interessanten Beiträgen und Antworten auf meine Fragestellungen.

Ein herzliches „Dankeschön!" geht auch an meine Freunde Melina Bluhm und Daniel Zotov, für ihre Zeit und Mühe als Korrekturleser und die konstruktive Kritik.

Abschließend möchte ich mich bei meinen Eltern bedanken, die mir mein Studium durch ihre Unterstützung ermöglicht haben und stets ein offenes Ohr für meine Sorgen hatten.

Abstract

Nach Aussage führender Ökonomen und Politiker wird Künstliche Intelligenz (KI) im kommenden Jahrzehnt zu einem massiven Wandel innerhalb wirtschaftlicher, sowie gesellschaftlicher Strukturen führen. Dieser aufstrebenden intelligenten Technologie wird bereits ein größeres Potential als der Erfindung der Dampfmaschine prognostiziert (vgl. Bughin et al., 2018, S. 2 f.). Daraus abgeleitet ist es für Führungskräfte von erheblicher Bedeutung, zu erfahren, ob und in welchem Umfang eine KI auf ihr Unternehmen Einfluss nehmen wird.

Die vorliegende Arbeit gibt daher einen grundlegenden Überblick über die Auswirkungsformen von KI auf den Arbeitsmarkt und Unternehmenskulturen und geht anschließend darauf ein, inwiefern Firmen sich unter einem ethischen Aspekt frühzeitig und erfolgreich gegen den disruptiven Wandel konditionieren können. Hierzu wurden fünf als erheblich betrachtete Kernfaktoren – Auswirkungen auf Unternehmen, Mensch-Maschine-Beziehung, Human-Resource-Prozesse, Implikationen auf den Arbeitsmarkt und ethische Betrachtung – aus der Literatur abstrahiert. Im Hinblick des sehr jungen Forschungsgebietes wurden zudem acht Experten befragt und mit Hilfe der Qualitativen Inhaltsanalyse nach Mayring zielgerichtet ausgewertet und mit dem Literaturstand abgeglichen.

Die Arbeit kommt so zu dem Ergebnis, dass KI eine erhebliche Veränderung von alltäglichen Arbeitsweisen, sowie Mitarbeiterkompetenzanforderungen verursacht und in diesem Sinne ein zunehmendes Substitutionsgut menschlicher Arbeitskraft darstellt. Eine Anpassung von Unternehmenskulturen ist somit für die Sicherung einer harmonischen Implementierung von KI unausweichlich. Durch die Neuartigkeit des Themengebietes, sowie den immer schneller werdenden technologischen Wandel sind die Ergebnisse dieser Arbeit nur in einem aktuellen Zeitbezug als valide zu betrachten. Daraus folgt, dass die abschließend genannten Handlungsempfehlungen an ein Unternehmensmanagement eine weitere akademische Langzeitverifizierung, wie beispielhaft eine Längsschnittstudie, benötigen.

Schlüsselwörter: Künstliche Intelligenz, Arbeitsmarkt, Wertewandel, Management, Unternehmenskultur, Innovation, Arbeitsweisen, Technologischer Wandel, Digitalisierung.

Abkürzungs- und Symbolverzeichnis

B	Befragter (Experte)
E	Experteninterview
HR	Human Resources
I	Interviewer
IT	Informationstechnik
K	Kategorie
KI	Künstliche Intelligenz
PwC	PricewaterhouseCoopers
§	Absatz (des Experteninterviews)

Abbildungsverzeichnis

Abbildung 1: Modell der Unternehmenskultur nach Schein.................................. 5

Abbildung 2: Wie Manager ihre Zeit verbringen... 9

Abbildung 3: Zuordnung der Leitfragensegmentierung mit untergeordneten Forschungsfragen & Kategoriensystem 16

Abbildung 4: Faktoren einer harmonischen Integrierung von Künstlicher Intelligenz im eigenen Unternehmen 21

Abbildung 5: Kernanforderungen an zukünftige Arbeitnehmer ausgelöst durch technologischen Wandel.. 25

Abbildung 6: Politische Maßnahmen zur Gewährleistung eines ethischen Einsatzes von Künstlicher Intelligenz 30

1 Einleitung

Der deutsche Wirtschaftsminister, Peter Altmaier, bezeichnete die Entwicklung von KI als „Schlüsselfrage für Deutschland und Europa" (Altmaier, 2018, S. 1). Diese neuartige Technologie sei „keine Innovation wie viele andere" (Altmaier, 2018, S. 1). Sie stelle eine zukünftige technische Notwendigkeit dar, die schon in wenigen Jahren alle Wirtschafts- und Lebensbereiche durchdrungen haben werde (vgl. Altmaier, 2018, S. 1). Demnach soll Deutschland nach dem Willen der Bundesregierung weltweit führend in der Entwicklung dieser intelligenten Technologie werden. Das Bundeskabinett verabschiedete daher Mitte des Jahres 2018 Eckpunkte für eine nationale KI-Strategie. Das übergeordnete Ziel ist es, das Land zum führenden KI-Standort auf der ganzen Welt zu machen (vgl. Armbruster, 2018, S. 1). Doch da diese Thematik auch mit einer starken ökonomischen Automatisierung und somit der Angst der Bevölkerung um den Entfall von Arbeitsplätzen verbunden ist, ergänzte der Bundesminister für Arbeit und Soziales:

„Künstliche Intelligenz wird die Arbeitswelt und somit auch die Gesellschaft verändern. Mir ist wichtig, dass die Arbeitnehmerinnen und Arbeitnehmer in diesem Prozess Schritt halten können und den Wandel auch als Chance begreifen" (Heil, 2018, S.1).

1.1 Fragestellung und Zielsetzung der Arbeit

Zugeschnitten auf diese beschriebene gesellschaftliche Wissenslücke gibt die vorliegende Bachelorarbeit Einblicke auf die Konsequenzen der zunehmenden Evolution und unternehmerischen Implementation von KI auf den Arbeitsmarkt und Unternehmenskulturen, um im Anschluss Handlungsempfehlungen zu deduzieren, welche aufzeigen, wie sich solche Organisationen frühzeitig auf den disruptiven Wandel konditionieren können.

Abgeleitet lautet die übergeordnete Forschungsfrage wie folgt:

> Welche Auswirkungen beinhaltet der Einsatz und die Weiterentwicklung von Künstlicher Intelligenz in Unternehmen auf den Arbeitsmarkt und die Unternehmenskultur?

Als Lösungsansatz werden basierend auf der Auswertung der bestehenden Literatur und der durchgeführten Forschungsmethodik Antworten auf nachfolgende untergeordnete Forschungsfragen generiert, welche zielführend in der Beantwortung der Kern-Forschungsfrage münden:

- Inwiefern ist eine Steigerung der Einflussnahme von KI auf Unternehmen zu erwarten?
- In welcher Art und Weise wird KI Mitarbeiter in ihren Arbeitsweisen beeinflussen?
- Inwieweit können sich Firmen gegenüber dem Wandel von KI konditionieren?
- Wie wirkt sich KI auf Human-Resource-Prozesse aus?
- Werden durch KI neue Kompetenzanforderungen an Nachwuchsarbeitskräfte generiert?
- Lassen sich Fokusindustrien identifizieren, welche stärker von dem Wandel und einer Arbeitsverknappung durch KI betroffen sind?
- Lassen sich bestehende Mitarbeiter auf neue Anforderungen von KIs umschulen?
- Ist es unter einer ethischen Betrachtungsweise sinnvoll KI weiterzuentwickeln und zu implementieren?

Die Antworten der Forschungsfragen werden darauffolgend unter dem ethischen Modell des Utilitarismus diskutiert, welches im Kern das Ziel besitzt, das größtmögliche Glück für die größtmögliche Anzahl von Personen zu fördern und so das Leid der Allgemeinheit zu minimieren (vgl. Müller, 2003, S. 167-191). Final werden basierend auf diesen ethischen Rahmenbedingungen Handlungsempfehlungen für Unternehmen herausgearbeitet. Diese Bachelorarbeit dient daher als erste Informationsquelle für leitende Angestellte von Firmen, um sie darüber zu informieren, wie KI sich in Zukunft auf ihr Arbeitsumfeld auswirken wird, und um ihnen geeignete Konditionierungsmaßnahmen gegenüber diesem Wandel aufzuzeigen.

1.2 Struktureller Aufbau der Arbeit

Zu Beginn dieser Bachelorarbeit steht der Fokus der Literaturanalyse auf der Definition der Terminologie von Kernbegrifflichkeiten, um dem Leser vorweg ein Grundverständnis des Forschungsgebietes zu vermitteln. Daran anschließend erfolgt eine Beschreibung von repräsentativen Studien und Fachliteratur, um aufzuzeigen, welchen Einfluss KI auf heutige geschäftliche Arbeitsweisen, HR Prozesse und somit ebenfalls auf die Unternehmenskultur, sowie den Arbeitsmarkt nimmt und welcher weitere Entwicklungsverlauf prognostiziert wird.

Darauf aufbauend beginnt der explorativ qualitative Forschungsabschnitt der wissenschaftlichen Arbeit. Anfänglich wird hierbei die primäre Forschungsmethodik – das leitfadengestützte Experteninterview – und dessen Auswertungsmethode – die Qualitative Inhaltsanalyse nach Mayring – beschrieben und begründet. Im zweiten Abschnitt der Forschung werden die Antworten von den insgesamt acht Experten verschiedener Unternehmensbereiche, Hierarchiepositionen und der Wissenschaft ausgewertet, welche durch einen semi-strukturierten Fragebogen zu den Auswirkungen des zunehmenden Einsatzes von KI, ebenfalls unter den Aspekten der vorangegangenen aufgezählten Forschungsfragen, auf den Arbeitsmarkt und die Unternehmenskultur befragt wurden.

Anschließend an die Forschung findet eine kritische Betrachtung der empirischen Ergebnisse statt. Hierbei werden die Resultate der Literaturanalyse und der Auswertung der Experteninterviews abgeglichen und zur zielgerichteten Beantwortung der Forschungsfragen eingesetzt. Ebenso beinhaltet die Diskussion eine prüfende Analyse der erarbeiteten akademischen Haupterkenntnisse unter der Reflexion der utilitaristischen Ethik, um im Anschluss Handlungsempfehlungen für ein Unternehmensmanagement auszusprechen.

Finalisierend erfolgt ein Resümee und ein Ausblick, womit die Inhalte und Schlussfolgerungen dieser Bachelorarbeit und damit die Antwort der übergeordneten Forschungsfrage zusammengefasst beschrieben, sowie bestehende wissenschaftliche Limitationen und weiterer Forschungsbedarf genannt werden.

2 Literarische Grundlagen von Künstlicher Intelligenz und dessen zunehmende Auswirkungen auf den Arbeitsmarkt und die Unternehmenskultur

Beginnend mit der Literaturanalyse werden zunächst die wichtigsten Nomenklaturen definiert und beschrieben, um den Leser ein allgemeines Grundverständnis der behandelnden Thematik zu vermitteln:

2.1 Definition von Kernbegrifflichkeiten

Künstliche Intelligenz

Der Begriff Künstliche Intelligenz, abgekürzt KI bezieht sich auf jedes System oder technische Gerät, welches eine Kombination von maschinellem Lernen, Robotik und/oder Datenanalyse verwendet und somit mit weniger Ressourcen ein gewinnbringenderes Ergebnis im Vergleich zum Altsystem erreicht. KI ermöglicht es Unternehmen, ihre Prozesse so zu optimieren, dass bestimmte menschliche Limitationen überwunden werden können. Intelligente Automatisierung kann Maschinen zukünftig dazu befähigen, Menschen in den meisten ökonomisch relevanten Disziplinen bei weitem zu überbieten (vgl. Byrum, 2018, S. 29).

Zu beachten ist in diesem Kontext, dass das Wort „Intelligenz" im Vordergrund der verschiedenen Definitionen von KI steht. So beschrieb beispielsweise John McCarthy, einer der ersten Pioniere auf diesem Gebiet, bereits 1995 das Ziel von KI als den Versuch, Maschinen zu entwickeln, welche unser Verhalten und unsere Intelligenz nachahmen können (vgl. Ertel, 2009, S. 1). Eine weitere zeitlose Definition gibt beispielsweise Elaine Rich und fasst den Kern dieser intelligenten Technologie folgendermaßen zusammen: „Artificial Intelligence is the study of how to make computers do things at which, at the moment, people are better" (Rich, 1983 zitiert nach Ertel, 2009, S. 2). Es handelt sich somit um den zielgerichteten Versuch, Maschinen (Computer) als Substitutionsgut menschlicher Arbeit zu entwickeln.

Unternehmenskultur

In der Literatur finden sich zahlreiche Erklärungsansätze rund um das Forschungsgebiet der Unternehmenskultur, sodass eine einheitliche Definition schwierig ist. Eine Auflistung diverser Begriffsbestimmungen gibt beispielsweise Sonja Sackmann (vgl. Sackmann, 2006, S. 3 ff.). Die vorliegende wissenschaftliche Arbeit orientiert sich nun primär an dem Modell von Unternehmenskultur-Vorreiter Edgar Schein, da dieses in der aktuellen Literatur und Wissenschaft einen starken

Einfluss entwickelte (vgl. Bauschke, Hofman, Homma, 2014, S. 4). Schein definiert die Unternehmenskultur als ein „Muster von Annahmen" (Schein, 1985, S. 9), welche einer Gruppe oder Organisation dazu dienen sollte, sich erfolgreich an eine sich wandelnde Umwelt anzupassen – externe Adaption – sowie die Sicherung des internen Zusammenhalts – interne Integration – zu gewährleisten (vgl. Schein, 1985, S. 9; Bauschke, Hofman, Homma, 2014, S. 4).

Dabei teilt Schein diese Annahmen in drei Ebenen auf: „Grundannahmen", „Werte und Normen", sowie „Artefakte" (vgl. Franzke, Wien, 2014, S. 12 & 29 ff.) (Abbildung 1).

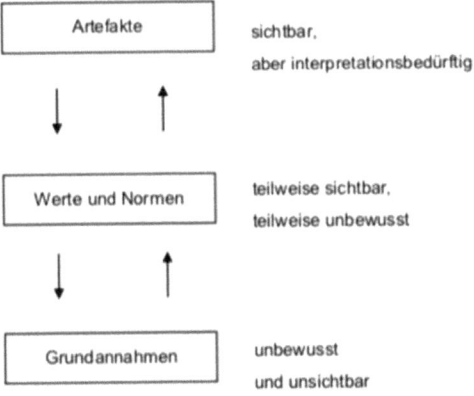

Abbildung 1: Modell der Unternehmenskultur nach Schein
Quelle: Schein, 1984, S. 4.

Erstere bilden das Fundament der Unternehmenskultur und beinhalten grundlegende Orientierungs- und Verhaltensmuster. Sie können daher auch als Weltanschauung bezeichnet werden. In der zweiten Ebene manifestiert sich diese Weltanschauung in konkreten Verhaltensstandards und umfasst beispielsweise Gebote, Verbote und Verhaltensrichtlinien. Hierbei entsteht eine Art Mitarbeiterkodex mit Gesetzen und Regeln, die darüber entscheiden, welches Verhalten richtig oder falsch ist (vgl. Hofman, Homma, 2014, S. 7). Artefakte stellen die oberste Ebene dieses Modells dar und meinen das sichtbare Verhalten der Mitglieder einer Unternehmenskultur, welches sich aus den Normen und Werten der zweiten Ebene ergibt. Sie können dabei in Symbole (z.B. Firmenlogos), Gebäude (z.B. Unternehmensarchitektur), Sprache (z.B. Akronyme), Geschichten (z.B. Erfolgsgeschichten), Rituale (z.B. Dresscodes) und Zeremonien (z.B. Mitarbeiterehrungen) unterteilt werden (vgl. Trice, Beyer, 1993 zitiert nach Hofman, Homma, 2014, S. 7).

Arbeitsmarkt

Die Literatur der Volkswirtschaft definiert den Arbeitsmarkt weitläufig als das „Zusammentreffen von Angebot und Nachfrage der privaten Haushalte, Unternehmen und des Staates" (vgl. Wohltmann, 2018, S. 1). Im Kontext einer ethischen Betrachtungsweise des Phänomens KI fokussiert sich die vorliegende Arbeit dabei insbesondere auf die Perspektive der privaten Haushalte. Unter diesem Aspekt umfasst die Forschungsfrage – „Welche Auswirkungen beinhaltet der Einsatz und die Weiterentwicklung von Künstlicher Intelligenz in Unternehmen auf den Arbeitsmarkt?" – die sich daraus ergebenden Konsequenzen für private Haushalte, verursacht durch eine Veränderung der Arbeitsnachfrage seitens der Unternehmen, welche KI zunehmend einsetzen.

Utilitarismus

Im Utilitarismus handelt es sich um eine normative Ethik, dessen primäre Frage lautet, welche moralischen Regeln erstrebenswert sind und wie diese rational begründet werden können. Das Ziel ist es, ein Kriterium zu erschaffen, an dem man die moralische Richtigkeit von Handlungen messen kann. Im Laufe der Zeit evolvierte eine große Varietät von Strömungen des Utilitarismus (vgl. Höffe, 2008, S. 10). Nachfolgend widmet sich diese Arbeit den Ausprägungen mit der höchsten Popularität:

Jeremy Bentham (1748-1832), welcher einen der substanziellsten Beiträge zur utilitaristischen Ethik verfasste, ging davon aus, dass sich der eigentliche Antrieb eines Menschen in seinem Streben nach Glück widerspiegelt. Somit gilt die Realisierung menschlicher Bedürfnisse als höchstes zu besitzendes Gut. Für Bentham ergab sich daraus das Prinzip der Nützlichkeit, auch genannt: „Das größte Glück der größten Zahl" (vgl. Bentham, 2013, S. 14-15). Nach dieser Modularität gilt jede Handlung als moralisch richtig, welche die Tendenz aufweist, das Glück mehrheitlich derjenigen Menschen, deren Interessen davon betroffen sind, zu vervielfältigen, beziehungsweise das Unglück dieser zu mindern (vgl. Bentham, 2013, S. 56). Nicht das Motiv einer Handlung, sondern lediglich ihre Konsequenzen sind schlussendlich von Bedeutung – auch Handlungsutilitarismus genannt – (vgl. Bentham, 2013, S. 10). Diese von Bentham angeführten Grundgedanken wurden anschließend von John Stuart Mill (1806-1873) mit seinem Werk „Utilitarianism" mit eigenen Thesen erweitert und vervollständigt. So ergänzte Mill vor allem das von Bentham angeführte Beurteilungskriterium einer Freude (hauptsächlich Quantität) um den Zusatz der Qualität (vgl. Mill, 2006, S. 26). Während sein Vorgänger die vom

Menschen empfundene Richtigkeit einer Freude für deren Glücksempfinden als nicht relevant betrachtete – „Quantity of pleasure being equal, pushpin is as good as poetry" (Mill, 2006, S. 203) –, behauptete Mill, dass Menschen sehr wohl in der Lage seien, die Qualität einer Freude bei deren Konsum zu berücksichtigen (vgl. Mill, 2006, S. 26-28). So kam das berühmte Zitat zustande: „Es ist besser ein unzufriedener Mensch zu sein, als ein zufriedenes Schwein" (Mill, 2006, S. 27). Dieser Mill entsprungene neue Gedanke der utilitaristischen Ethik wurde im Laufe der Geschichte als Regelutilitarismus bekannt, da hierbei nicht das Ergebnis einer Handlung über die moralische Richtigkeit entscheidet, sondern die Handlung als solche.

Nachdem nun die Grundbegriffe KI, Unternehmenskultur, Arbeitsmarkt und Utilitarismus definiert worden sind, wird im Nachfolgenden zielgerichtet die übergeordnete Forschungsfrage untersucht, inwieweit sich das Fortschreiten von KI in einem wirtschaftlichen Umfeld auf die Unternehmenskultur und den Arbeitsmarkt auswirkt.

Vorab ist jedoch zu erwähnen, dass durch den jungen Charakter des Forschungsgebiets die derzeitige Wissenschaft wenig umfassende Erkenntnisse über die Beantwortung der Forschungsfrage der vorliegenden Arbeit liefert. Vielmehr wird daher in diesem Kapitel ein Überblick über den aktuellen Stand zu den aus der Literatur deduzierten Teilgebieten „Mensch-Maschine-Beziehung", „Human-Resource-Prozesse" und „Implikationen auf den Arbeitsmarkt" im Kontext von KI gegeben. Als Quellenbasis dienen hierfür primär wissenschaftliche Fachjournals, Studien von Unternehmen, als auch Universitäten, sowie Interviews mit leitenden Managern und Geschäftsführern.

2.2 Mensch-Maschine-Beziehung

Arbeitsweisen im Wandel

In einem Fachartikel namens „Mögliche Auswirkungen einer entwickelten KI auf Arbeits- und Lebenswelt" von Görz et al. wird diskutiert, inwieweit sich Arbeitsweisen in den folgenden Jahren wandeln werden. Dabei unterscheiden die Autoren zwischen drei hypothetischen Zukunftsszenarien von KI, in denen der technologische Stand unterschiedlich weit fortgeschritten ist (vgl. Görz et al., 1992, S. 2).

Im ersten Stadium sind Maschinen in der Lage, intellektuelle Routinetätigkeiten, wie Rechnen und Sortieren zu vollführen und als Expertensysteme „Wissen" zu speichern und zu vervielfältigen. Görz et al. sprechen in diesem Kontext von einer „Neubewertung der Ressource Wissen" (Görz et al., 1992, S. 4), da maschinell erzeugte Fachkenntnisse günstiger sind und somit den Wert von (Berufs-)Qualifikationen sinken lassen. In diesem Stadium ist es annehmbar, dass KI die Experten unterstützt, indem sie beispielsweise breit aufgestelltes Personal mit Spezialwissen anreichert, sowie das Kommunikationsproblem zwischen mehreren Spezialgebieten und -experten auflöst. In ferner Zukunft ist es somit denkbar, dass die Rolle eines Spezialisten, wie eines Ingenieurs, weniger darin bestehen wird, ein Fachmann mit tiefgreifendem Fachwissen zu sein (vgl. Görz et al., 1992, S. 4-5).

In der zweiten Entwicklungsphase einer KI kann diese Wissen selbstständig verknüpfen und repräsentieren. Ebenso kann sie Fehler selbst erkennen, sowie eigene Reparaturen durchführen (vgl. Görz et al., 1992, S. 4). Die Problematik, welche hierbei auftritt, ist die Frage nach Verantwortung und Abhängigkeit von Menschen gegenüber KI. Wenn Maschinen sich beispielsweise selbst reparieren können, wer trägt dann die Verantwortung für eine fehlerhafte Reparatur? Ebenso wenn die Arbeitsweisen von KI immer intransparenter werden, in welche Abhängigkeit und Unwissenheit wird die Menschheit geraten (vgl. Görz et al., 1992, S. 6-7)? In diesem Zusammenhang betonen Görz et al.: „Die komplexen Interaktionen der maschinellen Prozesse, die auf die eigene Programmstruktur Einfluss nehmen können, erscheinen ebenso wenig abschätzbar wie der Verlauf evolutionärer Prozesse" (Görz et al., 1992, S. 7).

In der dritten und somit letzten Evolutionsstufe einer KI wird ein Level erreicht, in dem sie sich selbstständig weiterentwickelt und intelligent auf ihre Umwelt reagieren kann. Maschinen sind hierbei in der Lage, menschliche Eigenschaften wie Kreativität, Spontanität und Zielstrebigkeit nachzubilden und können deshalb als „Künstliches Leben" bezeichnet werden (vgl. Görz et al., 1992, S. 2). Bei diesem Szenario ist es denkbar, dass ganze Branchen, wie beispielsweise die Güterproduktion, gänzlich automatisiert werden, sodass keine menschlichen Arbeitskräfte in dieser Industrie mehr im Einsatz sind. Da sämtliche physische Interaktionen von KI übernommen werden, könnte sich menschliche Arbeit in Zukunft rein auf Entscheidungs- und Verantwortungsprozesse beschränken (vgl. Görz et al., 1992, S. 6).

Management im Zeitalter der Künstlichen Intelligenz

Eine weitere Publikation, welche sich mit wandelnden Arbeitsweisen beschäftigt, ist der Harvard Business Review von Amico, Kolbjørnsrud und Thomas. Die Autoren diskutieren auf Grundlage einer Expertenumfrage, die 1.770 Manager aus 14 Ländern involvierte, inwieweit die zunehmende wirtschaftliche Implementation von KI die Arbeitsweisen von Managern verändern werde.

Die folgende Abbildung 2 aus der Publikation zeigt auf, welchen Tätigkeiten Manager heutzutage prozentual am meisten Zeit widmen. Darin ist erkennbar, dass administrative Tätigkeiten zum aktuellen Geschehen den größten Anteil ihrer Kapazitäten in Anspruch nehmen (54 Prozent), während kreative und zwischenmenschliche Aufgaben, wie Strategie und Innovation oder auch Stakeholder-Management nur 10 Prozent oder 7 Prozent einnehmen (vgl. Amico, Kolbjørnsrud, Thomas, 2016, S. 3).

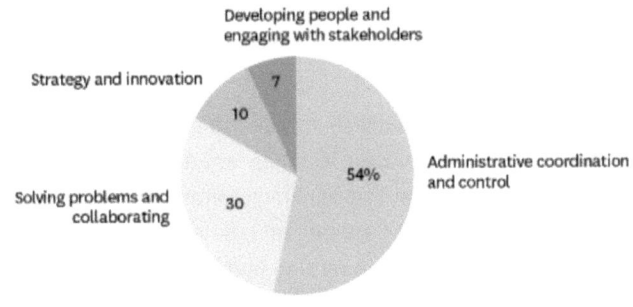

Abbildung 2: Wie Manager ihre Zeit verbringen
Quelle: Amico, Kolbjørnsrud, Thomas, 2016, S. 4.

Dieser Umstand befindet sich jedoch in einem aktuellen Wandelprozess. Die befragten Manager sind der Auffassung, KI würde am meisten Einfluss auf administrative Tätigkeiten nehmen. Dies bestätigen ebenso Amico, Kolbjørnsrud und Thomas, sodass KI diesen Verantwortungsbereich zunehmend automatisiert und daraus resultierend Entscheidungsträgern in Unternehmern zeitlichen Freiraum generiert, sodass diese ihren Fokus auf kreativere Aufgabenbereiche verlagern können (vgl. Amico, Kolbjørnsrud, Thomas, 2016, S. 3).

Im Zuge dieser Automatisierung sehen die Befragten ebenso einen Wandel ihrer eigenen Kompetenzanforderungen. Insbesondere bewertungsorientierte Befähigungen, wie kreatives Denken und Experimentieren, Datenanalyse und -interpretation, sowie Strategieentwicklung identifizieren die Befragten als drei der vier wichtigsten neuen Kernfähigkeiten, welche für den unternehmerischen Erfolg in der Zukunft erforderlich sind (vgl. Amico, Kolbjørnsrud, Thomas, 2016, S. 4). Ähnliches prognostiziert auch das Unternehmen PricewaterhouseCoopers (PwC):

Fachkräfte, welche routinemäßige, methodische Aufgaben erledigen, besitzen demnach eine höhere Chance von einer Maschine ersetzt zu werden, wohingegen Mitarbeiter, die sich komplexeren und nicht einfach substituierbaren Tätigkeitsfeldern zuwenden, eine zunehmende Relevanz erhalten. Insbesondere menschliche Kompetenzen, wie Kreativität, Innovationsleistung, Vorstellungskraft und Gestaltungskompetenz sollen bei zukünftigen Arbeitgebern zunehmend gefragt sein (vgl. Bothun, Lieberman, Rao, 2017, S. 2-4).

Weiterhin treffen 78 Prozent der befragten Manager die Aussage, dass sie bei zukünftigen Geschäftsentscheidungen auf den Rat intelligenter Systeme vertrauen werden. Amico, Kolbjørnsrud und Thomas empfehlen in diesem Zusammenhang, KI als „Arbeitskollegen" zu behandeln, da jene technologische Unterstützung ein wichtiger und immer verfügbarer Ratgeber sein wird (vgl. Amico, Kolbjørnsrud, Thomas, 2016, S. 4).

Darüber hinaus werden zusätzlich soziale Fähigkeiten in Zukunft einen entscheidenderen Einfluss besitzen. Laut Meinung von Amico, Kolbjørnsrud und Thomas unterschätzen die befragten Unternehmensverantwortlichen „Deep Social Skills", die für das Networking, das Coaching und die unternehmensweite Zusammenarbeit von entscheidender Bedeutung sind und Managern dabei helfen, sich von den Leistungen einer KI abzugrenzen (vgl. Amico, Kolbjørnsrud, Thomas, 2016, S. 5).

2.3 Human-Resource-Prozesse

Nachdem die neuen Beziehungsmuster und die sich daraus resultierenden Anforderungen zwischen Mensch und einer Künstlichen Intelligenz (Maschine) dargestellt wurden, erfolgt nun im Folgenden anhand des konkreten Beispiels der Unternehmenskultur prägenden Unternehmenseinheit Human Resources (HR) eine akzentuierte Analyse, inwieweit KI gezielt die Arbeitsweisen und den Arbeitsmarkt einer Personalabteilung beeinflussen wird.

Status Quo

Laut einer Studie der Wirtschaftsprüfungsgesellschaft PwC setzen derzeit 40 Prozent der HR Ressorts internationaler Unternehmen bereits KI ein. Dieser Anteilwert wird nach der Studie weiterhin zunehmen, sodass innerhalb der jetzigen Jahresdekade weltweit 50 Prozent aller Unternehmen in Data Analytics investieren, um zukünftig passende Arbeitskräfte für unbesetzte Stellen zu identifizieren und zu entwickeln (vgl. Staley, 2017, S. 2-4).

Eine weitere Studie des Beratungsunternehmens Korn Ferry, bei welcher weltweit 770 „Talent Acquisition Professionals" befragt wurden, unterstreicht den digitalen Wandel im Personalmanagement. Laut Ergebnis gaben 63 Prozent der Befragten an, dass KI die Art und Weise der Personalrekrutierung in ihrem Unternehmen grundlegend verändert hat und 69 Prozent behaupten, dass KI die Qualität der Jobkandidaten verbessert. Fast die Hälfte (48 Prozent) behauptet weiterhin, dass Big-Data in Kombination mit KI ihren Berufsstand erleichtern würde. Darunter sagten 40 Prozent der Befragten aus, dass KI die optimalste Methode sei, neue Business-Insights zu generieren, und 27 Prozent, dass der Einsatz von KI eine zeitliche Ersparnis erzeugt (vgl. Gugler, van Hoogenvest, Weyhe, 2018, S. 1).

Die Zukunft von Human Resources

Bezüglich der Frage, inwieweit KI das Personalmanagement in Zukunft in Gänze ersetzen wird, herrschen laut der genannten Studien verschiedene Meinungen. So gaben 85 Prozent der befragten Personaler an, dass sie die Auswirkungen von KI auf ihren Job nicht fürchten und 89 Prozent, dass intelligente Technologie ihren ausgeübten Beruf nicht ersetzen wird (vgl. Gugler, van Hoogenvest, Weyhe, 2018, S. 1).

Die Kehrseite jedoch besagt, dass 39 Prozent der Befragten aus der PwC Studie die Auswirkungen von KI auf ihre zukünftig gebrauchten beruflichen Fähigkeiten („future skill needs") als massiv und disruptierend bezeichnen und daher 63 Prozent ihre persönliche Rolle im Personalmanagement bereits überdenken. So behauptet PwC: „As more individual tasks become automatable, jobs are being redefined and re-categorised. It's clear that automation will result in a massive reclassification and rebalancing of work. Some sectors and roles, even entire sections of the workforce, will lose out - others will be created" (Charlier, Kloppenburg, 2017, S. 4).

Die zentrale Frage scheint zu sein, welches technische Niveau KI in Zukunft anstrebt und welche Grenzen, sowie Mehrwerte diese schlussendlich innerhalb von HR Abteilungen erreichen kann. Einen Überblick über die potentiellen Vorteile von KI zeigt die konzeptionelle Studie von Geetha et al. des Vellore Institute of Technology. Als Kernnutzen von Künstlicher Intelligenz heben die Autoren hauptsächlich die Ersparnis von Zeit und Kosten, als auch eine höhere Qualitätssicherung bei der Auswahl von Jobkandidaten hervor. Konkret kann intelligente Technologie beispielsweise Bio-Daten erfassen, eine Vereinheitlichung von Bewerber-Profilen vornehmen, sowie die „Skill-Sets" von Anwerbern effizient ermitteln und abgleichen. Im Zuge dessen fürchten Recruiter mit KI in einem direkten Wettbewerb zu stehen.

Die Autoren betonen jedoch, dass es sich schlussendlich um Software handelt, welche die Arbeit der Personaler im Kern lediglich vereinfachen soll und somit eine unterstützende Funktionalität einnimmt (vgl. Geetha et al., 2018, S. 69-70).

2.4 Implikationen auf den Arbeitsmarkt

Bisher stellte die Literaturanalyse zusammenfassend dar, dass die Gefahr einer Automatisierung durch KI von routinemäßigen und administrativen Arbeitsprozessen am höchsten ist. Erwerbstätige der Zukunft werden sich somit verstärkt kreativeren, sowie sozial kommunikativeren Tätigkeiten zuwenden müssen. Die Einschränkung der Literatur besteht zum aktuellen Zeitpunkt darin, dass bisher nur Berufszweige mit hohen Qualifikationsvoraussetzungen in Kombinationen mit einem gewissen Einflusspotential auf die Unternehmenskultur (Manager, Personaler usw.) betrachtet wurden. Die Fragestellung, die sich nun ergibt, lautet daher: Welche grundlegenden Implikationen auf den globalen Gesamtarbeitsmarkt lassen sich identifizieren ohne Beschränkung auf bestimmte Arbeitsgebiete?

Der globale Arbeitsmarkt im Wandel von Künstlicher Intelligenz

Viele Ökonomen sind sich einig, das KI einen schwerwiegenden Einfluss auf das Gefüge des internationalen Arbeitsmarkts ausüben wird. Die mit am häufigsten zitiertesten Experten Roubini und Stiglitz gaben in ihren Artikeln, sowie in Diskussionsrunden auf dem vergangenen World Economic Forum im Jahr 2015 einen Ausblick auf die von KI verursachten Veränderungen auf den globalen Arbeitsmarkt (vgl. Roubini, 2014; Stiglitz, 2014). Diese treffen die Aussagen, dass KI zu einer steigenden Arbeitslosenquote in der Wirtschaft führen wird, welche schlussendlich auf der Effizienzsteigerung und Innovationskraft von KI begründet ist (vgl. Roubini, 2014; Stiglitz, 2014 zitiert nach Dirican, 2015, S. 565).

Doch nicht nur die Verbreitung der Erwerbslosigkeit, sondern auch andere volkswirtschaftliche Faktoren, wie die Kaufkraftparität, das Bruttoinlandsprodukt und die Inflation sollen sich in den kommenden Jahren basierend auf den Entwicklungen von KI erheblich verändern (vgl. Dirican, 2015, S. 570).

Ökonomen wie Cowen, Brynjolfsson und McAfee prognostizieren weiterhin, dass diese Tendenzen die Einkommensschere innerhalb der Bevölkerung verstärkt öffnen werden, sowie zu Lohnsenkungen und massiv erhöhter Arbeitslosigkeit führen (vgl. Cowen, 2013; Brynjolfsson, McAfee, 2014 zitiert nach Mannino et al., 2015, S. 5). Noch verschärfter führte eine Studie aus dem Jahr 2013 zu dem Ergebnis, dass fast die Hälfte (47 Prozent) aller Jobs in den USA in den kommenden zehn bis zwanzig Jahren mit hoher Wahrscheinlichkeit durch eine Maschine automatisierbar sein werden (vgl. Frey, Osborne, 2013 zitiert nach Mannino et al., 2015, S. 5).

Identifikation von verstärkt betroffenen Sektoren und Berufen

Doch nicht alle wirtschaftlichen Branchen und Berufsgruppen sollen gleichermaßen von diesem Wandel betroffen sein. Laut Hirst führen Innovationen und technologische Entwicklungen, wie KI, zu einer primär erhöhten Arbeitslosigkeit von gering qualifizierten Arbeitskräften (vgl. Hirst, 2014 zitiert nach Dirican, 2015, S. 570). Diese Hypothese bestärkt beispielsweise der „Creativity versus Robots" Bericht, welcher die Aussage trifft, dass die für Computerisierung und KI anfälligsten Berufe vor allem Bürokaufleute, Call-Center-Mitarbeiter, Bibliothekare, Rinder- und Pflanzenbauern, Holzfäller, Bergleute, Autoverkäufer und Hotelmitarbeiter sind, da diese nur zu 21 Prozent mit kreativen Aufgaben konfrontiert sind (vgl. Mizroch, 2015 zitiert nach Dirican, 2015, S. 567).

Nach Meinung des Softwareentwicklers, Unternehmers und Buchautors Martin Ford wird auch in der Fast-Food und Getränkeindustrie, sowie im Einzelhandel eine zunehmende Automatisierung stattfinden, da Selbst-Bedienungs-Kassen sich einer zunehmenden Beliebtheit erfreuen. Beispielsweise hat der amerikanische Unternehmensriese Walmart bereits einen Dienst getestet, mit dem Kunden Barcodes scannen und im Anschluss ihre Einkäufe mit ihrem Mobiltelefon, statt an der Kasse, bezahlen können (vgl. Ford, 2013, S. 39).

Tätigkeiten hingegen, die eine hohe emotionale und soziale Intelligenz, Kreativität oder Feingefühl und Flexibilität voraussetzen, wie beispielsweise PR-Beratung, Mode-Design, Kundenbeziehungsmanagement oder Chirurgie, seien am wenigsten von einer technischen Substitution betroffen, da diese am schwierigsten von einer KI zu automatisieren sind (vgl. Mannino et al., 2015, S. 5).

3 Qualitativ empirische Analyse auf Grundlage von leitfadengestützten Experteninterviews

Nachdem die Literaturanalyse abgeschlossen ist, basiert darauf aufbauend die folgende zweite Forschungsstufe auf der empirischen Methodik einer Fallstudie (Case Study). Hierbei kommt anhand semi-strukturierten leitfadengestützten Experteninterviews ein zielgerichtetes Stichprobenverfahren zum Einsatz. Beginnend wird die Empirie und Herangehensweise von Leitfadeninterviews erklärt und in diesem Zusammenhang das verwendete Fragebogendesign, sowie das anschließende Auswertungsvorgehen nach Phillip A. E. Mayring erläutert und begründet. Daraufhin erfolgt eine Einordnung und Kurzvorstellung der befragten Experten. Im nächsten Schritt wird das erstellte Kategoriensystem als ein Ergebnis der Qualitativen Inhaltsanalyse aufgezeigt. Hierbei werden die aufgestellten Antwortcluster analysiert und interpretiert, um zielgerichtet Hypothesen aus den Fragestellungen dieser Bachelorarbeit herzuleiten, sowie die aktuelle Literaturanalyse in der anschließenden Diskussion zu validieren.

3.1 Beschreibung und Begründung der Forschungsmethodik: Das semi-strukturierte Experteninterview

Das Leitfadeninterview zählt zu den nichtstandardisierten, folglich qualitativ-offenen Befragungsformen (vgl. Loosen, 2015, S. 139). Dabei gilt das Prinzip „so offen wie möglich, so strukturierend wie nötig". Denn einerseits können durch die Offenheit subjektive Relevanzen des Befragten herausgearbeitet und zugleich durch die Strukturiertheit eine Vergleichbarkeit der Ergebnisse, sowie ein Schwerpunkt auf die für den Interviewer relevanten Aspekte identifiziert werden (vgl. Baur, Blasius, 2014, S. 560 ff.). Charakteristisch für das Leitfadeninterview ist die vorangehende Ausarbeitung eines Leitfadens, der als Grundlage für die Befragung dient und einen „roten Faden" des Gesprächs darstellt. Durch vorformulierte Fragestellungen und Themenfelder wird eine strukturierte Vorgehensweise ermöglicht, die in der Anwendung dennoch eine hohe Flexibilität aufweist. Als Resultat kann die Reihenfolge der Fragen, sowie deren genaue Formulierung an die jeweilige Gesprächssituation angepasst werden (vgl. Gläser, Laudel, 2009, S. 36 ff.). Der Interviewer nimmt hierbei eine eher passive Rolle ein. Zwar lenkt er das Gespräch, greift jedoch sonst nicht in den Erzählfluss ein, wodurch ein natürlicher Gesprächsverlauf entsteht (vgl. Gehrmann, Müller, 2006, S. 101).

Das in dieser akademischen Arbeit angewandte semi-strukturierte Experteninterview ist hierbei eine Unterkategorie des Leitfadeninterviews. Ziel der semi-strukturierten Herangehensweise ist es, konkrete und prägnante Antworten im Bereich bestimmter inhaltlicher Themenstellungen zu erhalten (vgl. Baur, Blasius, 2014, S. 571).

3.1.1 Fragebogendesign

Das Leitfadeninterview und die damit zusammenhängenden Fragen wurden hierbei aufbauend auf der bereits dargestellten Literaturanalyse in die folgenden fünf Inhaltsabschnitte gegliedert: (1) Auswirkungen auf Unternehmen, (2) Mensch-Maschine-Beziehung, (3) Human-Resource-Prozesse, (4) Implikationen auf den Arbeitsmarkt und (5) Ethische Betrachtung. Jedes Experteninterview ist auf die Dauer von 40 Minuten Gesprächszeit ausgelegt. Ziel ist es, anhand der Befragung ausgewählter Experten und der inhaltlich gegliederten Fragestellungen, sowie deren Kategoriensystem Antworten über die zukünftigen Auswirkungen von KI auf den Arbeitsmarkt und die Unternehmenskultur herzuleiten.

Die Eingangsfragen des Leitfadens basieren auf dem Abschnitt „Auswirkungen auf Unternehmen" und führen in die gesamte Themenstellung ein. Hierbei soll identifiziert werden, wie hoch das Auswirkungspotential von KI auf Firmen tatsächlich ausfällt und ob daraus resultierend ein Änderungsbedarf in dem Verhaltensmodell und der Unternehmenskultur besteht. Im nächsten Inhaltscluster „Mensch-Maschine-Beziehung" werden die Experten darüber befragt, wie und ob Arbeitnehmer der Zukunft stärker auf den Umgang mit intelligenter Technologie geschult werden müssen und ob ein Wertewandel, sowie eine stärkere beidseitige Abhängigkeit durch eine wachsende Mensch-Maschine-Kommunikation unvermeidbar wird. Der dritte Bereich „Human-Resource-Prozesse" befasst sich mit der Fragestellung, inwiefern Personalabteilungen, als strategische Unternehmenseinheiten, von KI beeinflusst werden und somit eine Rückkopplung auf Unternehmenskulturen zu identifizieren ist. Ebenso wird analysiert, ob ein Umschulungspotential bestehender Mitarbeiter auf neue technische Anforderungsprofile vorhanden ist. Die Ergebnisse des vierten Abschnitts „Implikationen auf den Arbeitsmarkt" spannen einen Bogen zu den durch KI verursachten Auswirkungen auf den Arbeitsmarkt. Hierbei handelt es sich um Fragen über den Arbeitsplätze-Entfall und somit die Existenzgrundlage von Arbeitnehmern. Es werden Fokusgeschäftsfelder identifiziert, welche stärker durch den Einsatz von Automatisierungsprozessen betroffen werden und folgernd eine höhere Sensibilität gegenüber der Thematik vorweisen.

Am Ende des Interviews erfolgt eine „Ethische Betrachtung" und somit ebenfalls eine kritische Auseinandersetzung der zuvor getätigten Expertenaussagen. Darüber hinaus wird geklärt, ob es bereits heute neue juristische und unternehmerische Rahmenbedingungen benötigt, um KI erfolgreich und ethisch sinnvoll in Unternehmen zu integrieren. Final findet eine Danksagung gegenüber dem Befragten statt, welche zudem Freiraum für ein abschließendes Statement ermöglicht. Alle fünf Themenabschnitte des Interviewleitfadens sind inhaltlich wie folgt den untergeordneten Forschungsfragen, sowie dem Kategoriensystem zugeordnet (Abbildung 3):

Auswirkungen auf Unternehmen	Mensch-Maschine Beziehung	Human-Resource Prozesse	Arbeitsplatzsicherung	Ethische Betrachtung
Inwiefern ist eine Steigerung der Einflussnahme von KI auf Unternehmen zu erwarten? (Steigerung der Einflussnahme von Künstlicher Intelligenz)	In welcher Art und Weise wird KI Mitarbeiter in ihren Arbeitsweisen beeinflussen? (Veränderung der beruflichen Arbeitsweisen)	Wie wirkt sich KI auf HR Prozesse aus? (Wandel von Human-Resource-Prozessen)	Lassen sich Fokusindustrien identifizieren, welche stärker von dem Wandel und einer Arbeitsverknappung durch KI betroffen sind? (Fokusindustrien und mögliche Beschäftigungsverknappung)	Ist es unter einer ethischen Betrachtungsweise sinnvoll, KI weiterzuentwickeln und zu implementieren? (Ethische Betrachtung)
Inwieweit können sich Firmen gegenüber dem Wandel von KI konditionieren? (Konditionierungsmöglichkeiten von Unternehmen)		Werden durch KI neue Kompetenzanforderungen an Nachwuchsarbeitskräfte generiert? (Neue Kompetenzanforderungen an Nachwuchsarbeitskräfte)	Lassen sich bestehende Mitarbeiter auf neue Anforderungen von KIs umschulen? (Umschulungspotential bestehender Mitarbeiter)	

Abbildung 3: Zuordnung der Leitfragensegmentierung mit untergeordneten Forschungsfragen & Kategoriensystem
Eigene Darstellung.

3.1.2 Auswahl und Einordnung der Befragten

Die Auswahl der Interviewpartner basiert grundlegend auf nachfolgenden Kriterien: (1) Technische und/oder forschungsbasierte Affinität zur KI, (2) große Anzahl an Berührungspunkten zu Automatisierungsprozessen und intelligenter Technologie aufgrund des derzeitig ausgeübten Berufsstandes, sowie (3) maßgebliche

Mitwirkung an der firmeninternen Unternehmenskultur und -identität durch eine leitende Unternehmensfunktion, speziell im Bereich HR.

Bei der genaueren Bestimmung der Gesprächspartner wurde versucht, eine hohe Vielfältigkeit zu erreichen, sodass zwei leitende Angestellte führender europäischer IT Unternehmen, ein Programmierer Künstlicher Intelligenzen, ein Informatik Professor und vier Führungskräfte aus dem Bereich Mitarbeiterschulung und HR zu der Thematik befragt wurden. Es fließen somit Aussagen der wirtschaftlichen Managementebene, eines akademischen Lehrbeauftragten, sowie eines technisch versierten „Schöpfers" von KI in die Forschung dieser Bachelorarbeit mit ein. Grundlegend gab jeder der acht Befragten ein positives Feedback auf die Interviewfragen, sodass stets ein natürlicher und reger Gesprächsverlauf zustande kam. Auf Wunsch der Experten wurden alle getroffenen Aussagen anonymisiert, weshalb die Zitationen in Form von „Experteninterview 1-8" (E 1-8) erfolgen. Alle Interviews wurden in Form von Skype oder Live Konferenzen im Zeitraum vom 22. Oktober 2018 bis einschließlich 09. November 2018 durchgeführt.

3.1.3 Qualitative Inhaltsanalyse nach Mayring

Die Transkriptionen der Leitfadeninterviews wurden mittels Qualitativer Inhaltsanalyse nach Mayring ausgewertet (vgl. Mayring, 2000). Diese bestimmte Auswertungsform sichert einen regelgeleiteten, sowie methodisch kontrollierten Analyseweg der vorliegenden qualitativen Textdaten. Aus der Verwertung der transkribierten Audiodateien werden final Antworten zielgerichtet zu den untergeordneten Forschungsfragen deduziert. Da sich die Qualitative Inhaltanalyse insbesonders dadurch auszeichnet, nicht nur gegenstandsbezogene Einzelfaktoren zu erkennen, sondern vielmehr mögliche Zusammenhänge zwischen multiplen Faktoren zu identifizieren, eignet sich diese hervorragend, die Themenbereiche der Bachelorarbeit „wandelnde berufliche Arbeitsweisen und Kompetenzanforderungen" auf den akademischen Schwerpunkt „Arbeitsmarkt und Unternehmenskultur" zu transferieren. Genauer wurde sich für die Auswertungstechnik der Strukturierenden (Qualitativen) Inhaltsanalyse entschieden. Hierbei liegt das Ziel im Herausfiltern bestimmter Kriterien, welche die Gesamtheit des Textmaterials vollumfänglich abbilden, um daraus ableitend schrittweise ein geeignetes Kategoriensystem zu entwickeln, welches wiederum die Kerninhalte der verwerteten Datensammlung in komprimierter Form darstellt. In diesem Zuge werden „Ankerbeispiele" verwendet, um die Eingrenzung und Zuordnung von Kategorien vereinfacht zu bestimmen (vgl. Scheibler, 2018, S. 1 f.). Im Folgenden wird nun das verwendete Kategoriensystem mit dessen Ergebnissen detailgetreu beschrieben.

3.2 Auswertung des Kategoriensystems

Bei der Auswertung der Experteninterviews nach Mayring wurde basierend auf den untergeordneten Forschungsfragen, sowie dem Aufbau des Interviewleitfadens ein deduktives Kategoriensystem entwickelt. Dabei wurden die nachfolgenden acht Kategorien gebildet. Zielführend zur Beantwortung der empirischen Kernfrage dieser Bachelorarbeit fand hierbei eine Zuordnung jeder untergeordneten Forschungsfrage zu einer kongruenten Kategorie statt. Die Auswertung geschah mittels computergestützter quantitativer Analyse in Verbindung mit der Software MAXQDA V10. Die Priorisierung fand hierbei maßgeblich durch die Häufigkeit der jeweiligen Kategorie und dessen Ankerbeispiele statt. Dabei waren Mehrfachnennungen möglich. Das Kategoriensystem mit all seinen Definitionen und Codierregeln ist in tabellarischer Form im Anhang zu finden (siehe Anhang B „Tabellarisches Kategoriensystem"). Nachfolgend liegt jedoch der Fokus auf der Verwertung und Darstellung der Interviewergebnisse.

3.2.1 Steigerung der Einflussnahme von Künstlicher Intelligenz

Die erste Auswertungskategorie setzt den inhaltlichen Schwerpunkt auf die Evaluierung der sich verändernden Einflussnahme von intelligenter Technologie auf Unternehmen und deren Unternehmenskultur. Vorab lässt sich durch den anhaltenden Digitalisierungstrend ebenso eine Steigerung der Wichtigkeit und daher auch der Einwirkungskraft von KI in Unternehmen erkennen (E1, 2018, §81). Zudem nannte Experte 6, „dass die Intervalle, wo sich (solche) Veränderungen ergeben, immer kürzer werden" (E6, 2018, §9). Einer der Hauptgründe hierfür ist, dass intelligente Technologie das Potential einer enormen Produktions- und Leistungssteigerung innehält und parallel die Kostenfaktoren abnehmen:

„Und wenn [...] eine KI die richtige Antwort ist und das Preis-Leistungs-Verhältnis einen Business Case darstellt und damit die Investition die Einsparungen-, nein umgekehrt, die Einsparung die Investition übersteigt, ja, dann ist dieser Business Case vorhanden und dann wird so eine Entscheidung auch entsprechend getroffen. Aber es geht immer darum, Prozesse zu vereinfachen und Waren und Dienstleistungen kostengünstiger herzustellen" (E3, 2018, §19).

Darüber hinaus bietet KI im alltäglichen Arbeitsalltag, insbesondere in sich stetig wiederholenden Tätigkeitsfeldern eine geringere Fehlertoleranz gegenüber menschlichen Arbeitskräften, sodass weitere Effizienzsteigerungen zu erwarten sind (E1, 2018, §75). Der betriebswirtschaftliche Kerngedanke, Umsätze und Gewinne als Unternehmen stetig zu optimieren, wurde von den Experten übergreifend als eines der Hauptargumente verwendet, KI verstärkt zu entwickeln und einzusetzen (E1, 2018, §29; E3, 2018, §19; E5, 2018, §29; E6, 2018, §35).

Dennoch ist in der aktuellen Unternehmenslandschaft trotz der gewaltig zunehmenden Implementierung und des Potentials von KI nur ein geringer Einfluss zu identifizieren. Der aktuelle Entwicklungsstand stellt eher den „Anfang einer Reise" (E2, 2018, §35) dar. Der Begriff „intelligent" setzt immer voraus, dass innerhalb gewisser Parameter Entscheidungen selbstständig getroffen werden. Dieses Faktum ist jedoch aktuell noch nicht zu erkennen (E4, 2018, §7). Neuronale Netzwerke befinden sich derzeit auf dem Stand eines „Rattenhirns", jedoch ist abzusehen, dass diese die Rechenleistung und Komplexität des menschlichen Gehirns erreichen oder gar übertreffen werden (E5, 2018, §33).

Laut Experte 5 benötigt trotz einer Vielzahl an bereits bestehenden Antriebsfaktoren ein solch tiefgreifender und umfangreicher technischer Wandel eine gewisse Übergangszeit. Unternehmensverantwortliche müssen sich nun zunehmend mit der Implementierung von KI auseinandersetzen, da ansonsten die Existenz einer ganzen Organisation auf dem Spiel steht: „Falsche Managemententscheidung kostet zum einen das Unternehmen seine Existenz, weil man zu sehr in der Vergangenheit lebt" (E4, 2018, §21).

Weiter zugespitzt sprach Experte 4 davon, dass nachfolgende Generationen in einer gänzlich anderen Welt aufwachsen werden, als die Heutige: „Und meine älteste Tochter wurde in einer völlig anderen Welt groß, als meine jüngste Tochter groß werden wird" (E4, 2018, §45). Wie diese Veränderung im Weltbild in dem alltäglichen Berufsumfeld aussehen wird, wird nun in der nachfolgenden zweiten Kategorie erläutert.

3.2.2 Veränderung der beruflichen Arbeitsweisen

Als Resultat einer zunehmenden Einflussnahme von KI in Unternehmen verändern sich ebenso die beruflichen Arbeitsweisen von Mitarbeitern. Hierbei wird zukünftig jede Abteilung und somit ganzheitlich jeder Arbeitnehmer betroffen sein (E2, 2018, §37).

Derzeitig lässt sich bereits ein Umbruch in Arbeitskulturen erkennen: Um einen maximalen Mehrnutzen aus dem zunehmenden Einsatz von KI zu generieren, wird vermehrt interdisziplinär, dies bedeutet, prozess-, sowie abteilungsübergreifend gearbeitet, und es werden Hierarchiestrukturen in Unternehmen abgebaut (E5, 2018, §7). Ein hierzu kongruenter Trend ist laut Experte 2 die sogenannte Arbeitnehmerbewegung, namens „Low-Coding", wodurch Programmiertätigkeiten durch visuelle Unterstützung vereinfacht werden und somit das technische Wissen für Informationstechnik (IT) Fähigkeiten zunehmend einer breiteren Masse an Mitarbeitern zugänglich gemacht wird (E2, 2018, §39). Durch Kollaborationskomponenten in Unternehmen tauschen sich Mitarbeiter selbstständig zu ihrem Lernfortschritt aus und es entsteht dadurch eine dynamische und eigenständige Lernkultur, die von gegenseitiger Hilfe und Unterstützung geprägt ist (E3, 2018, §23).

Dieser Kollaborationsgedanke wird in Zukunft soweit die Arbeitsweise beeinflussen, dass nach Experte 2 jede Firmenabteilung einen sogenannten „Citizen" erhält, welcher kollegial hinsichtlich Digitalisierungsfragen unterstützend wirkt (E2, 2018, §37). Die aktuelle organisatorische und strukturelle Spaltung von IT und Business löst sich somit zunehmend auf (E2, 2018, §39).

Darüber hinaus verändern sich neben der team- und abteilungsübergreifenden Arbeit, ebenso die individuellen Tätigkeiten:

„Das heißt also viele der wiederkehrenden repetitiven Themen werden dann halt sukzessive durch Automatisierung abgelöst. Also es heißt, die Form und Art und Weise, sage ich mal, wie halt ein Mitarbeiter arbeiten wird, wird sich ändern. Also dahingehend, dass er nicht mehr im Prinzip stupide Arbeit in Anführungsstrichen durchführen muss, sondern entsprechend ja mehr, sozusagen, die Zeit verwendet darauf halt konzeptionell zu arbeiten, aus meiner Sicht" (E2, 2018, §5).

In diesem Szenario vereinfacht KI Mitarbeitern ihre Aufgabengebiete, die finale Handlung und kreative Bemühungen müssen jedoch weiterhin von einem Menschen durchgeführt werden. In Bezug auf unternehmerische Entscheidungen können diese somit vorbereitet, unter definierten Bedingungen auch begründet werden, jedoch die finale Beschlussfassung bestimmt weiterhin ein menschlicher Entscheidungsträger (E3, 2018, §5). Ebenso wird KI dazu beitragen, dass umfänglichere Datenmengen in kürzerer Zeit als Entscheidungsgrundlage für solche Beschlüsse herangezogen werden, was in einer dynamischeren, sowie zeitnähere Arbeitsweise resultiert (E6, 2018, §3).

Abschließend in dieser Kategorisierung fällt die Aussage, dass intelligente Technologie in ihrer ersten Implementationsphase somit als Entscheidungshilfe die Arbeitsweise von Erwerbstätigen in positiver Weise beeinflusst und unterstützt (E6,

2018, §5). KI wird Mitarbeitern durch die Verarbeitung größerer Datenmengen verschiedene Nutzenszenarien aufzeichnen und somit eine Vorbereitungsrolle einnehmen, aber durch den fehlenden Einfluss an Kreativität und zwischenmenschlichen Faktoren in diesem Frühstadium keine eigenständigen Entscheidungen fällen können (E3, 2018, §11). Dadurch kann jedoch der produktive Ausstoß eines Mitarbeiters erhöht werden (E6, 2018, §39). Ein Erwerbstätiger entwickelt somit zunehmend eine „Coachfunktion", um die ihn unterstützende KI zielgerichtet mit Wissen anzureichern und ihr Entscheidungen abzunehmen (E2, 2018, §7).

3.2.3 Konditionierungsmöglichkeiten von Unternehmen

Basierend auf der Analyse der Experteninterviews und wie der Abbildung 4 zu entnehmen ist, ließen sich drei Kernaspekte identifizieren, welche eine optimierte Vorbereitung des eigenen Unternehmens gegenüber der Implementierung von KI gewährleisten. Diese sind zum einen die Etablierung einer offeneren und eigenständigeren Organisationsstruktur innerhalb der einzelnen Arbeitsabteilungen, als auch gegenüber externen Lehrzentren (E2, 2018, §13), ein vorgelebtes kongruentes Wertebild, hinsichtlich Innovationsfreudigkeit, Technologieaffinität und Schulungsmentalität seitens des Top Managements (E8, 2018, §67), sowie ein Investment in eine zukunftsorientierte IT Infrastruktur, welche die Kapazitäten besitzt, die technischen Herausforderungen einer KI zu bewerkstelligen, sowie Wissen und Referenzprojekte unternehmensweit zur Verfügung zu stellen (E2, 2018, §9).

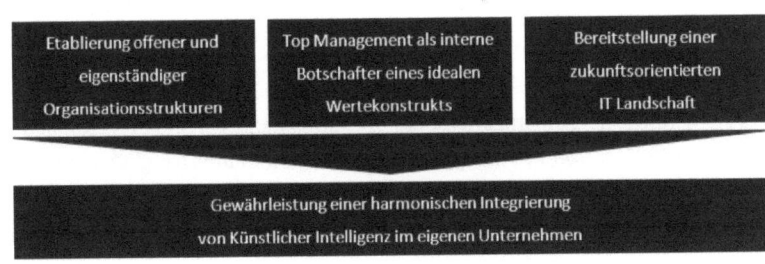

Abbildung 4. Faktoren einer harmonischen Integrierung von Künstlicher Intelligenz im eigenen Unternehmen
Eigene Darstellung.

Unter der Rahmenbedingung, welche die Neugestaltung der eigenen Organisationsstrukturen fokussiert, ist das übergeordnete Ziel, Akzeptanz unter den Mitarbeitern gegenüber KI herzustellen. Dies wird einerseits durch die Förderung der Eigenständigkeit einzelner Arbeitnehmer, sowie deren Teams gewährleistet (E2, 2018, §13). Diese sollten die Möglichkeit erhalten, individuelle Erfahrungen im

Umgang mit KI zu sammeln, sowie durch schnell durchführbare Pilotierungsprojekte sich selbst allmählich an die Thematik anzunähern (E5, 2018, §7) und im Anschluss die gesammelten Erfahrungen in Form einer Wissensaustauschmentalität unternehmensweit zu verbreiten (E2, 2018, §13). Dies umschließt jedoch ebenso die Anpassung gewisser Führungsstrukturen und somit die Abflachung von Hierarchiemodellen, sodass Entscheidungen innerhalb Abteilungen agiler getroffen werden können (E5, 2018, §7).

Darüber hinaus bedeutet die Öffnung der eigenen Organisation ebenso eine verstärkte Zusammenarbeit mit externen Lehrzentren, in denen einerseits die eigenen Mitarbeiter, als auch Nachwuchsarbeitskräfte zielgerichtet auf die Basis-Anforderungen von KI im jeweiligen Unternehmen geschult und unterstützt werden (E3, 2018, §23). Solche Konstruktionen für „Zukunftswerkstätten" (E3, 2018, §23), sowie „Lernen-4.0-Ansätze" finden somit laut Experte 3 immer häufiger den Weg in den Lehralltag von Berufsschulen (E3, 2018, §27).

In Verbindung mit dem zweiten Einflussfaktor, dass das gehobene Management als interner Werte- und Markenbotschafter an Einfluss gewinnt, spielt hierbei eine offene und transparente Top-Down Kommunikation eine wichtige Rolle:

„Man darf die Leute nicht für blöd halten. Also die sind schlau genug, um zu erkennen, ob man ihnen Mist erzählt oder nicht. Und wie gesagt: Es muss nur einmal so passiert sein, dass man denen etwas erzählt hat, was hinterher so nicht kam. Und dann sind die so skeptisch. Und insofern: Offene Karten. Offene Karten, klare Konsequenzen. Und dann entscheidet jeder für sich, ob er nun was daraus macht oder nicht" (E4, 2018, §33).

Das firmeninterne Führungspersonal ist somit dazu verpflichtet, Konsequenzen durch den Einsatz von KI klar zu kommunizieren und die Dringlichkeit der gesamten Thematik an ihre Mitarbeiter verständlich zu übermitteln, sodass im Umkehrschluss keine Skepsis oder Negativität gegenüber dieser neuartigen Technologie innerhalb der Belegschaft entsteht (E4, 2018, §33).

Um jene Kritikfähigkeit weiter zu vermeiden, muss ebenso eine leistungsfähige Arbeitslandschaft im Unternehmen IT-seitig aufgebaut werden, welche selbst programmierunerfahrenen Mitarbeitern einen Zugang zu intelligenter Technologie ermöglicht (E2, 2018, §9). Laut Experte 2 kann dies in einem schrittweisen Prozess realisiert werden, in dem anfänglich den Arbeitnehmern ermöglicht wird, wiederkehrende Tätigkeiten eigenständig zu digitalisieren, sodass schließlich durch weitere persönliche Anwendung phasenweise das volle Automationspotential von den einzelnen KI Tools ausgeschöpft wird (E2, 2018, §11). Somit entsteht ein praxisbezogener Lernprozess, welcher direkte berufliche Mehrgewinne und somit Erfolgserlebnisse unmittelbar an den Anwender weitergibt, sodass eine weitere Akzeptanzsteigerung zu erwarten ist (E5, 2018, §15).

Doch um diese zielsetzenden Rahmenbedingungen erfolgreich umzusetzen, muss die Unternehmensleitung strategisch unterstützende Abteilungen aktiv in diesen Veränderungsprozess involvieren, hierzu zählt unter anderem die Personalabteilung.

3.2.4 Wandel von Human-Resource-Prozessen

Die nun dargelegte vierte Auswertungskategorie beschäftigt sich daher mit den Veränderungen von HR Abteilungen in Unternehmen. Hierbei wird unterschieden zwischen dem Wandel von administrativen HR Aufgaben, der Personalauswahl (Recruiting) und der Personalplanung. Eine explizite Abgrenzung besteht in dieser Kategorie zu der Personalentwicklung, insbesondere der Mitarbeiterschulung. Diese Tätigkeit ist zwar ebenfalls dem Aufgabengebiet des Personalmanagements zuzuordnen (vgl. Bartscher 2018: 1), jedoch findet im weiteren Verlauf der Kategorienauswertungen eine gesonderte Analysierung dieses Themenfeldes statt.

> „Jedes Unternehmen, jeder Bereich, auch der Personalbereich steht unter Effizienzdruck und muss seine Kosten reduzieren und hat von daher schon immer und auch unabhängig von künstlicher Intelligenz oder anderen Themen eine Optimierung seiner internen Arbeit vor. Nur was um die Kurve lugt mit den ganzen technischen Möglichkeiten, das ist etwas, was den Personalbereich und auch die Geschäftsprozesse dort deutlich verändern wird" (E3, 2018, §3).

Wie das Zitat von Experte 3 verdeutlicht, ist auch die HR Abteilung unter kontinuierlichem Effizienzdruck. Neue technische Errungenschaften, wie KI, können Personaler in Zukunft unterstützen, ihre alltäglichen Arbeitsabläufe weiter zu optimieren (E3, 2018, §3). Insbesondere innerhalb wiederkehrender händischer Tätigkeitsfelder, wie der Anpassung von Arbeitsverträgen oder Entgeltabrechnungen werden intelligente Assistenzsysteme eine Zeit-, sowie Komplexitätsersparnis erzeugen (E3, 2018, §9; E6, 2018, §17).

In Bezug auf die Thematik, welche sich mit der Personalbeschaffung und somit der Rekrutierung von Arbeitnehmern beschäftigt, ist der Mehrwert von Künstlicher Intelligenz schwerer zu identifizieren: In der aktuellen Praxis werden zwar bereits automatisierte Selektierungsmechanismen verwendet, welche beispielshaft nach „Hard-Facts", wie Noten, Bewerber vorselektieren. Dennoch findet im Anschluss

Qualitativ empirische Analyse auf Grundlage von leitfadengestützten Experteninterviews

ein persönlicher Kennenlernprozess, zum Beispiel in Form eines Bewerbungsgespräches, statt, welcher die Entscheidung über die Anstellung des Mitarbeiters maßgeblich beeinflusst (E3, 2018, §5). Obwohl laut Experte 3 nach aktuellem Stand der Technik schon heute persönliche Auswahlgespräche mit einer KI möglich sind, welche finalisiert anhand der Wortauswahl und des Stimm- und Sprechverhaltens eines Kandidaten seine Annahmeentscheidung vorbereitet, sind diese in Unternehmen nur äußerst marginal vertreten (E3, 2018, §3). Ein Grund für die lediglich punktuelle Anwendung dieser intelligenten Technologie im Recruiting Sektor ist nach Experte 6 die fehlende persönliche Atmosphäre, welche eine KI nicht zu messen vermag: „[...] ob jemand für den Job brennt, ob er Leidenschaft mitbringt. Wie misst eine Maschine Leidenschaft?" (E6, 2018, §23) oder um es in den Worten von Experte 6 auszudrücken: „Machines can't dream" (E6, 2018, §23). Experte 2 ergänzt, dass durch solche KI gestützten Systeme die Gefahr einer Einseitigkeit des Charakters von neuen Arbeitnehmern entstehen könnte. Er begründet dies dadurch, dass nur noch Bewerber, welche in das maschinelle Raster der KI fallen, angenommen werden. Er sieht ein Risiko in der gesunden Mitarbeiter-Diversifizierung, die für die Zukunft eines Unternehmens ebenso erfolgsentscheidend ist (E2, 2018, §41).

Trotz der Kritik gibt es auch Stimmen von Experten, welche solche intelligenten Rekrutierungssysteme basierend auf der Akzeptanzbereitschaft innerhalb der Bewerber einsetzen würden: „Ich würde es eher an der Nutzerakzeptanz festmachen. Im Sinne, wird das von den Bewerbern denn so akzeptiert?" (E5, 2018, §21). Genau jene Nutzerakzeptanz steigt ebenfalls laut Experte 4, sodass es nur eine „Frage der Zeit" ist, bis KI auch in diesem Gebiet einzieht (E4, 2018, §13). Aus unternehmerischer Sicht ist ein solch automatisierter Prozess „absolut effizient. Ja, und wahrscheinlich auch sehr produktiv und positiv" (E1, 2018, §69).

In der letzten Segmentierung dieser inhaltlichen Auswertungskategorie, der Personalplanung, hat KI dahingehend einen Wandel zu verantworten, dass der Planungshorizont von frischen Mitarbeitern durch neue Anforderungsprofile, welche auf dem Arbeitsmarkt bisher nur beschränkt zur Verfügung stehen, zunimmt. „Ein Jahr Vorlaufzeit für die Anstellung" und einen „(Planungs-)Horizont von 5 Jahren" ist zu bedienen (E3, 2018, §17).

Wie die Ausgestaltung dieser zukunftsorientierten Kompetenzanforderungen im Detail ausfallen, wird nun innerhalb des fünften Analyseabschnitts der Experteninterviews dargestellt.

3.2.5 Neue Kompetenzanforderungen an Nachwuchsarbeitskräfte

Die neuen Kompetenzanforderungen an zukünftige Arbeitnehmer konnten basierend auf den Expertenaussagen in vier Unterkategorien gegliedert werden (Abbildung 5).

Abbildung 5: Kernanforderungen an zukünftige Arbeitnehmer ausgelöst durch technologischen Wandel
Eigene Darstellung.

Als ersten Bedarf an nachfolgende Mitarbeiter wurde eine umfassende technologische Affinität von den Experten genannt (E3, 2018, §25; E6, 2018, §9; E7, 2018, §25; E8, 2018, §23). Dies bedeutet, selbst in Unternehmensabteilungen, welche derzeit wenig bis gar keine Anbindung an eine IT Infrastruktur besitzen, müssen sich die Mitarbeiter zukünftig zumindest „Anwender-Fähigkeiten" aneignen, welche sie dazu befähigen, digitale Systeme zu verstehen und zu benutzen: „Also zumindest Anwender, IT Anwender [...] müsste so selbstverständlich sein wie Rechnen, Lesen, Schreiben" (E8, 2018, §23). Die Fähigkeit, eine KI zu bedienen und die Daten, welche hieraus entstehen zu verstehen und daraus deduzierte Handlungsempfehlungen abzuleiten, spielt hierbei eine fundamentale Rolle in der Auswahl zukünftiger Bewerber (E6, 2018, §7). Als Grundlage dafür nennen Experte 5 und 6, dass Mitarbeiter eine gewisse Technologieoffenheit besitzen müssen, also sich selbstständig und aus intrinsischem Interesse mit der Thematik auseinandersetzen müssen (E5, 2018, §11; E6, 2018, §11).

Das Hauptaugenmerk in der Auswahl zukünftiger Bewerber besteht also nicht darin, den Fokus auf fundierte Programmierkenntnisse zu legen (E6, 2018, §11), sondern eine allgemeine IT Affinität von den eigenen Mitarbeitern zu verlangen, welche den Anspruch besitzen, das angewendete KI System zu verstehen und „sich vor allem über die Reichweite im Klaren zu sein" (E8, 2018, §15).

Nach Experte 2 ist die Thematik der persönlichen Einstellung der Mitarbeiter und damit das verbundene Interesse und die Affinität zu neuer Technologie hauptsächlich ein „Generationsthema" (E2, 2018, §15). In den USA beispielshaft würde man passende Kenntnisse bereits jüngeren Generationen beibringen, sodass in dieser Sparte ein Allgemeinwissen aufgebaut wird (E2, 2018, §15). Auch Experte 5 sieht bereits, dass Fächer wie „Programmieren" in den Lehrplan von Primarschulen aufgenommen werden (E5, 2018, §19).

Dennoch bestehen drei weitere Kernkompetenzen, welche sich Mitarbeiter selbstständig aneignen müssen, um auf dem Arbeitsmarkt kompetitiv zu sein. Einer dieser drei Fähigkeiten verdeutlicht das nachfolgende Zitat von Experte 7:

> „Aber auch nicht nur Wissen ist wichtig. Sondern dass ein Mitarbeiter sich schnell Dinge aneignen kann. [...] Also ich glaube, der Mitarbeiter, der alles Mögliche weiß, Wissen gespeichert hat und es jederzeit wiedergeben kann. Das war der Mitarbeiter von früher. Der Mitarbeiter von heute, der muss sehr flexibel sein. Der muss ständig am Lernen sein und muss die neuen Medien auch nutzen können" (E7, 2018, §27).

Es wird somit zunehmend wichtiger, in einem sich derart schnell wandelnden Berufsumfeld eine schnelle Adaptionsfähigkeit zu besitzen und sich in ein stetiges Lernumfeld zu begeben (E7, 2018, §27).

Darüber hinaus rückt durch die bereits erwähnten, zunehmenden kollaborativen und bereichsübergreifenden Arbeitsweisen eine starke Sozialkompetenz und Teamfähigkeit in das Anforderungsprofil von Erwerbstätigen (E5, 2018, §7).

Final wird zudem durch die Verarbeitung größerer Informationsmengen durch eine KI unterstütze Arbeitsumgebung eine umfassendere und schnellere Datenkorrelation von den Mitarbeitern verlangt. Bereitgestellte Datensätze müssen durch zukünftige Arbeitnehmer schnell interpretiert, auseinandergezogen und zusammengefügt werden können, damit mögliche Zusammenhänge identifiziert werden (E6, 2018, §11).

Abschließend vermittelt jedoch Experte 3, dass es weiterhin „eine ausgewogene Berufsbildlandschaft in Deutschland braucht" (E3, 2018, §25).

3.2.6 Fokusindustrien und mögliche Beschäftigungsverknappung

Dennoch ließen sich anhand der Expertenaussagen drei große Industrien herausfiltern, welche sowohl bereits in der Gegenwart, als auch in der Zukunft von dem Einfluss einer KI und einem hohen Automatisierungsgrad maßgeblich geprägt werden.

Der erster dieser Wirtschaftszweige ist der Bereich rund um das Fertigungsgewerbe. Dies bedeutet, insbesondere die Produktion, in der bereits Maschinen in hohem Maße eingesetzt werden, wird weiterhin von einem zunehmenden Wandel beeinflusst (E2, 2018, §35). Die eingesetzten maschinellen Werkzeuge werden dort stetig intelligenter, wodurch diese nicht allein Produkte produzieren, sondern die Daten aus der genannten automatisierten Fertigung verwerten und dadurch Qualitätssicherheitsprozesse, Entwicklungsverbesserungen und die Optimierung und Auslastung der einzelnen Maschinen eigenständig regulieren (E6, 2018, §29). Es entfällt somit nicht nur die „erschaffende" Arbeit, sondern ebenso die „Planerische".

Die zweite stark betroffene Industrie ist laut der Mehrheit der Experten das Bankwesen und damit in Verbindung stehend das Controlling (E1, 2018, §41; E4, 2018, §19; E5, 2018, 27). Da in diesem Geschäftsumfeld quantitative Datensätze gesammelt und verwertet werden und es sich somit um einen skalierbaren Prozess handelt, kann hier bereits heute KI Personal einsparen: „Und alles was scaleable ist, ist betroffen. Also immer, wenn es drum geht, mehr als einmal das gleiche zu tun. Ist ein Computer einem Menschen überlegen" (E8, 2018, §61). In jenen Unternehmensbereichen, in denen durch klare Zahlvorgaben und Parameter Rahmenbedingungen einer intelligenten Technologie zur Verfügung gestellt werden, können laut Experte 6 „klare Entscheidungsmuster von einer Maschine getroffen werden" (E6, 2018, §5).

Als letzten Industriezweig, welcher aktuell im Fokus des Wandels von KI steht, ist das Transport- und Logistikgewerbe zu nennen, da hier eine hohe Automatisierung in Form von selbstfahrenden Automobilen entsteht. Experte 4 äußert sich wie folgt zu dieser Thematik:

> „Und man kann eigentlich jedem Berufskraftfahrer, der noch keine 40 ist raten: Guck Dich rechtzeitig nach einem anderen Job um, weil du wirst als Berufskraftfahrer die Rente nicht erleben" (E4, 2018, §17).

Abgesehen von autonomen Autos entstehen durch künstliche Schwarmintelligenz ganz neue Arten des Produkttransports, wie der Einsatz von Drohnen, welche auch bereits von Versandunternehmen wie DHL oder Amazon verwenden werden (E1, 2018, §19). Dadurch ist ein hohes Substituierbarkeitspotential in dieser Branche durch KI gegeben, welches laut Experte 3 maßgeblich in diesem Anfangsstadium der Automation über den Einsatz und den Ersatz menschlicher Arbeitskräfte durch intelligente Technologie entscheidet (E3, 2018, §13).

Im Umkehrschluss äußerst sich jedoch Experte 2, dass KI in Bereichen, in denen es einen ausgeprägten persönlichen Kontakt bedarf, wie beispielhaft dem Vertrieb, einen Mitarbeiterersatz in einem absehbaren Zeithorizont nicht geben wird (E2, 2018, §35). Ebenso dort wo eine hohe Kreativität und Transferleistung gefordert wird, ist laut diesem Experten vorab kein Arbeitsplatz gefährdet (E2, 2018, §23).

Abschließend entstand unter anderem aus dieser Abgrenzung zwischen stark betroffenen Industrien und Berufszweigen mit einer gewissen „Immunität" gegenüber KI eine Abweichung in den Aussagen der Experten bezüglich der Frage: Entfallen durch KI mehr Arbeitsplätze, als das Neue entstehen werden? Während Experte 1, 5 und 8 die Meinung vertreten, dass durch einen höheren Effizienzgewinn durch KI längerfristig weniger Mitarbeiter benötigt und eingesetzt werden (E1, 2018, §63; E5, 2018, §7; E8, 2018, §43), halten Experten 6 und 7 dagegen und behaupten, es werden Arbeitsplätze und Jobprofile entstehen, die man zur heutigen Zeit noch gar nicht kennt (E6, 2018, §39; E7, 2018, §5). Experte 4 vertritt die Meinung, dass zwar quantitativ Arbeitsplätze entfallen werden, diese Entwicklung jedoch durch den demographischen Wandel in Deutschland entschärft wird, da sich längerfristig ebenso weniger Erwerbstätige auf dem Arbeitsmarkt befinden werden (E4, 2018, §23).

3.2.7 Umschulungspotential bestehender Mitarbeiter

Nachdem nun ein wachsender Wandel von Arbeitsweisen, sowie ganzer Fokusindustrien in dem Zusammenhang eines Arbeitsplatzabbaus aufgezeigt wurden, wird in dieser Kategorie erläutert, wie und ob sich bereits bestehende Erwerbstätige vorbereiten und umschulen können, wenn ihr derzeitiger Arbeitsplatz durch eine KI gefährdet wird.

Experte 5, 6 und 7 äußerten sich in diesem Zusammenhang, dass ein Umschulungspotential auf ungefährdete Arbeitsplätze grundlegend gegeben ist, sich diese Neupositionierungsmaßnahmen jedoch meist nur auf Arbeitnehmer anwenden lassen, welche bereits zuvor in komplexeren Themengebieten arbeiteten und somit ebenfalls eine höhere akademische Ausbildung genossen (E5, 2018, §15; E6, 2018, §35; E7, 2018, §9).

Um die Umschulung von Mitarbeitern jedoch initial zu ermöglichen, ist laut Experte 2 ein Entgegenkommen der Unternehmensführung in Form von einer Bereitstellung von Fortbildungsangeboten notwendig. Diese Hilfestellungen geben Angestellten schlussendlich die Chance, sich auf die Applikationen und Automatisierungsformen von KI einzustellen und sich daraufhin zielgerichtet im Unternehmen zu positionieren (E2, 2018, §9).

Darüber hinaus ist neben einer Förderungskultur seitens des Managements ebenso, wie bereits in der Kategorie „Neue Kompetenzanforderungen an Nachwuchsarbeitskräfte" beschrieben, eine intrinsische Motivation der Mitarbeiter von Nöten:

> „So eine gewisse Affinität und Motivation immer vorausgesetzt, also wenn jemand da sowieso sagt, ich möchte nichts damit zu tun haben [...] dann wird es erst recht prohibitiv, wahrscheinlich unmöglich. Aber wenn, gehen wir davon aus wir haben Leute die willig sind und da grundsätzlich motiviert sind, da sich mit dem auf das einzulassen. Da würde ich schon sagen, da gibt es schon Mittel und Wege" (E5, 2018, §15).

Das Zitat von Experte 5 zeigt sehr deutlich, dass nur bei bestehender Offenheit und dem Willen der Mitarbeiter zur eigenen Veränderung eine Umschulung auch im geschäftlichen Umfeld realisiert werden kann. Die grundlegende Frage – Wie geht eine Person mit Veränderung um? – nimmt für Experten 4 eine äußerst wichtige Rolle im Umschulungsaspekt ein. Je höher der eigene Resilienzgrad gegenüber der Technik, desto geringer das Umschulungspotential (E4, 2018, §29).

3.2.8 Ethische Betrachtung

Der nun folgende Inhalt der letzten Kategorie des Auswertungssystems befasst sich mit einer ethischen Betrachtungsweise der Experten gegenüber dem steigenden Einsatz von KI in der Wirtschaft.

Grundlegend, so sind sich die Experten einig, ist die derzeitige Entwicklung durch ihren bereits fortgeschrittenen technologischen Status und die disruptive Durchschlagskraft nicht mehr aufzuhalten (E2, 2018, §47; E4, 2018; §45; E5, 2018, §33; E6, 2018, §43; E8, 2018, §31). Ebenso spielt ein zunehmender Druck eines internationalen Wettbewerbs eine maßgebliche Rolle in der Entscheidungsfindung: „Und der Druck auf dem internationalen Markt wird immer größer" (E4, 2018, §37) oder wie Experte 5 behauptet, „Konkurrenzdruck ist ein großer Treiber oder kann durchaus zu ethisch fragwürdigen Verhalten führen" (E5, 2018, §39).

Aus dieser Aussagenbasis ergibt sich gar nicht mehr die Frage, ob KI weiterentwickelt und eingesetzt werden soll, sondern eher, welche Rahmenbedingungen benötigt werden, damit die Verwendung einer KI möglichst gesellschaftlich verträglich und ethisch sinnvoll ist (E2, 2018, §47). Die Signifikanz einer gesellschaftsübergreifenden ethischen Verantwortung wird somit im Zuge von intelligenten Technologien weiter zunehmen (E5, 2018, §37). Darauf aufbauend sind laut Experten tiefere Diskussionen und Gespräche in der Bevölkerung, aber insbesondere in der Politik von Nöten, welche genannte Fragestellung gezielt adressieren (E1, 2018, §21; E6, 2018, §37; E7, 2018, §53).

In der nachfolgenden Abbildung 6 werden somit die Stimmverteilungen von politischen Handlungsempfehlungen der einzelnen Experten dargestellt, welche laut ihnen eine ethische Anwendung von KI in Deutschland gewährleisten könnten.

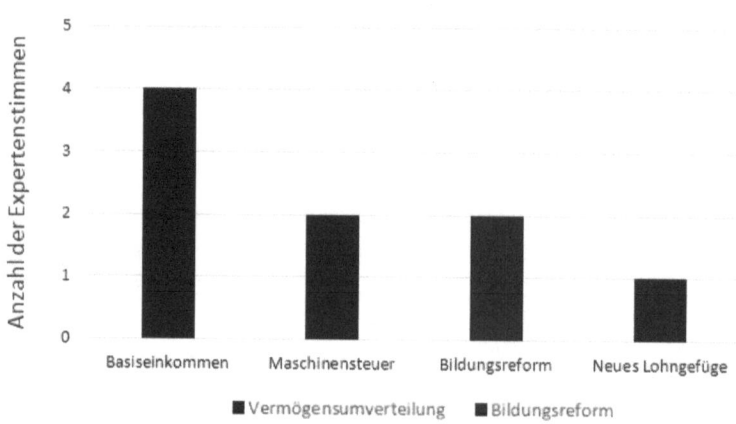

Abbildung 6: Politische Maßnahmen zur Gewährleistung eines ethischen Einsatzes von Künstlicher Intelligenz
Eigene Darstellung.

Bei dieser Auswertung dominierten Vorschläge um die Thematik einer Vermögensumverteilung. Laut Experte 6 wird durch den Einsatz von KI das Reichtum der Volkswirtschaft nicht schrumpfen. Die Wertschöpfung von Unternehmen wird gleichbleibend sein, jedoch weniger Menschen (Arbeitskräfte) involvieren, sodass Regulierungen benötigt werden, die erwirtschafteten Gewinne in einer fairen Weise zu verteilen (E6, 2018, §39).

Die dabei überwiegend genannte Maßnahme ist der Gedanke eines universellen Basiseinkommens (E1, 2018, §56; E2, 2018, §28; E5, 2018, §9; E8, 2018, §70). Dies bedeutet, dem finanziellen Schaden von Menschen, welche durch Automatisierungsmaßnahmen und KI ihre Arbeitsplätze verloren, als Gesellschaft aktiv entgegenzuwirken und sie somit „sanft in die Arbeitslosigkeit zu entlassen" (E8, 2018, §69). In Kombination schlagen Experten 2 und 6 eine Besteuerung von intelligenter Technologie und Maschinen vor, sodass der finanzielle Mehrwert eines Roboters und somit auch die Überlegung, einen Menschen zu ersetzen, abnimmt (E2, 2018, §29; E6, 2018, §39). Als letzte Maßnahme einer ethisch gerechten Vermögensumverteilung erwähnt Experte 7 eine Änderung des derzeitigen Lohngefüges und nennt hierbei das Beispiel der Altenpflege: Die Attraktivität von gesellschaftlich wichtigen Berufszweigen, wie der Altenpflege, müsse durch höhere Verdienstmöglichkeiten unterstützt werden. Die Zielsetzung ist es, dadurch arbeitssuchende Menschen aktiv in diese Wirtschaftszweige zu lenken. Hierbei ist eine enge Zusammenarbeit von Industrie und Politik erfolgsentscheidend (E7, 2018, §49).

Alternativ zu neuen regulatorischen Allokationsmaßnahmen finanzieller Mittel ist jedoch auch ein neues Schulungs- und Bildungssystem nach Meinung von Experte 2 und 6 notwendig, wodurch die Gesellschaft bereits frühzeitig erlernt, sich auf den Wandel der Geschäftswelt einzustellen, und somit eigenständig ihrer Rationalisierung entgegenwirken kann (E2, 2018, §17; E6 2018, 41).

Abschließend besagt Experte 5, dass sich die weitere Anwendung von KI über ihren Mehrnutzen bestimmt: „[...] aber am Ende des Tages definiert sich die ethische Anwendung über den Nutzen, über das Nutzszenario" (E5, 2018, §33). Exakt dieser gesellschaftliche Mehrgewinn ist durch eine Vielzahl an Experten bestätigt worden, sodass eine aufstrebende Implementierung von KI grundlegend als ethisch sinnvoll erachtet wird (E1, 2018, §89; E4, 2018, §45; E5, 2018, §33; E6, 2018, §43; E7, 2018, §47; E8, 2018, §33).

4 Diskussion der Forschungsergebnisse

Nachdem die Ergebnisse der Literaturanalyse, sowie der Forschungsauswertung dargelegt wurden, erfolgt nun eine kritische Auseinandersetzung und Diskussion der akademischen Kernthesen dieser Arbeit. Zu Beginn werden die untergeordneten Forschungsfragen durch Abgleich der Literaturanalyse mit den Aussagen der Experten zielgerichtet interpretiert, um im Anschluss die übergeordnete Forschungsfrage zu beantworten. Basierend auf den Antworten der Fragestellungen dieser Arbeit erfolgt eine kritische Betrachtung der zunehmenden Entwicklung und des steigenden Einsatzes einer KI unter den Gesichtspunkten der utilitaristischen Ethik. Abschließend werden Handlungsempfehlungen für das Unternehmensmanagement deduziert, um eine erfolgreiche und harmonische Implementation von KI in der jeweiligen Organisation zu gewährleisten.

4.1 Interpretation der Forschungsresultate und Abgleich mit der Literaturanalyse

Inwiefern ist eine Steigerung der Einflussnahme von KI auf Unternehmen zu erwarten?

Sowohl die Literatur, als auch die Experten erwarten einen stark wachsenden Einfluss der KI auf die gesamte Arbeitswelt. Begründet und legitimiert ist diese Entwicklung durch einen anhaltenden Kosten- und Effizienzdruck aller Unternehmensabteilungen. Hierbei werden zudem die zeitlichen Intervalle von Technologiesprüngen zunehmend kleiner. Obwohl sich zum aktuellen Zeitpunkt die Evolutionsstufe von KI noch in ihrer Anfangsphase befindet, übt sie dennoch bereits einen massiven Veränderungsdruck auf Unternehmenskulturen, -strukturen, sowie das Firmenmanagement aus und ist somit ebenfalls im Fokus vieler akademischer Forschungen. Die Befragten behaupten, dass durch dieses vorherrschende Anfangsstadium intelligenter Technologien noch keine starken Auswirkungen im heutigen Arbeitsbetrieb festzustellen sind, dennoch sind sich sowohl die Literatur als auch die Experten einig, dass KI sich phasenweise stärker in Unternehmen bemerkbar machen wird. Anfänglich nimmt sie eine arbeitsunterstützende und umfassend analytische Rolle ein, mit weiteren Evolutionsstufen wird diese sich jedoch zunehmend zu einem technischen Substitutionswerkzeug menschlicher Arbeitskräfte in Unternehmen entwickeln.

In welcher Art und Weise wird KI Mitarbeiter in ihren Arbeitsweisen beeinflussen?

Die Arbeitsweisen der Mitarbeiter verändern sich, basierend auf der Literaturauswertung, ebenfalls phasenweise: Da zum anfänglichen Entwicklungsstand KI als umfassender Datenspeicher und somit auch als eine Art von Weitergabe firmeninternen Wissens fungiert, wird der Stellenwert von menschlichem Spezial- und Fachkenntnissen entwertet und unternehmensweite Kommunikationsbarrieren durch eine stets verfügbare intelligente Software abgebaut. In der darauffolgenden zweiten Phase kann KI das gespeicherte Wissen selbständig verknüpfen und verarbeiten, sodass es daraus eigene Handlungsweisen ableiten kann. Insbesondere in der Wartung und Erkennung von maschinellen Prozessen, wie einer industriellen Produktion, unterstützt KI nun zielgerichtet Mitarbeiter bei ihren alltäglichen Arbeitsaufgaben, wodurch eine Effizienzsteigerung der Arbeitsleistung und somit ein höherer Ausstoß zu verzeichnen ist. Zeitgleich wachsen jedoch Abhängigkeitsverhältnisse zwischen Menschen und Maschine, da der Arbeitnehmer ohne eine KI seine Arbeitsweisen nicht mehr verrichten kann. Ebenso werden rein administrative, sich wiederholende und analytische Tätigkeitsabläufe zunehmend substituiert, wodurch das Personal, sowie das Firmenmanagement, zu einem stärkeren Fokus auf kreative, Sozialkompetenz erfordernde und strategische Aufgabengebiete gedrängt wird. Die Aussagen der Experten ergänzen hier, dass ein wachsender Austausch unter den Mitarbeitern von großer Notwendigkeit ist. In der finalen dritten Evolutionsstufe der KI ist laut der Literatur eine KI in der Lage, die verbliebenen menschlichen Fähigkeiten ebenfalls zu adaptieren, sodass sich die menschliche Arbeit auf Entscheidungs- und Verantwortungsprozesse beschränkt und daher das Arbeitspensum laut Experten massiv abnimmt.

Inwieweit können sich Firmen gegenüber dem Wandel von KI konditionieren?

Während zur Beantwortung dieser Frage der aktuelle Literaturstand lediglich Hinweise einer Änderung der Mitarbeiterkompetenzen und somit den Bedarf nach firmeninternen Schulungsmaßnahmen aufzeigt, ergab die Analyse der Experteninterviews drei Kernsäulen, welche eine Firma in Bezug auf den Wandel und die hausinterne Integrierung von KI vorbereitet. Die erste Konditionierungsmaßnahme ist die Öffnung der eigenen Organisationsstruktur intern, sowie gegenüber externen Stakeholdern. Dies bedeutet, dass im Unternehmen Hierarchien abgebaut, sowie Austauschplattformen und agilere Arbeitsmethoden gefördert werden, sodass final die Eigenständigkeit und Lernfähigkeit der Mitarbeiter verstärkt wird. Parallel erfolgt eine erhöhte Kooperationsbereitschaft mit akademischen Lehreinrichtungen, um geeignete Schulungs- und Rekrutierungsmodelle generieren zu können. Darüber hinaus sind Führungskräfte als Repräsentanten der innovationsfreudigen Werte und einer hohen Akzeptanz gegenüber KI in die Verantwortung zu nehmen, damit diese Werte als Top-Down Prozess an alle Mitarbeiter vermittelt werden. Ebenso gilt es, eine ehrliche Kommunikationsstrategie zu vertreten, sodass KI verursachte Automatisierungsmaßnahmen frühzeitig mit all ihren Konsequenzen und Mehrwerten an das Personal weitergereicht werden. Als dritte Säule sollte laut der Experten ein Unternehmen frühzeitig in das eigene IT System investieren, um zum Zeitpunkt der Implementation eine leicht zugängliche Verwendung intelligenter Technologie zu gewährleisten. Um zusätzlich eine Akzeptanzsteigerung der eigenen Mitarbeiter zu erreichen, sollte das technische System der Firma einen praxisbezogenen Lernprozess („learning by doing") anbieten.

Wie wirkt sich KI auf Human-Resource-Prozesse aus?

Die Literaturauswertung ergab, dass KI aller Voraussicht insbesondere im Personalgebiet der Rekrutierung eine effizienz- und qualitätssteigernde Wirkung in der Klassifizierung und damit der Vorauswahl von Bewerbern einnimmt. Befragte Mitarbeiter gehen zwar davon aus, dass eine KI ihre aktuelle Jobposition nicht gefährdet, jedoch sich die Art und Weise ihrer Arbeit maßgeblich verändern wird. Die Aussagen der Experten sprechen ebenfalls von einer gewissen Arbeitsplatzsicherheit und einer stärkeren Fokussierung der Mitarbeiter auf Entscheidungsprozesse, da eine Maschine zum aktuellen Zeitpunkt noch keine Entscheidungen treffen kann und sollte. Des Weiteren gibt die Analyse der Experteninterviews tiefere Einblicke in den Wandel von administrativen Aufgabengebieten und der Personalplanung. Hierbei wird KI dazu beitragen, Komplexität von alltäglichen Aufgaben zu minimieren, jedoch wird zeitgleich ein größerer Planungshorizont von Personalern abverlangt, da sich die durch KI verursachten Anforderungen und die Substituierbarkeitspotentiale gegenüber neuen Mitarbeitern einem stetigen Wandel parallel zur Technologieentwicklung befinden.

Werden durch KI neue Kompetenzanforderungen an Nachwuchsarbeitskräfte generiert?

Die Antwort auf diese Frage lautet grundlegend ja. Wie bereits vorhergehend beschrieben, findet basierend auf dem derzeitigen Literaturstand eine Entwertung von fachbezogenem Spezialwissen („Hard Skills") statt. Zeitgleich, so sind sich Literatur und Experten einig, werden Fähigkeiten, welche die eigene Persönlichkeit betreffen („Soft Skills"), wie Kreativitätsvermögen, ausgeprägte Analysefertigkeiten, Sozialkompetenz und strategische Entscheidungsfreudigkeit zunehmend von Mitarbeitern und Managern gefordert. Mitarbeiter müssen sich durch solch menschlich vorbehaltene Fähigkeiten von einer KI differenzieren können. Die befragten Experten geben darüber hinaus an, dass eine Technikaffinität und Offenheit gegenüber einer immer schneller wandelnden Technologieumgebung von Nachwuchsarbeitskräften benötigt wird.

Lassen sich Fokusindustrien identifizieren, welche stärker von dem Wandel und einer Arbeitsverknappung durch KI betroffen sind?

In der Identifizierung von Fokusindustrien konnte erneut eine hohe inhaltliche Kongruenz der Expertenaussagen mit der Literaturanalyse identifiziert werden. Hierbei sind basierend auf beiden Datenquellen in der anfänglichen Implementierungsphase von KI vorrangig Industrien von einem Wandel und Arbeitsverknappungsentwicklungen betroffen, welche geringfügig qualifiziertes Personal einsetzen (z.B. Call-Center Mitarbeiter). Darüber hinaus identifizierten die Experten im Zuge der fortschreitenden Entwicklung von KI drei Fokusindustrien: Das (1) Produktionsgewerbe, da dieses sich bereits im Momentum mit einem hohen Automatisierungsgrad auszeichnet, das (2) Finanzwesen, welches einer KI durch die Verarbeitung großer Daten- und Zahlenmengen viele Anwendungsgebiete liefert, sowie das (3) Transport- und Logistikgeschäft, anlässlich des bereits stark ausgeprägten Technologiestandes von autonomen Fahrsystemen, sowie der Einführung intelligenter Robotik gestützter Produktverarbeitungs- und Auslieferungsmethoden (z.B. Drohnen).

Lassen sich bestehende Mitarbeiter auf neue Anforderungen von KIs umschulen?

Durch eine geringe Anzahl an repräsentativen Studien bezüglich der auf KI bezogenen Thematik „Personalschulung und -weiterbildung", konnte lediglich eine Schnittmenge der Literatur und Forschung im Bereich der Umschulung von gering qualifizierten Mitarbeitern identifiziert werden. Aus dieser Gegenüberstellung ließ sich die These deduzieren, dass gering qualifizierte Arbeitskräfte eine minimale, bis keine Umschulungsperspektive auf neue evolvierende kreativere oder strategischere Unternehmenspositionen besitzen. Abgeleitet aus dem beschriebenem Theorem, dass die neu entstehenden Kompetenzanforderungen an Mitarbeiter mehrheitlich in die Sektion der „Soft Skills" kategorisiert werden, lässt sich ebenfalls die Schlussfolgerung benennen, dass der Erfolg einer Umschulung bestehender Mitarbeiter auf der individuellen persönlichen Vorprägung und Eignung basiert. Diese Aussage unterstützen ebenso die Experten, welche mehrheitlich angaben, dass eine Weiterbildungsmaßnahme nur dann Erfolgsaussichten besitzt, wenn der betroffene Mitarbeiter eine gewisse Technologieaffinität und Offenheit gegenüber Automatisierungsmaßnahmen und KI innehält. Ob Mitarbeiter sich nun auf neue Anforderungen von KI umschulen lassen, hängt somit, bis auf die Ausnahme von gering qualifizierten Arbeitskräften, nicht von ihrer wirtschaftlichen Ausbildung oder kognitiven Fähigkeit ab, sondern von einer persönlichen Bekennung gegenüber technologischem Wandel und in dieser Verbindung ebenfalls von authentischen und motivierenden Kommunikationsmaßnahmen seitens des Firmenmanagements.

4.2 Klärung der übergeordneten Forschungsfrage

Da nun alle untergeordneten Forschungsfragen unter Berücksichtigung der Literatur- und Forschungsergebnisse beantwortet wurden, erfolgt basierend auf diesem Informationsgehalt eine intendierte Lösung der wissenschaftlichen Kernfrage:

Welche Auswirkungen beinhaltet der Einsatz und die Weiterentwicklung von Künstlicher Intelligenz in Unternehmen auf den Arbeitsmarkt und die Unternehmenskultur?

Unter dem stark zunehmenden Einfluss und der Entwicklungsgeschwindigkeit von KI ist ein massiver Wandel des Arbeitsmarktes, als auch innerhalb von Unternehmenskulturen zu identifizieren.

Durch einhergehende Effizienzsteigerung alltäglicher administrativer, sowie analytischer Aufgaben werden sich Mitarbeiter zunehmend auf sozialere, kreativere und strategischere Aufgabengebiete fokussieren müssen. Damit dieser interne Wandel harmonisch gelingt, sind Anpassungen innerhalb der Unternehmenskultur notwendig, wie der Abbau steiler hierarchischer Strukturen, die Förderung einer unternehmensweiten Lernkultur, sowie die Vermittlung von kollaborativen und innovationsfreudigen Wertesystemen. Ebenso ist basierend auf einer wachsenden Implementation von KI im Bereich HR eine zunehmende technisch maschinelle Prägung und Abhängigkeit auf Unternehmenskulturen zu erkennen, da eine intelligente Software in Zukunft erheblich in der Auswahl und Planung von Personal beteiligt ist.

Als weiteres Resultat der von KI getriebenen wachsenden Unternehmensleistung findet zeitgleich eine Abnahme an benötigten Arbeitskräften statt. Insbesondere gering qualifizierte Erwerbstätige werden frühzeitig durch mangelnde Umschulungspotentiale von einer Arbeitslosigkeit bedroht sein. Darüber hinaus evolvieren neue Kompetenzanforderungen, primär im Bereich der „Soft Skills", wie der Bedarf an einer hohen emotionalen Intelligenz oder einem Kreativitätsvermögen, welche die Chancen eines Berufseinsteigers auf dem Arbeitsmarkt in Zukunft vermehrt beeinflussen. In diesem Kontext konnten drei Fokusindustrien – Produktionsgewerbe, Finanzwesen und Logistikgeschäft – identifiziert werden, welche verstärkt einer KI verursachten Disruption unterlegen sind, sodass die Arbeitsplätze der Mitarbeiter in diesen Gebieten bereits frühzeitig gefährdet werden. Der Erfolg einer Arbeitsplatzsicherung in diesen Branchen ist maßgeblich durch die Ausprägung der Aufgeschlossenheit und Adaptionsfähigkeit gegenüber neuen technischen Maßnahmen, wie der Einführung von KI, eines jeden einzelnen Mitarbeiters abhängig. Dennoch bedarf es finalisiert zusätzlich neuer politischer und gesellschaftlicher Diskussionen, sowie Gesetzen im Konsens eines stark einflussnehmenden internationalen Wettbewerbs, um einer punktuellen Massenarbeitslosigkeit entgegenzuwirken.

4.3 Analyse der Haupterkenntnisse unter utilitaristischer Betrachtung

In dem nun folgenden Unterkapitel soll kritisch untersucht werden, ob die Implementierung und Entwicklung von KI unter ethischen Gesichtspunkten für die Allgemeingesellschaft erstrebenswert ist. Wie zu Beginn dieser Arbeit erläutert, wird als Bewertungsmaßstab das Modell der utilitaristischen Ethik herangezogen. Im Kontext der übergeordneten Forschungsfrage soll insbesondere die Problematik der Arbeitsplatzsicherung untersucht werden, um daraus die Notwendigkeit des Wandels von Unternehmenskulturen zu identifizieren.

Die Problematik des Arbeitsplatzverlustes

Die Forschungsergebnisse dieser Arbeit zeigen auf, dass ein KI bedingter Arbeitsplatzverlust in zahlreichen Branchen zu erwarten ist. Fraglich ist daher, inwieweit eine solche Entwicklung ethisch befürwortet werden kann.

Wie bereits in Kapitel 2.1 dargestellt, gilt nach der utilitaristischen Ethik eine Handlung dann als moralisch richtig, wenn das Ergebnis dieses Vorgangs das Glück oder den Nutzen aller Betroffenen maximiert (Nützlichkeitsprinzip). Auf diesen Kontext angewandt, wird der Einsatz von KI als moralisch sinnvoll erachtet, wenn diese Technologie mehr Nutzen als Schaden generiert. Um die Frage nach der ethischen Richtigkeit korrekt beantworten zu können, müsste somit eine Nutzenrechnung aufgestellt werden, welche ein solches Ergebnis offenlegt.

Hierbei entsteht bereits die erste Problematik bezüglich einer ethischen Beurteilung, da die bevorstehende Evolution von KI und daraus resultierende Folgen nicht fehlerfrei berechnet werden können. Beispielhaft zeigen die Studien von Roubini und Stiglitz auf, dass die Problematik der zunehmenden Arbeitslosigkeit durch mehr Effizienz und Produktivität von intelligenten Robotern und Computern ausgeglichen werden kann (vgl. Dirican, 2015, S. 568). In diesem Rahmen müssten jedoch weitere Forschungsbestrebungen durchgeführt werden, welche in ihrer Gesamtheit die Eintrittswahrscheinlichkeit von gewissen Szenarien absichern, sodass die potentiellen Konsequenzen besser gewichtet werden können.

Ein konträres Fallbeispiel, welches laut der Forschungsresultate dieser Bachelorthesis mit einer ausreichend hohen Wahrscheinlichkeit eintreffen wird, ist die strukturelle Arbeitslosigkeit von gering qualifizierten Angestellten mit sich stetig wiederholenden Aufgabengebieten.

In diesem Kontext gilt zu beachten, dass der Verlust von Arbeit an eine KI nur dann negativ zu bewerten ist, wenn den Betroffenen daraus resultierend ein bemerkbares Leid zugefügt wird. In dem vorherrschenden kapitalistischen Wirtschaftssystem trifft dies allerdings zu, da die Erwerbstätigen um ihr Einkommen und somit ihrer Freiheit und Existenzgrundlage beraubt werden. Die Historie zeigt jedoch auf, dass solche wirtschaftlichen Ordnungen wandelbar sind. Erhielte jeder Mensch beispielsweise ein universelles monetäres Grundeinkommen, welches für eine Existenz und eine individuelle Lebensentfaltung ausreicht, sodass Arbeit und Geld in keinem direkten Zusammenhang mehr stehen, dann entstünde für einen involvierten Arbeitnehmer kein existenzbedrohender Schaden.

Auf dieser Annahme aufbauend, würde die von KI verursachte Reduktion von Beschäftigung gar einen Nutzen darstellen, da Arbeit im Allgemeinen etwas für den menschlichen Körper und Geist Belastendes darstellt und somit auch Leid bzw. Unglück verursacht. So bildete sich eine hohe Anzahl an Berufsgruppierungen, welche ein Erfordernis besitzen, aber parallel in unserer Gesellschaft als unattraktiv gelten. Beispiele hierfür sind Wirtschaftszweige, wie die Müllentsorgung oder Gebäudereinigung.

Den Fortschritt in der Informationstechnologie aus Angst vor einem Arbeitsplatzverlust zu unterbinden, sehen die befragten Experten, sowie der Ökonom Siekmann äußerst kritisch, der in diesem Zusammenhang betont, dass ebenso eine Vielzahl an unmenschlichen Tätigkeitsbereichen entfallen: "Der Roboter, der einen Arbeiter ersetzt, führt eine Arbeit aus, die an Stumpfsinn und Brutalität an die der römischen Galeerensklaven erinnert und die von niemandem freiwillig ausgeübt würde" (Siekmann, 1989, S. 128 zitiert nach Görz et al., 1992, S. 4-5).

Unter diesen Gesichtspunkten ist im Verlauf der Entwicklungen von KI eine philosophische Neubewertung der Ressource „Arbeit" durchaus denkbar. In einem hypothetischen Extremfall könnte die KI-Revolution zu einem Zustand der Antike führen, in dem Menschen so leben, dass diese ihr Glück maximieren, indem sie sich körperlichen und geistigen Freuden widmen, während die Sklaven und Arbeiter, in diesem Szenario Maschinen und KI, die Arbeit verrichten, welche für die Aufrechterhaltung des alltäglichen Lebens notwendig ist.

Ob der KI bedingte Arbeitsplatzverlust nach utilitaristischer Ethik als gut oder schlecht zu bewerten ist, basiert dementsprechend darauf, inwieweit sich das heutige Gesellschaftsgefüge auf diesen Wandel harmonisiert. Bleibt das Wirtschaftssystem wie bisher und lässt sich keine effektive Lösung für die strukturelle Arbeitslosigkeit finden, könnten die negativen Folgen für die Menschheit überwiegen, sodass die zukünftige Implementation von KI kritisch zu betrachten ist. Findet jedoch eine Adaption und Neubewertung von Arbeit und Einkommen statt, ist es denkbar, dass der technische Fortschritt weitaus mehr Nutzen als Schaden verursacht, sodass dieser positiv bewertet wird.

Implikationen des Wandels von Unternehmenskulturen

Im konkreten Szenario, dass KI mehrheitlich einen Überhang an Unglück als Nutzen erwirkt, jedoch aus wirtschaftlichen Motiven weiterhin eingesetzt wird, stellt sich die Frage, ob aus ethischen Gesichtspunkten ein Wandel von Werten in Unternehmenskulturen notwendig ist, um eine harmonische und produktive Arbeitsatmosphäre weiterhin aufrecht zu erhalten.

So müssen Unternehmen, welche für Höchstleistung, Effizienz und Innovation einstehen, die Leistungskraft von KI gegenüber ihren menschlichen Mitarbeitern präferieren und diese infolgedessen entlassen. Dies könnte in einer Entartung zu einer nahezu vollkommenen Automatisierung von gewissen Branchen führen und somit eine massive Arbeitslosigkeit verursachen.

Um diese aus utilitaristischer Perspektive betrachtete Negativentwicklung zu verlangsamen, müssen Politik und Unternehmen eine sozial ausgerichtete Unternehmenskultur etablieren und Werte wie Sicherheit, Mitarbeiterzufriedenheit und gesellschaftliche Verantwortung in den Vordergrund stellen. Daraus deduzierend kann sich ein Verständnis von KI als unterstützende Technologie bilden, sodass

Arbeitnehmer diese nicht als Bedrohung, sondern als Helfer wahrnehmen und harmonisch miteinander interagieren.

4.4 Handlungsempfehlungen für Unternehmen

Auf den gewonnenen Erkenntnissen der ethischen Betrachtung werden nun abschließend unternehmerische Handlungsempfehlungen aus der Literatur und den Experteninterviews zusammengefasst und auf das beschriebene Modell der Unternehmenskultur nach Schein angewandt.

Die Forschung zeigt auf, dass eine Konditionierungsmaßnahme von Unternehmen die Öffnung der eigenen Organisationsstruktur intern, sowie gegenüber externen Stakeholdern thematisiert. Dies beinhaltet die Abflachung von Hierarchiestrukturen, die Förderung von Informationsaustausch und Agilität, sowie eine Zusammenarbeit mit externen Lehrzentren. Ebenso sollten Führungskräfte, als Repräsentanten der Unternehmenswerte, Akzeptanz gegenüber KI predigen und eine ehrliche Kommunikationsstrategie hinsichtlich der Implementationsauswirkungen vertreten.

Im Kontext der Unternehmenskultur bedeutet dies die Förderung der Werte: Ehrlichkeit, Offenheit, Vertrauen und Gemeinschaft. Diese sollten sich in konkreten Verhaltensrichtlinien manifestieren wie beispielsweise „Ehrlichkeit wird belohnt", „Mitarbeiter sollen zusammen und nicht gegeneinander arbeiten" oder „wir vertrauen unseren Mitarbeitern und Kunden". Diese Verhaltenskodexe müssen sich wiederum in den Artefakten, in Form von Ritualen und Gewohnheiten, bemerkbar machen. Diese könnten sein, dass Manager ihre Mitarbeiter für Fehler nicht bestrafen, damit eine gewisse „Trial-and-Error" Kultur in Bezug auf die Anwendung von KI entsteht. Weitere anwendbare Beispiele stellen regelmäßige Team-Building Maßnahmen oder die Schaffung gemeinsamer on-, sowie offline Austauschplattformen zwischen Kollegen dar, wodurch Arbeitsweisen auf mehr Eigenständigkeit und Vertrauen beruhen.

Ergänzend empfiehlt sich eine frühzeitige Investierung in das unternehmensinterne IT System, um zum Zeitpunkt der Implementierung eine leicht zugängliche Verwendung von KI zu garantieren. Um eine bestmögliche Akzeptanz und Offenheit der Mitarbeiter gegenüber der KI-Technologie zu gewährleisten, sollten gleichzeitig Werte wie Fortschritt, Flexibilität und Lernfreudigkeit in der Unternehmenskultur implementiert werden. Darauf aufbauend dienen Führungskräfte als Multiplikator von Verhaltensregeln wie „keine Angst vor Veränderungen besitzen", „auf alten Vorgehensweisen nicht ausruhen, sondern hinterfragen" oder „Mitarbeiter können sich bei uns austoben". Als Resultat würde in der Unternehmenspraxis Mitarbeitern ausreichend zeitliche Kapazität zur Verfügung stehen, um sich mit neuer KI Technologie auseinander zu setzen („learning by doing"), intelligente Maschinen werden kollegial behandelt, beispielsweise durch menschliche Namensgebungen oder Mitarbeiter werden für die Ideenfindung von neuartigen und effektiven Mensch-Maschine-Arbeitsweisen aktiv ermutigt und belohnt.

Insbesondere das zuletzt genannte Ergebnis ist in Angesicht der wandelnden Kompetenzanforderungen von Mitarbeitern von hoher Relevanz, da diese sich durch die einhergehende Effizienzsteigerung alltäglicher administrativer, sowie analytischer Aufgaben, zunehmend auf sozialere, kreativere und strategischere Tätigkeitsgebiete fokussieren müssen.

5 Fazit und Ausblick

Zusammenfassend hat die vorliegende Arbeit die Einflusswirkungen von KI auf den Arbeitsmarkt und Unternehmenskulturen unter Berücksichtigung von sich wandelnden Arbeitsweisen und Kompetenzanforderungen an Nachwuchsarbeitskräfte untersucht. Ziel war es hierbei, durch den zunehmenden Einsatz von KI spezifische Implikationen in Unternehmen zu identifizieren und darauf basierend geeignete ethische Konditionierungsempfehlungen für die Managementebene abzuleiten. Die Forschungsfrage lautete dabei:

Welche Auswirkungen beinhaltet der Einsatz und die Weiterentwicklung von Künstlicher Intelligenz in Unternehmen auf den Arbeitsmarkt und die Unternehmenskultur?

Zur Beantwortung dieser Frage wurde zunächst der aktuelle Literaturstand unter der abstrahierten Segmentierung von „Mensch-Maschine-Beziehung", „Human-Resource-Prozesse" und „Implikationen auf den Arbeitsmarkt" analysiert und anschließend mit den Ergebnissen von acht befragten Experten mit Hilfe eines deduktiven Kategoriensystems, inklusive zwei weiteren Segmenten „Arbeitsplatzsicherung" und „Ethische Betrachtung", inhaltlich erweitert. Die Basis der Expertenbefragung war ein semi-strukturierter Fragebogen.

Als Forschungsresultat konnte ein massiver Einfluss einer sich schnell wandelnden KI auf den Arbeitsmarkt und somit Unternehmenskulturen ermittelt werden. Durch sich verändernde Arbeitsweisen und Kompetenzanforderungen von Mitarbeitern entsteht ein Bedarf an neuen Kommunikationsmodellen und Wertevorstellungen innerhalb Unternehmenskulturen. Mitarbeiter werden sich im Zuge der nächsten Jahresdekade verstärkt kreativeren, sozialeren und strategischeren Aufgabengebieten widmen müssen, da primär analytische und sich wiederholende Aufgabengebiete zunehmend von einer KI substituiert werden. Darüber hinaus ist durch die wirtschaftliche Effizienzsteigerung einer KI ein Entfall von Arbeitsplätzen, insbesondere in gering qualifizierten Tätigkeitsbereichen zu erkennen, sodass es frühzeitig einer Diskussion zur Konsensfindung einer Arbeitsplatzsicherung innerhalb von Gesellschaft, Politik und Industrie Bedarf.

Abschließend ist anzumerken, dass durch die nicht eindeutig bestimmbare und rasante technische Weiterentwicklung intelligenter Technologien, nur in Zusammenhang mit dem heutigen Forschungswissen und aktuellen Zeitbezug die Antworten der Forschungsfragen und Handlungsempfehlungen als eindeutig korrekt angegeben werden können. Zudem fokussieren sich die wissenschaftlichen Resultate primär auf den deutschen Industriemarkt. Zwar sind starke internationale Abstrahleffekte durch die globalen Anwendungsgebiete von KI zu identifizieren, dennoch wurden im Zuge dieser Bachelorarbeit lediglich Experten aus Deutschland befragt, sodass durch kulturelle und gesetzliche Vorprägung nur in Deutschland eine hundertprozentige Übereinstimmung der Forschungsresultate gegeben ist. Eine weltweite Studie hätte in diesem Fall den Forschungsrahmen einer Bachelorarbeit überschritten. Durch den jungen Charakter des Forschungsgebietes konnten zudem nur marginal bereits bestehende akademische Lektüren zu den Auswirkungen von KI auf Unternehmenskulturen herangezogen werden. Allgemein bestand jedoch eine hohe Kongruenz zwischen den Ergebnissen der Expertenanalyse und dem derzeitigen Literaturstand. Die Aussagen der Befragten stellten somit oftmals wertvolle inhaltliche Ergänzungen des derzeitigen literarischen Forschungsstandes dar.

Abschließend zeigen das hohe identifizierte Potential und die vielseitigen Konsequenzen von KI auf die Gesamtgesellschaft weiteren Forschungsbedarf eindeutig auf. Insbesondere die genannten Konditionierungsempfehlungen und die Findung eines Lösungsansatzes der Entgegenwirkung einer steigenden Arbeitslosigkeit benötigen eine weiterführende akademische Validierung.

6 Literaturverzeichnis

Literarische Quellen

Althaus, D.; Erhardt, J.; Gloor, L.; Hutter, A.; Mannino, A.; Metzinger, T. (2015). Künstliche Intelligenz: Chancen und Risiken. Diskussionspapier, S. 1-1-7. Berlin: Stiftung für Effektiven Altruismus.

Amico, R.; Kolbjørnsrud, V.; Thomas R. (2016). Leadership Development: How Artificial Intelligence Will Redefine Management. Massachusetts: Harvard Business Publishing.

Baur, N.; Blasius, J. (2014). Handbuch Methoden der empirischen Sozialforschung. Wiesbaden: Springer Fachmedien.

Bauschke, R.; Hofmann, L.; Homma, N. (2014). Einführung Unternehmenskultur: Grundlagen, Perspektiven, Konsequenzen. Wiesbaden: Springer Gabler Verlag.

Bentham, J. (2013). Eine Einführung in die Prinzipien der Moral und Gesetzgebung. In O. Höffe (Hrsg.), Einführung in die utilitaristische Ethik, klassische und zeitgenössische Texte, S. 55-83. Stuttgart: Uni-Taschenbücher.

Bhanu Sree Reddy, D.; Geetha, R. (2018). Recruitment Through Artificial Intelligence: A Conceptual Study. International Journal of Mechanical Engineering and Technology, Vol. 9 (7), S. 63-70.

Bothun, D.; Lieberman, M.; Rao, A.S. (2017). Bot.Me: A revolutionary partnership. London: PricewaterhouseCoopers International.

Bughin, J.; Chui, M.; Joshi, R.; Manyika, J.; Seong, J. (2018). Notes from the frontier: Modeling impact of AI on the world economy. New York City: McKinsey Global Institute.

Byrum, J. (2018). Taking advantage of the AI revolution. Norcross: Institute of Industrial and Systems Engineers.

Charlier, R.; Kloppenburg, S. (2017). Artificial Intelligence in HR: a No-brainer. Amsterdam: PricewaterhouseCoopers Belastingadviseurs N.V.

Dirican, C. (2015). World Conference on Technology, Innovation and Entrepreneurship: The Impacts of Robotics, Artificial Intelligence on Business and Economics. Istanbul: Istanbul Arel University.

Ertel, W. (2009). Grundkurs Künstliche Intelligenz. Wiesbaden: GWV Fachverlage.

Ford, M. (2013). Could Artificial Intelligence Create An Unemployment Crisis? Communications of the ACM, Vol. 56 (7), S. 39. New York City: Association for Computing Machinery.

Franzke, N.; Wien, A. (2014). Unternehmenskultur Zielorientierte Unternehmensethik als entscheidender Erfolgsfaktor. Wiesbaden: Springer Gabler Verlag.

Gehrmann, G.; Müller, K.D. (2006). Management in sozialen Organisationen. Handbuch für die Praxis sozialer Arbeit. Regensburg: Walhalla Fachverlag.

Gläser, J.; Laudel, G. (2009). Experteninterviews und qualitative Inhaltsanalyse als Instrumente rekonstruierender Untersuchungen. Berlin: Springer Verlag.

Görz, G.; Kremeier, A.; Röpke, H.; Schreiber, P.; Strube, G.; Wachsmuth I.; Wilker, M. (1992). Mögliche Auswirkungen einer entwickelten KI auf Arbeits- und Lebenswelt. In A.B. Cremers, R. Haberbeck, J. Seetzen, I. Wachsmuth (Hrsg.), Künstliche Intelligenz - Leitvorstellungen und Verantwortbarkeit, S. 156-170, Report 17. Düsseldorf: Verein Deutscher Ingenieure (VDI).

Gugler, D.; van Hoogenvest, M.; Weyhe, M. (2018). Korn Ferry Global Survey: Artificial Intelligence (AI) reshaping the role of the recruiter. Los Angeles: Korn Ferry.

Höffe, O. (2008). Einführung in die utilitaristische Ethik, klassische und zeitgenössische Texte. Stuttgart: Uni-Taschenbücher.

Loosen, W. (2015). Das Leitfadeninterview - eine unterschätzte Methode. Wiesbaden: Springer Fachmedien.

Mayring, P. (2000). Qualitative Inhaltsanalyse. Berlin: Forum Qualitative Sozialforschung.

Mill, J.S. (2006). Utilitarismus. In O. Höffe (Hrsg.), Einführung in die utilitaristische Ethik, klassische und zeitgenössische Texte, S. 84-97. Stuttgart: Uni-Taschenbücher.

Müller, O. (2003). John Stuart Mills Argument für den Utilitarismus. Ein plausibler Weg zwischen Metaphysik und Nihilismus? Paderborn: Mentis Verlag.

Sackmann, S.A. (2006). Success Factor: Corporate Culture. Gütersloh: Verlag Bertelsmann Stiftung.

Schein, E.H. (1985). Organizational culture and leadership. San Francisco: Jossey Bass.

Staley, D. (2017). What's now and what's next in human HR technology. London: PricewaterhouseCoopers International.

Stiglitz, J.E. (2014). Unemployment and Innovation. Working Paper 20670. Cambridge: National Bureau Of Economic Research.

Elektronische Quellen

Altmaier, P. (2018). Gastbeitrag: Wirtschaftsminister Altmaier sieht KI als „Schlüsselfrage für Deutschland und Europa". https://www.handelsblatt.com/meinung/gastbeitraege/gastbeitrag-wirtschaftsminister-altmaier-sieht-kuenstliche-intelligenz-als-schluesselfrage-fuer-deutschland-und-europa/22806976.html?ticket=ST-95757-5D0tfH3Ig4AIdcD3WhsDap1 (abgerufen am 07.12.2018).

Armbruster, A. (2018). Altmaier über KI: „Müssen die besten Forscher der Welt unter Vertrag nehmen". https://www.faz.net/aktuell/wirtschaft/kuenstliche-intelligenz/altmaier-ueber-ki-muessen-faehig-sein-die-besten-forscher-der-welt-unter-vertrag-zu-nehmen-15696396.html (abgerufen am 07.12.2018).

Bartscher, T. (2018). Grundfunktionen des Personalmanagements. https://wirtschaftslexikon.gabler.de/definition/grundfunktionen-des-personalmanagements-54264 (abgerufen am 27.11.2018).

Heil, H. (2018). Bundesministerium startet KI-Expertenworkshops. https://www.bmas.de/DE/Presse/Pressemitteilungen/2018/bundesregierung-startet-ki-expertenworkshops.html (abgerufen am 07.12.2018).

Roubini, N. (2014). Rise of the Machines: Downfall of the Economy? http://archive.economonitor.com/nouriel/2014/12/08/rise-of-the-machines-downfall-of-the-economy/ (abgerufen am 12.12.2018).

Scheibler, P. (2018). Qualitative Inhaltsanalyse. https://studi-lektor.de/tipps/qualitative-forschung/qualitative-inhaltsanalyse.html (abgerufen am 17.10.2018).

Wohltmann, H.W. (2018). Arbeitsmarkt – Definition. https://wirtschaftslexikon.gabler.de/definition/arbeitsmarkt-28241 (abgerufen am 01.12.2018).

7 Anhang

7.1 Semi-Strukturierter Fragebogen

Semi-Strukturierter Fragebogen

KI: Auswirkungen einer neuen disruptiven Technologie auf den Arbeitsmarkt und die Unternehmenskultur

// Einleitung

1. Erklärung des Ziels der Befragung und Kurzvorstellung der Bachelorarbeit

2. Aufklärung über auditive Aufnahme und öffentlichen Verwertung der Interviewergebnisse

3. Ablauf der Befragung

- Dauer: ca. 40 Minuten
- Das Interview ist in fünf Inhaltscluster gegliedert:
  Auswirkungen auf Unternehmen, Mensch-Maschine-Beziehung, Human-Resource-Prozesse, Implikationen auf den Arbeitsmarkt, sowie ethische Betrachtung.

4. Hintergrundinformationen des Befragten

- Durchführungsdatum:
- Geschlecht:
- Höchster akademischer Abschlussgrad:
- Aktuelle berufliche Position:
- Firma:

// Befragung

1. Auswirkungen auf den Arbeitsmarkt und die Unternehmenskultur

Sie leiten/arbeiten in einer Abteilung, welche sich täglich mit Künstlicher Intelligenz und Automatisierungsprozessen beschäftigt...
Durch Ihre aktuelle Position sind Sie maßgeblich an der Entwicklung der firmeninternen Unternehmenskultur beteiligt...
Sie beschäftigen sich aus einem wissenschaftlichen Standpunkt mit Künstlicher Intelligenz...

- Inwiefern meinen Sie, dass KI (Automatisierungsprozesse) bereits heute einen Einfluss auf den Aufbau und das Management einer Unternehmenskultur nimmt?
- Denken Sie, dass der Einfluss von KI in Unternehmen in Zukunft weiterhin zunimmt? Wenn ja, in welcher Form?
- Wie sollte sich eine heutige Unternehmensführung firmenintern auf KI vorbereiten (konditionieren)? Welche Rolle spielen hierbei Wertesysteme in Unternehmen?
- Wie sehen Sie das Verhältnis von KI und Menschen in naher Zukunft in Bezug auf gemeinsame Arbeitsweisen?
- Inwiefern entsteht durch KI eine Verschiebung des Abhängigkeitsverhältnisses von „Mensch und Maschine"?
- Welche Chancen und Risiken sehen Sie in Hinblick auf HR Prozesse, wie z.B. des automatischen Vorselektierens von Nachwuchskräften durch eine Maschine (KI)?
- Auf welche Kompetenzen in Zusammenhang mit KI müssen künftig Arbeitnehmer verstärkt geschult werden?
- Basierend auf Ihrer beruflichen Expertise gehen Sie davon aus, dass durch KI basierte Automatisierungsprozesse in naher Zukunft Menschen als Arbeitskräfte ersetzt werden? Wenn ja, können die betroffenen Mitarbeiter umgeschult oder neupositioniert werden?
- Welche Unternehmenseinheiten/Abteilungen sind Ihrer Meinung nach am stärksten von KI verursachten Veränderungen betroffen oder werden am stärksten betroffen sein?
- Müssen durch den zunehmenden Einsatz von KI neue unternehmerische und/oder gesetzliche Rahmenbedingungen bezüglich Arbeitsplatzsicherung geschaffen werden?

2. Ethische Betrachtung

Basierend auf Ihren vorherigen Aussagen, denken Sie, dass der Einsatz und die Weiterentwicklung von KI ethisch sinnvoll ist? (Verbindung zur utilitaristischen Ethik).

// Abschluss

1. Information über erneute Kontaktaufnahme bei möglichen Rückfragen
2. Danksagung

7.2 Tabellarisches Kategoriensystem

	Kategorien-bezeichnung	Definition	Ankerbeispiel	Codierung
K1	Steigerung der Einflussnahme von Künstlicher Intelligenz	Alle Textstellen, die aufzeigen, wie und ob der Einfluss von KI zunimmt	E2, §7: „Es wird nicht von jetzt auf gleich im Prinzip halt irgendwo ein Watson daherkommen, das ist ja immer im Prinzip das Schlagwort von IBM, welches dann halt komplett die Arbeit abnimmt. Sondern das ist ein Übergangsprozess."	Beschränkung auf die Beschreibung des derzeitigen Anwendungsstandes von KI in Unternehmen, sowie dessen zunehmende Weiterentwicklung und somit Einflusszunahme auf das Firmenmanagement unter Einbezug von Ursachenforschung
K2	Veränderung der beruflichen Arbeitsweisen	Alle Textstellen, die auf von KI verursachten Veränderungen in beruflichen Arbeitsweisen hinweisen	E2, §7: „Also deswegen irgendwann wird es im Prinzip der Mitarbeiter das nicht mehr durchführen, sondern dann nur noch, sozusagen, als Coach die Rolle übernehmen."	Aufzeigen von spezifischen Veränderungsgebieten und dem daraus resultierenden Wandel der Mitarbeiterarbeitsweisen

	Kategorienbezeichnung	Definition	Ankerbeispiel	Codierung
K3	Konditionierungsmöglichkeiten von Unternehmen	Alle Textstellen, die Hinweise auf unternehmerische Konditionierungs-maßnahmen gegenüber KI beinhalten	E2, §13: „Und das ist auch genau, dass was. Also erst mal die Eigenständigkeit fördern. Das ist auch ein wichtiger Punkt, dass die Teams für die Departments halt eben auch eigenständig unterwegs sind und eigenständig ihre Erfahrung sammeln können. Das ist ein wichtiges Thema, das muss auch im Prinzip vom Management gestützt sein. Und also auch zu sagen, das zu commiten. Wir wollen das jetzt auch weiter fördern, wir wollen im Prinzip diese Kollaborationsplattformen haben."	Reine Darstellung von unternehmerischen Vorbereitungsmaßnahmen, insbesondere in Bezug von Konsequenzen für das Verhalten und die Kommunikation seitens des Top Managements, um eine KI möglichst effizient und harmonisch im eigenen Konzern implementieren zu können
K4	Wandel von Human-Resource-Prozessen	Alle Textstellen, die sich auf die Einflussnahme von KI auf den Bereich HR beziehen	E3, §3: „Nur was um die Kurve lugt mit den ganzen technischen Möglichkeiten, das ist etwas, was den Personalbereich und auch die Geschäftsprozesse dort deutlich verändert wird."	Beschränkung auf die Veränderungen innerhalb von HR Abteilungen und daraus resultierende Implikationen auf die Unternehmenskultur ohne mit Einbezug der Thematik Personalschulung
K5	Neue Kompetenzanforderungen an Nachwuchsarbeitskräfte	Alle Textstellen, die neue Kompetenzanforderungen, verursacht durch KI, an zukünftige Arbeitskräfte aufzeigen	E8, §23: „Ja, zwingend. Also zumindest Anwender, IT Anwender (?können das), müsste so selbstverständlich sein wie Rechnen, Lesen, Schreiben."	Reine Aufzählung und Beschreibung neuer (Kern)Kompetenzen an Mitarbeiter, welche durch den Einfluss von KI evolvieren werden

	Kategorienbezeichnung	Definition	Ankerbeispiel	Codierung
K6	Fokusindustrien und mögliche Beschäftigungsverknappung	Alle Textstellen, die Industrien aufzeigen, welche stärker durch KI beeinflusst sind oder zukünftig beeinflusst werden	E2, §35: „Manufacturing ist, denke ich mal, schon ein Großteil. Wobei wir da ja auch sehr viel schon automatisiert haben. Das Thema Finance und Controlling wird ein Thema sein."	Fokussierung und Nennung von stark betroffenen Industrien unter dem inhaltlichen Schwerpunkt des Entfallens von Arbeitsplätzen und in Kombination mit einer Ursachenforschung
K7	Umschulungspotential bestehender Mitarbeiter	Alle Textstellen, die Aufschluss darüber geben, ob und wie man bestehende Arbeitnehmer auf den Umgang mit KI schulen kann	E6, §35: „Also wenn wir jetzt mal bei Amazon bleiben, im Lager, wenn ich mein Lager automatisiere, fällt der Arbeitsplatz weg. Da kann ich auch nicht viel umschulen."	Inhaltliche Einkreisung auf den Potentialfaktor bestehende Mitarbeiter auf geschützte Arbeitsplätze umzuschulen, mit Erwähnung dazugehöriger Rahmenbedingungen
K8	Ethische Betrachtung	Alle Textstellen die eine ethische Betrachtungsweise im kontextuellen Zusammenhang mit dem zunehmenden Einsatz von KI aufweisen	E5, §33: „...aber am Ende des Tages definiert sich die ethische Anwendung über den Nutzen, über das Nutzszenario."	Beschränkung auf persönliche und Ethik bezogene Aussagen der Experten

Anhang

7.3 Transkribiertes Experteninterview 1

Durchführungsdatum: 23. Oktober 2018
Interviewdauer: 40 Minuten und 48 Sekunden
Geschlecht: Männlich
Höchster akademischer Abschlussgrad: Master of Science
Aktuelle berufliche Position: Full-Stack Developer

I: So, top. Also, die erste Frage, die ich mir überlegt habe, ist, so grundsätzlich eben welchen Einfluss nimmt denn laut deiner Sicht KI? Das umschließt eben auch grundsätzlich aktuell noch Automatisierungsprozesse. Man kann beispielhaft auch das DVM Tool, als Beispiel nehmen, ebenso den Aufbau und die Kommunikation im eigenen Unternehmen. Also, welche Auswirkungen hat KI auf die eigene Unternehmenskultur aktuell? Und glaubst du, dass das eben zunehmend auch wichtiger wird?

B: Also, es nimmt, es nimmt auf jeden Fall einen gigantischen Einfluss auf die Art und Weise, wie Daten verarbeitet werden. Und vor allem, die Bedeutung von Daten, ja, früher war es ja so, dass einige Daten wesentlich belangloser waren, als andere. Ich rede jetzt einfach beispielsweise von Bewegungsdaten, ja, Benutzerverhalten und so weiter. Ja, das sind ja riesen Datenmengen, die anfallen können, auch in einem Unternehmen. Und diese Daten, die können über Deep Learning Netzwerke erstklassisch ausgewertet werden. Und durch diese KI, nenne ich sie jetzt mal einfach klassifiziert werden, bewertet werden.

I: Werden dadurch solche Prozesse einfach auch verschlankt und quasi, ja, effizienter? Oder was ist quasi dann wirklich dieser Mehrnutzen durch diese KI?

B: Es kommt darauf an, in welcher Branche du das jetzt siehst, ja. Also, beispielsweise bei einer Webentwicklungsfirma, die sich hauptsächlich auf die Entwicklung von irgendwelchen Webapplikationen bezieht, ja, kann Deep Learning sehr viele Prozesse vereinfachen und auch Arbeit abnehmen, ja. Bestes Beispiel, du hast eine Suchmaske, die du implementieren möchtest, und anstatt, dass du dir dann irgendeinen krassen Algorithmus überlegst, ja, wie du denn deine Daten durchsuchst, ja. Schreibst du dein, dein, dein Netzwerk, dein, dein Deep Learning Netzwerk, ja, mit Rohdaten, ja. Und lässt dann im Prinzip, also, gibt es im Prinzip ein Basisalgorithmus, ja, aber die Erweiterung des Algorithmus übernimmt dann die KI von sich. Und du sparst damit unglaublich viel Zeit.

I: Aber dieser Begriff, Deep Learning, der umfasst, also, steckt ja so ein bisschen, die KI lernt ja eigentlich nicht selber, sondern das Wissen, das die KI besitzt das muss ja vorher definiert werden. Also, zum Beispiel anhand, was für ja, Kategorien wird dann eben diese Information verarbeitet und geclustert. Das muss man vorgeben. Oder kann die KI quasi auch mittlerweile schon selbstständig eben sich dann logische ja eben Kategoriennetzwerke ausdenken und daraufhin dann eben die Informationen, die eingespeist werden, sortieren?

B: Ja, und nein. Im Prinzip, das was der Mensch, das was der Programmierer ja, bei der Implementierung von so einem Netzwerk sieht, ja, oder mitbekommt, ist die Eingabe, die er gibt, die Rohdaten, die er eingibt in das Netzwerk. Und das, was dann letztendlich als das Resultat auch rauskommt. Man trainiert so ein Konstrukt mit Rohdaten und mit Ergebnissen. Das heißt, es hat dann schon mal so die Möglichkeit herauszufinden, was für potenzielle Ergebnisse kann es geben, abhängig von welchen Rohdaten. Allerdings gibt es zwischen der Eingabe und der Ausgabe noch diese, noch so genannte Hidden Layers. Und diese Hidden Layers, das ist dann das, was ich jetzt so ein bisschen, das wäre dann so ein bisschen wissenschaftlicher wieder. Ja, das ist, das was ich nicht ganz durchschaue, weil um ehrlich zu sein, aber die generieren sich im Prinzip durch die KI selbst, ja, die erweitern sich auch selbst und haben im Prinzip eine interne Kategorisierung. Also, ja, im Prinzip, kann sich so ein Netzwerk selbst erweitern. Es erweitert sich auch selbst. Allerdings, das was dann letztendlich bei rauskommt, ja, ist also ich kann es dir am besten anhand einer Bild Analyse, wie Google das zum Beispiel macht, ja. Du gibst dieser Google Visual IP irgendein Bild geben, ja, von einer Katze zum Beispiel. Und die sagt dir dann, die spuckt dir als Ergebnis aus, braune Katze. Und das liegt aber daran, dass das, diese, diese KI im Prinzip irgendwann schon einmal eine braune Katze auf dem Schirm hatte. Und die wusste, dass das eine braune Katze ist. Und-.

I: Aber das bedeutet quasi, die KI ist immer noch auch angewiesen auf einen Menschen. Also das bedeutet, selbst wenn sie eben durch diese Hidden Layers so ein bisschen eine Eigendynamik entwickelt, ist es aktuell eher so, dass sie unterstützend wirkt. Also in zum Beispiel der Verarbeitung von großen Datenmengen. Aber dass eben komplette Personen, oder die Arbeitskraft ersetzt werden, das ist jetzt aktuell nicht der Fall.

B: Nein. Das ist aktuell nicht der Fall. Allerdings es gibt ja, ich weiß nicht, ob du das schon mal gesehen hast, gibt es auf YouTube ganz nette Visualisierungen übrigens davon, wie sich, ja, Generationsalgorithmen verhalten. Also, da gibt es ein Video von einem-.

I: Nein, habe ich noch nicht gesehen.

B: Kann ich dir gerne mal zukommen lassen später. Also das ist ganz nett. Das ist, ja, die nennen es einfach Creature. Das ist irgendein fiktives, irgendeine fiktive Kreatur, bestehend aus, ja, es sieht ein bisschen aus wie ein Wurm. Und, von rechts nach links liegt ein Objekt und dieser Wurm, der muss lernen, wie er über dieses Objekt springt. Ja, dann, das Objekt, das sorgt dafür, ja, dass der Wurm zerstört wird, oder getötet wird, wie auch immer, ja. Und dann kann man recht gut nachverfolgen, ja, wie diese, diese KI durch Try and Error versucht, diesem fliegenden Objekt auszuweichen, indem es versucht halt einen Sprung zu machen. Und das geht dann halt über Generationen hinweg.

I: Also das bedeutet, man hat quasi eine Problemstellung definiert. Ein Objekt muss über eine Blockade drüber. Und das Programm versucht jetzt eben durch KI selbst einen Weg zu finden.

B: Genau.

I: Ok. Und das ist quasi, also, um das nochmal irgendwie so kurz auf die Anfangsfrage-, das bedeutet, dass es jetzt ein relativ simples Problem. Aber wie stecken ja auch quasi noch in den Kinderschuhen, was KI angeht. Wenn man das ausweitet, dann kann man wahrscheinlich in absehbarer Zukunft dann auch komplexere Themen irgendwie von auch einer Arbeitskraft eben definieren. Und dann versucht nicht die Arbeitskraft quasi das Problem quasi zu lösen, sondern die KI.

B: Exakt, ja.

I: Ok.

B: Da gibt es ein recht gutes Beispiel, wo so eine KI letztendlich die Arbeitskraft dann auch ersetzen kann und das wäre Essenslieferung.

I: Essenslieferung? Ok.

B: Essenslieferung. Dominos, beispielsweise, Dominos Pizza, der Lieferservice hat in Hamburg einen Lieferroboter, der, ja, fährt im Prinzip dann über die Gegend und liefert die Pizza aus. Und das funktioniert natürlich auch nur mit einer gewissen Intelligenz sage ich jetzt mal. Denn das Gerät muss, muss erkennen, wann es ist es an einer Bordsteinkante, wann ist Ampel rot, wann ist Ampel grün, und so weiter. Das, was wir zum Beispiel auch beim autonomen Fahren haben, in den Autos. Und, oder die Drohnen, die DHL, oder beziehungsweise Amazon nutzt zum Beispiel für die Lieferung in ländliche Regionen, ist ja genau so ein Thema.

I: Ja, und glaubst du jetzt zum Beispiel, weil es eben schon so praktische Beispiele gibt, das nimmt auch weiterhin zu? Also, dass zum Beispiel Dominos sagt: „Ok, wenn das jetzt funktioniert, dann versuchen wir nach und nach immer mehr solcher Roboter dann einzusetzen."

B: Ich denke schon. Aktuell, ich, ich denke auch, dass das Ganze schon wesentlich fortschrittlicher wäre, wenn die Gesetze das zulassen würden. Besonders auch, was die-, ja?

I: Beziehst du das jetzt spezifisch auf Deutschland, oder ist das wirklich so ein internationales Thema?

B: Ich denke das ist auch ein recht internationales Thema. Es tun sich viele Länder schwer damit. Sogar, es geht halt eher darum, wenn irgendwas passiert, wenn jemand, oder, wenn etwas dabei zu Schaden kommt, irgendein Sachschaden entsteht, ein Personenschaden entsteht, ja, wer ist dafür verantwortlich?

I: Ok. Also, es sind eher Haftungsfragen. Noch nicht mal aus dem Aspekt heraus, weil das ist auch eine Frage, die ich hier aufgeschrieben hatte, aus Arbeitsplatzsicherung. Also, dass man sagt, zum Beispiel in Deutschland: „Wir können nur zu einem bestimmten Grad eben KI bei uns einsetzen, weil wir haben eben nicht die Möglichkeit dann, wenn eine KI eben die Arbeit von einer Arbeitskraft verrichtet, die Arbeitskraft einfach zu kündigen." Das könnte ja auch ein Grund sein, warum man sagt, man setzt das eben noch nicht so flächendeckend ein.

B: Das kann ich-, das wäre jetzt reine Spekulation, muss dir da ehrlich sagen, ich habe noch keine Debatte, also ich schaue mir recht häufig so irgendwelche Debatten im Bundestag an. Und ich habe da bis jetzt noch keine-, das gab wohl ab und zu mal Diskussionen darüber, aber tatsächlich, dass die Handlung der Regierung, oder die Handlung der Regierung irgendeines anderen Landes, ja, wirklich versucht Technologie zu unterbinden, um Arbeitsplätze zu schützen, ja, das ist mir jetzt nicht bekannt.

I: Glaubst du aber, glaubst du aber zum Beispiel, glaubst du aber, dass solche Regelungen auch vielleicht in einem Unternehmen selbst, dass es gar nicht vielleicht auf gesetzlicher Ebene, sondern das muss dann jedes Unternehmen für sich definieren, notwendig ist, wenn man sich mal anschaut, wo KI in den nächsten 10, 15 Jahren hin sich entwickelt?

B: Dass die Unternehmen selbst sich da Einschränkungen setzen, oder wie?

I: Ja, genau. Sei es, sei es Gesetz, oder die Unternehmen selbst. In dem halt ein Unternehmen für sich zum Beispiel in der Unternehmenskultur verankert: „Ich schütze meine Arbeitskräfte. Mir ist letztendlich eine lebendige Person wichtiger, als eine KI. Glaubst du, dass die Debatte, wenn du sagst, du hast es noch gar nicht mitbekommen, obwohl du gerne politische Debatten, beispielshaft, beobachtest. Dass das gar nicht im Gespräch ist. Denkst du aber, solche Gespräche müssten bereits jetzt geführt werden?

B: Ich bin der Meinung, ein Unternehmen hat ja das Ziel Umsatz und Gewinn zu generieren. Das ist, dafür ist es ja da, ein Unternehmen. Und nicht irgendeine gemeinnützige Organisation.

I: Aus betriebswirtschaftlicher Sicht?

B: Aus betriebswirtschaftlicher Sicht, ja. Es wird die Zeit kommen, wo ein Unternehmen, ja, das sich weigert seine Mitarbeiter durch Maschinen, oder Programme zu ersetzen, abgehängt wird, ja. Letztendlich eben dicht machen muss. Also da bin ich der festen Überzeugung. Denn wenn wir das in Deutschland so verankern würden, ja, aus ethischer Sicht, ja, ich bin mir ziemlich sicher, dass es die Chinesen zum Beispiel nicht machen werden. Und dann werden wir abgehängt werden von anderen Industrieländern. Das können wir nicht machen. Ich denke das wird auch jeder soweit einsehen. Aber es kann auch genauso gut kommen, dass Arbeitsplätze verschwinden werden. Da gibt es auch eine Studie zu. Mir fällt jetzt leider der Name nicht ein. Aber wenn du da mal fünf Minuten recherchierst, wirst du auf die stoßen. Da war auch letztens recht intensiv auch in den Medien. Also, dass bis 2025 recht viele Stelle verschwinden werden einfach. Das ist dann, wir haben im Prinzip jetzt die erste industrielle Revolution, in der nicht neue Arbeitsplätze geschaffen werden, sondern Stellen abgebaut werden, letzten Endes.

I: Und glaubst du, es gibt Unternehmenseinheiten, die stärker davon betroffen sind? Oder zum Beispiel jetzt zu Beginn-, welche Bereiche der Unternehmen könnten jetzt zu Beginn leichter durch KI ersetzt werden, wo die Leute, in Anführungszeichen, eher mal zu bangen haben, als jetzt dann eben zu einem späteren Zeitpunkt?

B: Also ich würde sagen, der komplette Dienstleistungssektor ist davon betroffen. Sei es jetzt, Telefonhotlines, oder-

I: Callcenter.

B: Ja, zum Beispiel. Irgendwelche Callcenter. Reinigungsfirmen. Auch eine Möglichkeit, das kann sein, wenn wir in irgendein Fastfood Restaurant gehen, wir in Zukunft nicht mehr ja mit Mitarbeitern sprechen, sondern-, haben wir ja schon, wir haben ja schon diese Terminals. Jetzt fehlt nur noch, also bei McDonalds beispielsweise, gibt es ja diese Terminals, wo man selbst seine Menüs raussuchen kann, seine Bestellung abschicken kann, und bezahlen kann. Es fehlt nur noch, dass die Zubereitung nicht mehr durch einen Menschen erfolgt, sondern durch, durch eine Maschine. Wo wir ja auch im Prinzip nicht weit weg sind, und was schon möglich ist, seit einigen Jahren. Und die Landwirtschaft, ja, ein ganz großes Thema. Die wird auch immer mehr automatisiert werden. Und, man hat es ja jetzt schon. Du hast-, so ein Großbauer hat nicht mehr viele Angestellte. Wenn man das mit vor 20 Jahren vergleicht.

I: Und man hört ja auch immer mal wieder so die Bankenindustrie ist im Wandel. Glaubst du ja auch, da geht es oft auch um hochkomplexe analytische Themen, dass die dann eben durch eine gewisse Software abgedeckt werden?

B: Ist dir Blackrock bekannt?

I: Ja, ist mir bekannt, ja.

B: Ok. Ich weiß nicht, hast du dir mal angeguckt, wie die so erfolgreich geworden sind letzten Endes?

I: Nein, da lass ich mich jetzt von dir überraschen.

B: Die haben während der, ich weiß nicht, ob es während der Weltwirtschaftskrise war, oder vor der Weltwirtschaftskrise. Ich glaube das war schon davor. Haben sie eine Applikation, eine Anwendung entwickelt, über mehrere Jahre hinweg, welche Börsenkurse analysiert, ja. Und im Prinzip auch selbst tradet. Die, diese Anwendung letztendlich nach der Weltwirtschaftskrise hat eine ziemlich hohe, also Blackrock bietet die als Dienstleistung an, ja. Man kann seine Anlagen über diese Anwendung laufen lassen, ja. Und die tradet dann dafür. Und nach der Weltwirtschaftskrise haben die dafür ein enormes, enorm viele Anfragen bekommen, ja, enorm viele Angebote, enorm viele Aufträge diese Anwendung zu nutzen. Und haben damit richtig Asche gemacht. Und das ist zum Beispiel ein, also das ist das beste Beispiel dafür, wie zum Beispiel so ein Investmentbanker, der bei irgendeiner Commerzbank, oder einer Deutschen Bank arbeitet letzten Endes durch eine Maschine ersetzt wird. Es ist auch ein Sektor, der wesentlich schneller, meiner Meinung nach verschwinden wird, als wir vielleicht erahnen, ja. Denn-.

I: Aber das ist, Blackrock ist ja jetzt quasi auch ein sehr, sehr gutes Beispiel von einem Unternehmen, wenn du sagst nach der Weltwirtschaftskrise, für, also ein Beispiel, welches dann KI relativ frühzeitig eingesetzt hat und dadurch eben auch ihre eigene Marktposition sehr stark stärken konnte.

B: Ja. Also es ist im Prinzip eines der besten Beispiele. Ja, im Prinzip das beste Beispiel dafür.

I: Und glaubst du jetzt zum Beispiel, dass so ein Investmentbanker, weil oftmals sind die ja auch, sage ich mal, aus sehr, haben einen sehr guten akademischen Bildungshintergrund, haben ja tatsächlich auch gute mathematische Fähigkeiten und Analysefähigkeiten. Glaubst du, dass die dann tatsächlich in der Arbeitslosigkeit enden, oder denkst du das Unternehmen dann eher vielleicht sagen werden: „Wir schulen Mitarbeiter um." Dass sie dann eher in so kreativere Prozesse eingebunden sind, die vielleicht jetzt eine KI noch nicht abdecken kann.

B: Also, ich, ich bin, ich bin der Meinung, dass sich diese, diese Leute wahrscheinlich Jobs widmen müssen, die, für die sie eigentlich überqualifiziert sind. Beispielsweise, ja, in einer beratenden Rolle zu gehen. Dass sie dann irgendwelche Beratungsgespräche führen mit irgendwelchen möglichen Investoren, oder dass sie bei dem Bereich bleiben. Allerdings, aktuell, ich weiß nicht, ob du schon so ein Amazon Echo, oder so zu Hause hast, ja. So arg weit sind die ja noch nicht, ja, diese Sprach KIs.

I: Ja, also es ist quasi-.

B: Dass sie jetzt quasi, absetzen können, ersetzen können. Ja, das wird noch nicht möglich sein.

I: Weil das hat mich tatsächlich sehr stark überrascht das zu wissen, dass so der Dienstleistungssektor ist so stark betroffen. Weil ich hätte jetzt mal fast vermutet überall, wo man halt als Dienstleister direkten Kundenkontakt noch besitzt, sei es jetzt zum Beispiel im Vertrieb, oder eben in einer Beratung, dass das die KI eben noch nicht abdecken kann. Weil sie eben erstens so dieses, diese O-Töne, also das Zwischenmenschliche eben noch nicht erkennen kann. Gestik, Mimik, wie reagiert jemand.

B: Das geht relativ gut mittlerweile, kann ich dir gleich in der E-Mail ein Paar Links, schicke ich dir gerne nochmal ein Video von einem humanoiden Roboter, der hat da sehr gut vor den Vereinten Nationen gesprochen und alles. Wo die Erkennung von Mimik und Gestik sehr gut funktioniert, Emotionserkennung allgemein, gibt es recht viel Software, ja, die das aktuelle Befinden eines Menschen, ja, sehr gut analysieren kann. Das ist auch wieder auf Basis von Deep Learning letzten Endes. Werden diese Datenbanken von diesen KIs mit Milliarden von Daten gefüttert, ja, und mit entsprechenden Ergebnissen dazu. Es gibt auch zum Beispiel, ich weiß nicht, kennst du IBM Watson?

I: Ja. Ja, klar.

B: Ja, es ist ja so im Prinzip einer der ersteren größeren ernstzunehmenden Programme, die KI implementieren, ja. Und Watson Letzen Endes, ja, analysiert aktuell Milliarden von Arztdiagnosen und medizinischen Dokumenten, um beispielsweise, also es hat ganz speziell jetzt den Hintergrund Krebs besser diagnostizieren zu können, ja, um einfach die optimale Behandlung für einen Patienten damit zu stellen. Zum Beispiel, letzten Endes, dein Hausarzt ist ja auch ein Dienstleister, wenn du das mal so siehst.

I: Ja, klar.

B: Und ich denke, dass auch die Hausärzte bangen müssen. In den nächsten 20 oder 30 Jahren weg sein werden.

I: Aber das bedeutet ja tatsächlich, dass eigentlich, eigentlich keine Branche, ja, verschont bleibt, von, du hast es so schön gesagt, von dieser neuen Revolution.

B: Im Prinzip schon. Ja, also letzten Endes werden sogar irgendwann die Bordentwickler wegrationalisiert werden.

I: Ja, aber dann bedeutet es ja tatsächlich, dass man solche Systeme braucht, wie ein universelles Basiseinkommen, was dann eben die Leute erhalten. Oder zum Beispiel, dass die Leute im Unternehmen sagen: „Wir haben zwar noch Mitarbeiter, aber im Zweifel arbeiten die nur noch auf 10-Stunden Basis, weil eben eine KI ihre Hauptarbeit erledigt, aber sie kriegen denselben Lohn, wie eine 40-Stunden-Kraft. Weil wir haben ja quasi dieselbe Arbeitsleistung. Irgendwie sowas.

B: Also darauf, ja, darauf läuft es letzten Endes hinaus. Aber ich sage es mal so, wenn wir an diesem Punkt angelangt sind, ja, dass wir all unsere Arbeit, ja, von Maschinen machen lassen können, dann, ja, wir brauchen dann auf jeden Fall ein bedingungsloses Grundeinkommen. Anders kann es ja, oder wie, ich weiß nicht, wie der Mensch verschwindet. (I lacht) Da haben wir dieses Skynet Szenario, letzten Endes.

I: Gut, aber also um es jetzt noch einmal-.

B: Bleiben wir mal realistisch.

I: Genau. Im absehbaren Zeitraum noch mal packt. Also, was ich jetzt noch herausgezogen habe, ist jetzt, dass Menschen auf jeden Fall eben in naher Zukunft auf immer mehr in Zusammenhang mit KI kommen. Und jetzt ist noch eine weitere Frage, glaubst du, dass, zum Beispiel jetzt Menschen, dann schon frühzeitig anfangen sollte das auch nach innen zu kommunizieren und zu sagen: „Hey", weil du hast ja jetzt auch von so einem ja, emotionalen Roboter gesprochen. Dass man tatsächlich, ich sage mal in 20 Jahren mit solchen ja Robotern dann wirklich zusammenarbeitet, auch kollegial? Oder ist es jetzt, ist noch zu verfrüht?

B: Ich weiß nicht, ob humanoide Roboter in 20, 30 Jahren die Realität sein werden. Das wage ich zu bezweifeln. Ich bin aber der festen Überzeugung, dass wir, dass es im Prinzip intelligente Werkzeuge sein werden. Wir haben-, ich möchte nochmal ein medizinisches Beispiel aufgreifen, ja, dass der Hausarztbesuch in Zukunft so stattfindet, dass du zu deinem Arzt reingehst ins Verhandlungszimmer, dann stellst du dich in irgendein Gerät rein, wird eine Analyse gemacht, der Arzt bekommt dann eine Diagnose auf dem Bildschirm angezeigt, ja, und-, beispielsweise einen Vorschlag für eine Medikation, ja, und kann das halt so eins zu eins verordnen. Der Arzt wird dadurch zwar jetzt nicht wirklich wegrationalisiert, aber braucht nicht mehr selbst Diagnosen zu stellen, sondern bedient im Prinzip nur noch eine Maschine. Darauf wird es hinauslaufen und das wird auch in absehbarer Zeit passieren. Andere, andere-.

I: Aber intelligenteres Werkzeug ist ja ein sehr, sehr schöner Begriff, weil man sich vorstellen kann, also, das ist tatsächlich jetzt zu Beginn zumindest, oder jetzt in unserer näheren Zukunft eher ein Tool, was ein Mensch benutzt, um seine eigene Arbeit effizienter zu machen. Aber es ist jetzt nicht unbedingt ein Konkurrenzprodukt zum Produkt Mensch. Weißt du, was ich damit sagen wollte, das ist jetzt nicht quasi-.

B: Na ja. Wenn, wenn ein Mensch, ja, ein Mitarbeiter, ja, seine Effizienz enorm steigern kann, dass so ein Werkzeug, dann brauchst du letzten Endes weniger Mitarbeiter. Und-

I: Ok. Dann daraus mal abgeleitet, was glaubst du, wenn du sagst, man braucht weniger Mitarbeiter, dann die Mitarbeiter, die aber noch verbleiben sind, die müssen sich ja auch verstärkt dann quasi, ja, auf die Arbeit mit KI einstellen. Denkst du, dass man heutzutage dann schon auch gerade, wenn man mich jetzt anspricht, als

Student, man stärker eben auf so IT relevante Studiengänge dann sich auch schulen muss, dass man dieses technische Hintergrundwissen besitzt?

B: Ja. Letztendlich wird jeder in 20, also ich bin der festen Überzeugung, dass irgendein IT bezogenes Fach in der Schule zum Pflichtfach werden wird, ja. Und dass, dass es irgendwann vielleicht sogar Programmierung gleichgestellt mit Mathematik, Deutsch und Englisch wird in der Schule.

I: Genau das ist die Frage. Und ob das aus deiner Sicht auch wirklich zwingend notwendig ist?

B: Auf jeden Fall. Ja, also allein, wenn du dir jetzt schon den Fachkräftemangel anschaust, ja, in dieser Branche, der entsteht ja nicht dadurch, dass immer weniger Leute diese Studiengänge machen möchten, oder diese Ausbildungen machen möchten. Sondern der entsteht dadurch, dass immer mehr Produkte, oder immer mehr Systeme erstellt werden müssen. Und du bekommst es ja hier zum Beispiel mit, ja. Für was wir alles, ja, irgendeinen, irgendeine digitale Implementierung vornehmen müssen, ja. Beispielsweise jetzt DVM, bestes Beispiel. Das ist ein Tool, um ja, diese Werksbesuche zu verwalten, oder ja in Zukunft auch irgendwelche Schulungen zu verwalten. Wie auch immer. Und das wird dann nicht mehr ein Mensch in einem Büro machen, ja, der irgendwelche Excellisten pflegt, irgendwelche Ordner bei sich hat, sondern das wird dann komplett in einem System laufen. Und, wie es die Leute vielleicht noch vor 20, 30 Jahren gemacht haben, die wird es dann nicht mehr geben. Also jetzt als triviales Beispiel.

I: Ok. Gut, dann die vorletzte Frage, die geht jetzt nochmal ein bisschen in eine andere Richtung. Und zwar, so grundsätzlich habe ich es jetzt auch so mitbekommen, bei euch glaube ich jetzt noch nicht gehandhabt. Aber dass eben eine KI, oder zumindest eine Software sogar mittlerweile entscheidet, ob ein Bewerber quasi auf dem Tisch von einem HRler landet, oder eben nicht. Also das bedeutet, eine KI analysiert dann den CV und auch das Anschreiben von einem Bewerber und entscheidet daraufhin, wenn bestimmte Buzzwords gefallen sind, oder wie letztendlich die Struktur auch von dem Anschreiben ist, ob dieser überhaupt in das Unternehmen eingeladen wird zu einem Vorstellungsgespräch, oder nicht. Siehst du das eher kritisch, oder siehst du das auch als Chance eben wieder das HA, HR schon mehr Zeit haben und sich dann auch wirklich die-, ja wenn man annimmt, die KI sucht die besten raus, auf die besten Bewerber zu fokussieren.

B: Also, aus unternehmerischer Sicht ist das absolut effizient. Ja, und wahrscheinlich auch sehr produktiv und positiv. Ethisch kann man sich darüber streiten.

Möchte ich jetzt auch keine Meinung dazu äußern letzten Endes. Aber das wird denke ich praktiziert werden. Das werden alle größeren Unternehmen machen, auch wenn sie das jetzt nicht öffentlich breitreden. Ich weiß ja nicht, wie da die Rechtslage ist. Muss ich dir ehrlich sagen.

I: Also zum Beispiel, ich kenne das von Goldman Sachs, da ist es sogar so, man bekommt ein, ja, man ist in einem Interview quasi mit einem Roboter. Der stellt einem Fragen, dann hat man jeweils 15 Sekunden Zeit sich auf die Frage vorzubereiten und dann wird man zwei Minuten lang aufgenommen pro Frage. Und das sind dann am Ende zehn Fragen und dann ist das Interview beendet und schlussendlich erkennt dann der Roboter anhand deiner Gestik, Mimik und eben, wie du die Fragen beantwortet hast, wie aufgeregt du warst und wenn er halt dann für sich entscheidet, das waren schlechte Antworten und der Typ war eben nicht gut vorbereitet und eben entsprechend nervöser, dann wird die Bewerbung automatisch abgelehnt.

B: Das ist dann, das ist böse. Das ist echt böse.

I: Ja, also siehst du das jetzt aktuell gerade, wenn du so auch ein bisschen das technische Knowhow hast, dass es da eine Fehlertoleranz gibt, kritisch?

B: Ich, ich bin der Meinung, dass-, ich sehe das sehr kritisch, weil so eine, so eine Maschine wesentlich mehr Informationen aus so einem Gespräch herausziehen kann, als der Mensch. Und man-, so den gläsernen Menschen halt auch immer näherkommt, weil letzten Endes haben wir ja sowas-.

I: Sagst du sogar als-.

B: Vor allem, weil ich Programmierer bin. Also ich bin ja, ich bin ja, ich habe so gut wie keine Social Media Accounts, ja, ich boykottiere das komplett, genau, weil ich eben halt weiß, was mit den Daten alles angestellt wird. Und wenn du aufgenommen wirst, ja, in so einem Bewerbungsgespräch, ja, und ein Programm analysiert, ja, das was du gesagt hast. Also nicht nur das was du, was du verbal von dir gegeben hast, sondern auch deine Körpersprache, ja, eventuell deine Umgebung. Dann, ein Programm kann dir, es gibt viele Projekte, oder viele, viele Studien über Programme, die deine komplette Gefühlslage analysieren können. Ja, die dann im Prinzip ein psychologisches Gutachten von dir erstellen. Also wie gesagt, ich habe letztens mir technische Dokumentation über eine Software angeschaut, die Schizophrenie erkennt. Und wenn im Prinzip dann ein Unternehmen zusätzlich noch ein psychologisches Gutachten von dir hat, dann ist das meiner Meinung nach ein ziemlich heftiger Eingriff in die Privatsphäre. Natürlich kann es dem Unternehmen weiterhelfen und ich bin auch der Meinung, dass so eine Maschine eine wesentlich geringere Fehlertoleranz hat, als ein Mensch. Aber der Datenschutz ist mir dann, also, das ist, ja, das ist eine richtig heftige Sache, meiner Meinung nach. Und das macht Goldman Sachs? Ehrlich? Das ist ja echt abartig. (lacht)

I: Also ein Kommilitone von mir, der war in so einem Review. Das machen die sogar mittlerweile flächendeckend für jede, für jede Trainee Stelle. Das man quasi vorgeschaltet so ein Roboter Interview führt.

B: Da würde ich mich nicht bewerben. (lacht)

I: Ja, gut. Also ich weiß nicht, als Programmierer, ist man da glaube ich ein bisschen außen vor, weil die werden ja händeringend gesucht. Aber wenn man da eben in …#00:34:13# möchte, dann muss man da glaube ich durch.

B: Ok.

I: Also abschließend, das ist jetzt auch quasi die letzte Frage, weil wir hatten jetzt gerade quasi schon den Begriff der Ethik. Jetzt, von dem was du gerade auch so schon gesagt hast, glaubst du, dass es tatsächlich auch sinnvoll ist für, ja, die deutsche Bevölkerung, grundsätzlich für das Allgemeinwohl von den Menschen, dass man die KI tatsächlich auch wirklich, so wie es jetzt aktuell der Fall ist, händeringend weiterentwickelt?

B: Ich bin der Meinung, du kannst das nicht beeinflussen. Ja, denn der Mensch ist neugierig und ist-, ich sage es mal so, ich bin mir der Konsequenzen bewusst, was die Entwicklung von KI, allgemein die Digitalisierung mit sich führt. Aber trotzdem, ja, ist die Neugier einfach größer und das verlangen danach. Und ich würde das auch nicht komplett auf die KI letzten Endes beschränken. Denn alles, was wir jetzt besprochen haben, trifft im Prinzip auf die gesamte Digitalisierung der Welt zu. Und die KI ist im Prinzip nur ein Bestandteil davon, ja, und nicht das Zentrum.

I: Ja, wobei die KI ja tatsächlich dann schon wie du sagst so eine neue Revolution auslöst, die dann eben beispielshaft viele Arbeitsplätze gefährdet und da habe ich mich halt einfach gefragt, ist es tatsächlich dann eben von der ethischen Seite dann besser, wenn man so eine KI weiterentwickelt? Also bringt sie tatsächlich dann so einen Mehrnutzen auch für die Allgemeinheit, als dass es dann tatsächlich irgendwie Leute auch in so eine, ja, Existenzangst, Existenzangst drängt, indem sie eben erstmal keine Einnahmequelle mehr haben durch ihren Jobverlust.

B: Da müssen wir jetzt viel spekulieren.

I: Das ist eine philosophische Frage, ja.

B: Klar. Es kommt halt immer darauf an, ja, wie mit dem System letzten Endes eben gearbeitet wird. Ja, ob weiterhin sich der Reichtum bei ganz wenigen sammelt und bald der Anteil der armen Weltbevölkerung größer wird. Ja, oder die, der Großteil der Weltbevölkerung halt auch immer ärmer wird. Das ist möglich, ja. Es ist aber auch möglich, dass durch diese Revolution, nenne ich sie jetzt mal, allgemein sehr viel Armut bekämpft wird, ja. Dass das dadurch, weiß nicht, große Teile von Afrika, ja, mit einem gewissen Lebensstandard ausgestattet werden können. Dann werden Maschinen, die sind letzten Endes dann-.

I: Du hast das Beispiel gebracht von der Pharmazie. Dass dann eine KI dann eher einen Krebs erkennt, als ein Mensch. Und dadurch halt auch mehr Leute frühzeitig dann beispielshaft geheilt werden können. Das wäre ja ein Vorteil durch KI.

B: Natürlich.

I: Und das ist halt die Frage, ob das sich dann tatsächlich die Wage gibt, oder ob es sogar besser ist, als dass dann eben drei Ärzte ihren Job davor verloren haben.

B: Ja, das ist ethische Frage. Also, ich bin der Meinung, ich bin der Meinung, es ist besser. Ja, ich bin auch der Meinung, es ist besser in, also es werden auch zum Beispiel sehr viele in der Logistik ihre Jobs verlieren. Haben wir ja-, ich weiß nicht, ob du schon mal so einen Amazon Zentrum angeguckt hast. Das was da alles an Maschinen herumfährt. Aber diese Leute, die dort arbeiten-, ich habe selbst einen Kollegen, der arbeitet in der Logistik, ja, und der macht sich kaputt und bevor er 50 ist, hat er wahrscheinlich schon seinen zehnten Bandscheibenvorfall gehabt und kann nicht mehr arbeiten. Und letzten Endes, dadurch, dass diese Arbeitsplätze verschwinden, ja, gibt man den Menschen die Chance, ja, irgendwo anders auch die Arbeit zu finden. Ich glaube irgendwie so 25.000 Stellen werden wahrscheinlich so bis 2025 verschwinden. Ich weiß es nicht. Irgendwo gibt es eine Studie vom-.

I: Von BCG und so weiter, die haben ja-.

B: Aber die, die Stellen, die verschwinden-, es werden auch wieder neue dazukommen. Natürlich dann halt in anderen Bereichen. Man wird eine fünfzigjährige Buchhalterin nicht dazu bekommen irgendwie eine IT Umschulung zu machen, ja. Ich denke das ist das Problem, wo man ansetzen muss. Ja, dass man frühzeitig anfängt die Leute umzuschulen, dass das auch in irgendeiner Weise subventioniert wird, und-.

I: Ok. Das ist ja nochmal ein gutes Fazit. Alles klar, dann vielen Dank, dass war es. (lacht)

B: Super.

7.4 Transkribiertes Experteninterview 2

Durchführungsdatum: 25. Oktober 2018
Interviewdauer: 28 Minuten und 14 Sekunden
Geschlecht: Männlich
Höchster akademischer Abschlussgrad: Doktorat
Aktuelle berufliche Position: Team Lead Robotics & Digital Factory

I: Okay, gut. Also die erste Frage lautet nämlich auch schon bereits: In wie fern meinen Sie, dass KI und KI ist jetzt in dem Zusammenhang als, ja, ist so ein Sammelbegriff für Automatisierungsprozesse zu verstehen, eben Einfluss auf das heutige Management von Unternehmen nimmt?

B: Also die Auswirkungen dann konkret?

I: Ja, genau.

B: Durch das Thema KI wird natürlich die Art und Weise wie wir auch arbeiten langfristig sich ändern. Das heißt also viele der wiederkehrenden repetitiven Themen werden dann halt sukzessive durch Automatisierung abgelöst. Also es heißt, die Form und Art und Weise, sage ich mal, wie halt ein Mitarbeiter arbeiten wird, wird sich ändern. Also dahingehend, dass er nicht mehr im Prinzip stupide Arbeit in Anführungsstrichen durchführen muss, sondern entsprechend ja mehr, sozusagen, die Zeit verwendet darauf halt konzeptionell zu arbeiten, aus meiner Sicht. Genau.

I: Dann vertreten Sie die Theorie, weil das ist ja sehr interessant, weil da haben sich jetzt schon ein paar Experten widersprochen. Dass das, sage ich mal, die bestehenden Mitarbeiter, die dann durch KI betroffen werden, eher andere Tätigkeiten übernehmen werden. Eben die, im Zweifel jetzt gerade, von kreativer Art oder eben das Zwischenmenschliche, eine KI noch nicht abdecken kann. Also dass eher so ein Wandel stattfindet.

B: Genau. Ich denke man kann es nur durch so einen Wandel halt durchführen, jetzt gerade in einem Unternehmen, gerade auch bei uns. Ich bin jetzt bei Data Visions, also genau so eine Initiative, die darauf abzielt, den Mitarbeitern die Vision jetzt, die virtual factory, die Möglichkeit zu geben halt zu erlernen, wie man jetzt auch mit Systemen umgehen lernt. Also Automatisierungssystemen, aber auch mit künstlicher Intelligenz und dieses eben zu utilisieren. Es wird nicht von jetzt auf gleich im Prinzip halt irgendwo ein Watson daherkommen, das ist ja immer im Prinzip das Schlagwort von IBM, welches dann halt komplett die Arbeit abnimmt. Sondern das ist ein Übergangsprozess. Das sieht man auch bei dem Karl, den wir jetzt bei HR eingeführt haben. Das ist aktuell wie ein Kleinkind vom Wissen her. Deswegen bedarf es halt einige Zeit, das System auch darauf hin zu kalibrieren. Das heißt, also auch da ist dann der Mitarbeiter gefordert die KI zu schulen letztendlich. Wenn man es möchte. Also deswegen irgendwann wird es im Prinzip der Mitarbeiter das nicht mehr durchführen, sondern dann nur noch, sozusagen, als Coach die Rolle übernehmen.

I: Aber um quasi so die KI zu verwenden, also Coach in Anführungszeichen, muss er ja schon ein gewisses technisches Vorwissen mitbringen. Ich würde jetzt mal behaupte, dass gerade Leute, die schon länger in ihrer Jobposition sind, eben dieses technische Vorwissen nicht unbedingt besitzen. Darum jetzt noch mal so kritisch hinterfragen, denken Sie wirklich, dass das so einfach ist, diese Leute dann darauf zu konditionieren und eben umzuschulen?

B: Das ist genau das, was wir jetzt bei Data Visions durchführen. Es gibt eine Bewegung, die nennt sich Low-Coding. Also, ich sage mal, das gab es schon seit längerer Zeit. Aber es erhält jetzt heutzutage oder jetzt in der Zeit wieder eine Renaissance. Die Idee ist im Prinzip, Personen oder Mitarbeitern eine Infrastruktur oder auch ein System mit zur Verfügung zu stellen, die im Prinzip es allen ermöglichen, ohne jetzt programmatischen Hintergrund zu haben, Themen zu automatisieren. Oder auch, ich sage mal, KIen aufzubauen. Gibt es halt verschiedene Beispiel. Ein Beispiel, prominentes Beispiel, ist Mendix, eine Low-Coding-Plattform mit der Applikationsentwicklung durchführt werden kann. Ohne dass man im Prinzip weiß, wie man programmiert. Wie man die App.- Ist eigentlich ein Konfigurator einer App. So kann ich mir halt eben auch vorstellen, dass.- Gibt es auch jetzt Ansätze in die Richtung. Und wir wollen das propagieren, dass halt in Zukunft genau die Art und Weise, wie man halt mit, ja, auch KI etabliert, integriert, dass das halt auch von vielen, ich sage mal, Mitarbeiter, die jetzt nicht unbedingt den technischen Hintergrund haben, ermöglicht werden wird. Liegt einfach daran, ich meine, dass ist halt auch ein Angebots-Nachfrage-Thema, aktuell ist halt der Markt der Mitarbeiter, die halt technisch sich gut auskennen sehr, sehr eng umkämpft. Und deswegen macht es halt Sinn den Kollegen, den Mitarbeitern, die jetzt nicht im Prinzip originär aus dem Kontext kommen, einen Rahmen zu liefern. Um auch eigenständig halt in dem, also ich sage mal, eine KI, also sei es halt eine Applikation oder Automatisierung oder im Prinzip ein Modell, ein Machine-Learning-Modell, halt aufzusetzen.

I: Okay. Sie kennen sich in der Thematik ja relativ gut aus. Aber ich sage mal, jetzt ein standardmäßiger Mitarbeiter, der hat vielleicht auch erst mal so eine Grundskepsis gegenüber einer künstlichen Intelligenz. Weil er sich denkt: „Okay, vielleicht wird diese, auch wenn sie mich jetzt am Anfang nur unterstützt, längerfristig sogar ersetzten." Also bedarf es dann nicht wirklich auch Kommunikationsmaßnahmen in Unternehmen, wo das Management quasi von oben runter sagt: „Das wird nicht passieren. Wir nehmen den Menschen schon wichtiger war, als eine KI. Aber ihr müsst euch trotzdem eben mit dieser KI beschäftigen."

B: Sowohl als auch. Also das Management und das sind halt die Konsequenz zu der ursprünglichen Wahl, da wollte ich jetzt nochmal den Bogen spannen. Im Prinzip ist das halt eine Bewegung. Natürlich muss das Management die Rahmenbedingungen erst mal liefern, damit so was auch ermöglicht wird. Das eine ist halt eben, auf der einen Seite Zeit zu schaffen, damit die Mitarbeiter sich dieser Themen annehmen können. Im Prinzip in diesem Alltagsgefecht, sage ich mal, untergehen zu lassen. Es bedarf einer, im Prinzip, einer Umschulung und auch Zeit, sage ich mal, mit genau diesen Themen sich auseinander zusetzten. Aber in auch einem Rahmen, sage ich mal, eine Kollaborations, ja, ich sage mal, eine Community halt aufsetzten zu können. Dass man das halt, das darf halt nicht nur von oben, Top-Down passieren., sondern von Bottom-Up ebenfalls. Und da ist das, wo wir ansetzen, also wir wollen halt auch die Basis begeistern. Weil man halt ja auch viel damit erreichen kann. Also erstes Argument ist natürlich, ich schaffe mir die Arbeit, die Desktoparbeit, die ich immer wiederkehrend habe, jetzt irgendwelche Excels, die ich zum Beispiel bearbeiten muss, die schaffen wir ab. Das heißt, die lästige Arbeit ist erst mal weg. Dann der zweite Schritt ist, ich kann ja mit den Tools viel mehr machen, als das was ich ja schon vorher im Prinzip machen konnte. Das sind mal weitere Möglichkeiten, sozusagen, gegeben. Und so kommt im Prinzip auch kann man den Mitarbeiter von der Akzeptanz ja auch mitnehmen. Also und nicht zu, das ist halt ganz wichtig, nicht zu kommunizieren: Wir wollen jetzt gleich einen Return on Invest haben bei der Umstellung. Das heißt also, ich habe jetzt eine Automatisierung und möchte gleich drei Mitarbeiter auf Grund der Zeitersparnis dann vor die Tür setzen. Das wäre halt das absolut falsche Signal. Sondern dann eher im Prinzip einen integrativen Weg zu gehen. Das heißt, das Thema wird sich ja natürlich mit der Zeit dann von selbst, sage ich mal, regulieren. Das halt die Mitarbeiter, die das.-

I: Dass quasi die Mitarbeiter von sich aus intrinsisch eine Motivation entwickeln und halt sehen, es bringt ein Ersparnis. Und dann eben selbst, so wie Sie gesagt haben, zu Kollaborationsplattformen dann bilden und sich halt gegenseitig auch austauschen. Und dadurch halt so eine dann Community in dem Unternehmen weiterhin anwächst.

B: Ist aktuell bei der digital factory ein riesen Thema. Also wir rennen jetzt aktuell offene Türen ein überall. Genau das propagieren wir. Und das ist auch genau, dass was.- Also erst mal die Eigenständigkeit fördern. Das ist auch ein wichtiger Punkt, dass die Teams für die Departments halt eben auch eigenständig unterwegs sind und eigenständig ihre Erfahrung sammeln können. Das ist ein wichtiges Thema, das muss auch im Prinzip vom Management gestützt sein. Und also auch zu sagen, das zu committen. Wir wollen das jetzt auch weiter fördern, wir wollen im Prinzip diese Kollaborationsplattformen haben. Genau und ich denke, dadurch entsteht halt eben auch so eine Akzeptanz und dann.- Ich meine, Sie können sich auch vorstellen. Man hat halt das Thema, ich sage mal, ein Thema automatisiert und sieht gleich ein zusätzliches Potential, dann ändert sich natürlich die Art und Weise, wie man arbeitet. Dann geht es halt darum, dieses Thema vielleicht weiter zu propagieren. So hat sich automatisch im Prinzip die Arbeit des Mitarbeiters von ich tue stupide die Arbeit ABC hinzu ich bin jetzt der Evangelist, sage ich mal oder Promoter eines Themas in dem Konzern letztendlich gewandelt. Das ist schon ein Mechanismus.

I: Um eben so ein Evangelist werden zu können. Was für also jetzt konkrete Kompetenzen würden Sie jetzt sagen, würde ein Arbeitnehmer in Zukunft eben mitbringen? Gerade für mich auch interessant als künftiger Studienabgänger. Wo sollten vielleicht dann schon eben so Young Professionals sagen, okay, ich muss die und die Skills mitbringen, um eben mich jetzt auf diese ganze Thematik schon frühzeitig vorzubereiten. Dass ich mich gut positionieren kann.

B: Ja, also ich sage mal, man sollte jetzt nicht unbedingt sich vor technischen Themen sehr, also dass man sich davor abschreckt. Dass ist, glaube ich, am Anfang schon relativ schwierig. Wir arbeiten auch mit Kollegen, die sagen: „Ah, ich habe ja keine Zeit dafür." Also dass man einfach dieses, man lernt es ja auch an der Uni, sind auch meist die jüngeren Leute, die Kollegen, die jetzt im Prinzip dieses Arrangement mitbringen. Dass man muss sich damit schon ein bisschen auseinandersetzen. Das ist auch eine andere Art und Weise zu denken. Eine andere Art und Weise zu arbeiten. Das ist halt wichtig. Also offen sein für ein neues Thema. Ja, ich sage mal, die, ja, einen anderen Mindset auch mitzubringen und auch als, ich sage mal, als Multiplayer dann, ja, die Rolle eines Multiplayers annehmen. Es ist weniger das technische Profil. Wobei ich jetzt sagen muss, wenn ich jetzt jemanden habe, der sowieso in seinem, ich sage mal, privaten Leben halt irgendwie schon coden kann und programmieren. Das ist halt auch ein Generationsthema. Also viele jetzt auch in den USA, die können, das lernt man halt in der Schule. Das ist Allgemeinwissen, sozusagen.

I: Aber da sind wir in Deutschland eigentlich noch relativ weit.-

B: - sind noch weit weg. Das liegt einfach auf Grund an dem Schulsystem letztendlich. Ist jetzt meine persönliche Meinung, schul- und universitärem System, da ist, glaube ich, die USA schon ein bisschen weiter. Aber ich denke gerade dafür ist so eine Low-Coding-Plattform gar nicht so verkehrt. Man geht halt ganz anders heran. Kann im Prinzip mit möglichst wenig Aufwand schon möglichst viel erreichen ohne dass man halt thementechnisch unterwegs sein kann. Für die Übergangszeit ist natürlich nicht verkehrt, wenn man schon technisches Hintergrundwissen hat. Also in der Übergangszeit, wo jetzt die Low-Coding-Plattform noch nicht den Standard XY erreicht hat. Man kommt dann immer wieder so an Stellen, wo es vielleicht dann doch ein bisschen technischer wird.

I: Aber das, was ich jetzt rausziehe sind ja dann quasi eher so Softskills, die man mitbringen sollte. Also dass man eben offen gegenüber dieser Thematik ist. Selbst dann auch quasi sich einließt und dann auch dieses Wissen, was man dann eben schon sich angelernt hat, dann auch verbreitet, nicht nur für sich hortet. Und sich sage mal, dieses Programmieren, das ist eher zweitrangig. Was heißt zweitrangig, das macht man auch, aber das ist jetzt sage ich mal, eher dem Ganzen untergeordnet.

B: Wir haben einige Kollegen, die jetzt aus dem Planning und Controlling Umfeld kamen, die jetzt keine programmatische Voraussetzung jetzt hatten. Die sich aber innerhalb von zwei, drei Tagen jetzt mal beispielsweise mit einem Tool wie (?Gnime), das ist halt so eine Analytics Plattform, auseinandergesetzt haben. Und die konnten halt erste Workflows bauen. Das liegt nicht im Prinzip an dem, ich sage mal, dem Grundwissen, sondern eher an der Einstellung. Ich setzte mich mal hin, verstehe so ein bisschen, wie so Tools funktionieren. Das ist halt schon sinnvoll, hilfreich. Aber bereit ist mal was Neues, was anderes anzufangen.

I: Aber das spannt ja auch wieder schön den Bogen, gerade jetzt anhand des Beispiels, dass eigentlich jeder Mitarbeiter, der quasi jetzt auch noch nicht mit der Thematik zu tun hatte, eigentlich ungeschult oder zumindest auf eben Umgang mit künstlicher Intelligenz eben vorbereitet werden kann. Wenn er eben die offene Einstellung eben besitzt.

B: Absolut genau.

I: Okay. Gehen wir trotzdem mal jetzt also aktuell, was wir gesagt haben, ist ja die KI eher eine unterstützende Maßnahme für den Arbeitnehmer.

B: Das wird auch so bleiben. Also vielleicht nochmal dazu ein Kommentar. Es gibt die Unterscheidung in der Fachwelt zwischen starker und schwacher künstlicher Intelligenz. Aktuell bewegen wir uns absolut noch in dem Bereich schwache KI. Schwache KI bedeutet, dass wir im Prinzip Systeme, beziehungsweise Tool und Software verwenden, um Systeme zu beschreiben und in diesen Systemen wird halt die Software, das Modell halt deutlich besser sein als der Mensch. Aber, ich sage mal, eine Transferleistung zu bringen, kreativ zu sein, Kreativität, das sind halt noch alles, das ist (?bis auf weiteres). Also ich habe bisher noch kein System gesehen, was da überzeugt hat. Das bleibt weiterhin in der Domain des Menschen.

I: Aber gehen Sie nicht davon aus, weil man sieht ja allein, wie sich alles zwei Jahre fast die Rechenleistung verdoppelt von Computern. Dass wenn wir mal uns so einen zeitlichen Horizont abstecken von zehn bis 20 Jahren, dass da eben man dann KIs gebaut hat, die wirklich über dieses, ja, rein Daten sammeln, auswerten hinausgehen. Und dann auch fast eben wie der Mensch eine Kreativität entwickeln. Und ja dann fast menschliche Arbeit verrichten können oder?

B: Ja, fast. Aber es ist halt immer ein System, was ich beschreibe. Das ist ein ausgeklügeltes System, was es in Zukunft geben wird. Autonomes Fahren ist auch ein System was ich beschreibe. Es ist im Prinzip der Staubsaugroboter nur eben nochmal weiterentwickelt. Aber es ist nicht so, dass sich der Staubsaugroboter evolutionsmäßig so entwickeln würde, dass auf einmal dann autonomes Auto, sozusagen, vorhanden ist, welches dann selbständig fahren kann.

I: Aber zum Beispiel das autonome Fahren, das ist ja ein konkretes Beispiel eigentlich, wo dann auch längerfristig tatsächlich leider auch Arbeitsplätze entfallen werden. Weil zum Beispiel Taxifahrer, Busfahrer, die werden dann im Zweifeln nicht mehr in der Form benötigt. Und glauben Sie, dass auf längere Sicht mehr Arbeitsplätze entfallen werden, als durch KI neu geschaffen?

B: Die Art und Weise der Arbeitsplätze wird sich ändern. Also es ist wie im Prinzip die Industrialisierung, die, ich sage mal, durch Prozessautomatisierung. Durch Maschinen, die körperliche Arbeit, ja, wegrationalisiert hat, wird im Prinzip die einfache, beschreibbare, sequentielle Arbeit durch die, ich sage mal, vierte industrielle Revolution oder halt genau der KI wegfallen. Das heißt also, da ist natürlich schon noch gesellschaftlich ein Thema, was wir adressieren müssen. Was mit den Kollegen, den Menschen eigentlich generell passiert, die jetzt nicht das gelernt haben damit umzugehen. Beziehungsweise solche Jobs auszuführen.

I: Genau, also das ist auch eine Frage, die ich hier aufgeschrieben hatte. Ob eben durch diesen zunehmenden Einsatz von künstlicher Intelligenz oder auch Automatisierung eben unternehmerisch oder gesetzlich Rahmenbedingungen geschaffen werden, um Arbeitsplätze zu sichern? Oder im Zweifel dann eben ein universelles Basiseinkommen zu generieren. Ob solche Dinge tatsächlich dann benötigt werden oder eben nicht?

B: Es gibt da sehr viele Modelle, die da aus meiner Sicht vielversprechend sind. Die man auf jeden Fall weiterdenken sollte. Basiseinkommen, (?Unternehmenseinkommen), Maschinensteuer. Gibt es ja verschiedene Vorschläge letztendlich. Und das ist genau die richtige Diskussion, die jetzt angeregt wird, aus meiner Sicht. Rein theoretisch kann man ja im Prinzip durch die Erhöhung des Automatisierungsgrades natürlich auch ein Stück weit einen Wohlstand schaffen, jetzt für die gesamte Gesellschaft, an dem jeder partizipieren kann.

I: Auf jeden Fall ja.

B: Das ist die Schwierigkeit das im Prinzip das nur in die Gesellschaft von heute zu integrieren.

I: Glauben Sie, dass, also weil Sie gesagt haben, diese Diskussionen werden ja schon angeregt, dass da aber in Deutschland noch zu wenig drüber gesprochen wird? Oder ist es vielleicht auch der Drang aktuell noch gar nicht so hoch, weil wir uns eben noch auf diesem Stadium der simplen künstlichen Intelligenz befinden? Oder sollten eigentlich so Thematiken, ja, verstärkter jetzt auch irgendwie angeregt werden in der Politik, aber auch in Unternehmen selbst?

B: Ich glaube, je schneller wir uns darüber klar werden, wie wir damit umgehen, jetzt gesellschaftlich gesehen, desto besser können wir im Prinzip auch mit dem digitalisierten Wandel halt dann auch dem beggnen. Und haben vielleicht nicht unbedingt diese Vorbehalte, diesbezüglich. Der wird kommen, es ist halt die Frage, wie schnell. Ich denke so ein Aspekt könnte halt auch das Thema beschleunigen. Also wenn man jetzt irgendwo einen Rahmen finden könnte, wie man mit dem Arbeitsplatz umgehen würde.

I: Welche Unternehmenseinheiten oder Abteilungen sind grundsätzlich aus Ihrer Sicht jetzt am stärksten davon betroffen? Vielleicht auch heute schon.

B: Manufacturing ist, denke ich mal, schon ein Großteil. Wobei wir da ja auch sehr viel schon automatisiert haben. Das Thema Finance und Controlling wird ein Thema sein. Da sind wir jetzt ja aktuell auch unterwegs. Da werden sich die Abläufe auch mehr und mehr automatisieren. Da wo es noch einen persönlichen Kontakt bedarf, Menschen, sage ich mal, mit Menschen reden, wie zum Beispiel auch im Vertrieb, denke ich, wird es auch weiterhin, also diese Komponente wird es weiterhin geben. Marketing könnte sein, dass das auch ein Stück weit mehr automatisiert wird durch Strategien, wie, ich sage mal, Conversion und dergleichen oder Online Marketing, das personelle Marketing. Da wird es vielleicht auch sich die Welt ändern. Ja, im Prinzip wird es schon alle Bereiche betreffen. Ich denke das Thema IT und Forschung, Entwicklung wird weiterhin erst mal bestehen, weil da ja eine große Anfrage da ist. Im Prinzip sind wir ja erst da am Anfang der Reise.

I: Wo auch eine gewisse Kreativität eben erforderlich ist.

B: Genau. Ich kann mir vorstellen, dass es einfach die Art und Weise, das mehr integratives Arbeiten sein wird. In Zukunft wird jedes Department ein Citizen haben. Einen Citizen Developer, ein Citizen Scientist. Also Kollegen, die jetzt im Prinzip genau diese Funktion übernehmen und mit, ja ich sage mal, auch die unterstützen bei diesen Digitalisierungsfragen in den jeweiligen Einheiten sein werden.

I: Okay, aber das ist ja ein sehr interessanter Fakt, dass quasi in jeder Abteilung dann irgendwann jemand eben aus der IT-Richtung sitzen wird.

B: Genau, das wird mehr auch Überlappungen geben. Einfach auf Grund. Heute haben wir das sehr stark getrennt, IT und Business. Aber genau aus diesem Thema, dass wir heutzutage halt diesen Flaschenhals haben, diese Ressourcenknappheit bei den Data Science und auch IT-Fragen. Und wird diese Entwicklung haben Richtung Low-Coding, ist das aus meiner Sicht die klare Konsequenz daraus.

I: Okay, gut. Also dann würde ich jetzt nochmal auf eine andere Thematik eingehen. Das ist dann auch schon die vorletzte Frage. Viele Unternehmen gerade auch eben aus der Finanzindustrie setzten heutzutage schon auf künstlichen Intelligenzen in der Auswahl ihrer Nachwuchskräfte. Und jetzt wollte ich Sie einfach mal fragen, in wie fern sie eben Chancen und Risiken sehen, wenn heutzutage schon, ja, KIen entscheiden, welche Person in ein Unternehmen kommen. Ich kann ein konkretes Beispiel machen. Beispiel Goldman Sachs. Wenn man sich dort bewirbt auf eine Trainee Stelle wird man vorgeschaltet in ein Videointerview. In dem Videointerview sitzt aber keine echte Person einem gegenüber, sondern quasi eine Robotik. Man bekommt Fragen, hat dann 15 Sekunden Zeit, sich auf eine Frage vorzubereiten, dann hat man zwei Minuten Zeit diese zu beantworten. Und dann entscheidet quasi, nach dem alle Fragen beantwortet worden sind, die KI wie nervös man war. Ob man die Fragen gut beantwortet hat, in dem bestimmte Wortlaute dann eben gefallen sind. Wenn das nicht der Fall bekommt derjenige automatisiert eine Absage.

B: Natürlich ist es für das Unternehmen die Chance, dass man deutlich einfacher das Thema Bewerbung halt systematisieren kann. Gefahr dabei sehe ich, dass eine ist halt ein bisschen parallel zu dieser Informationsblase. Also man wählt halt immer nur die Kollegen aus, die jetzt genau in dieses Raster fallen. Ich sehe gerade die Vielseitigkeit von, ich sage mal, Diversifizierung von Personen in einem Unternehmen ganz entscheidet, noch viel entscheidender in der Zukunft. Es geht halt darum die Kompetenzen zusammen zu bringen. Und das findet natürlich in der Form, wenn ich halt jetzt ein Schablone X habe, nicht statt. Außerdem ist immer so die Frage: What you measure is what you get. Also am Ende des Tages ist es auch wieder eine Schablone. Da wird es Gegensysteme geben, sage ich mal, die genau darauf abzielen. Also Trainings letztendlich, die sich genau um diese Form der Bewerbung halt einstellen. Das führt halt schon ein bisschen zu einer Entartung. Das könnte ich mir schon gut vorstellen.

I: Und auch aus ethischer Sicht. Dass man quasi einem Roboter dann wirklich, ja, auch die Möglichkeit gibt einen Menschen eigentlich auch auf Gefühlsebene runterzubrechen. Weil ich würde sogar behaupten, dass so eine KI tatsächlich Gefühle oder Gefühlsregungen fast, sogar einen Tick besser auswerten kann. Durch Messung, ob die Pupillen sich erweitern oder nicht. Was ein Mensch vielleicht nur unterbewusst wahrnimmt.

B: Ja, es wird ja sogar so weit sein in Zukunft haben wir die Google Glasses während des Bewerbungsgespräch im Einsatz. Wo halt die Führungskraft ganz genau sieht, ob die Person halt wahrheitsgemäß zu einer Frage antwortet oder nicht.

I: Bei euch oder?

B: Nein, das ist jetzt ein Szenario. Weil halt das Thema Augmented Reality aus meiner Sicht auch so einen destruktiven Charakter haben wird. Das wird auch wahrscheinlich dann demnächst kommen. Und klar ist das natürlich auch eine ethische Frage, die ich mir da stellen muss. Auch die Frage: Will ich das überhaupt? Also, aber ich glaube, das wird sich auch wieder zeigen. Also viel der Führungskräfte gehen ja jetzt auch nicht unbedingt den Bewerbungsweg, den klassischen, sondern eher auch das Thema persönlichen Kontakt oder auch Empfehlung. Das ist ja dieser eigentlich erfolgversprechendere Weg. Liegt einfach daran, dass solche Bewerbungsverfahren meist nicht unbedingt aussagekräftig sind. Das heißt, also ich gehe auch davon aus, dass genau diese alternative Schiene weiterhin bestehen wird. Und ich finde es nur schade, dass natürlich dieses ganze Signal sich dann daraufhin weiter verschärfen wird jetzt auch für die Bewerber. Ej, ihr müsst jetzt im Prinzip gut trainieren damit ihr im Prinzip nicht irgendwie in Schweißausbrüchen dann landet. Sonst fallt ihr durch bei den Tests, sage ich mal. Genau.

I: Gut, dann letzte Frage. Und da haben wir eben jetzt nochmal so eine ethische Betrachtung des Ganzen. Jetzt die Aussagen, die getroffen worden sind, auch eben auf Hinsicht, wie wird sich das Ganze weiterentwickeln. Wahrscheinlich werden tatsächlich Arbeitskräfte eben teilweise entfallen. Ist es aus Ihrer Sicht ethisch sinnvoll dann überhaupt so eine KI zu entwickeln, die im Zweifel, ja, vielleicht für die Allgemeinheit der Bevölkerung, gerade jetzt in so einer Übergangsphase eher mehr Nachteile bringt, als Vorteile?

B: Ich glaube, wir sind an einen Punkt gekommen, da können wir das, was wir jetzt initiiert haben nicht mehr unbedingt stoppen. Also einfach, weil es auch ein globales Thema ist. Und es wird am Ende des Tages irgendwo ein Unternehmen geben, welches halt nicht unbedingt die ethischen Fragen stellt. Und also die Änderung wird kommen. Und ich denke wir sollten uns eher die Frage stellen, wie wir das am besten ethisch einbetten können, dass halt das auch einen gesellschaftlichen Mehrwert bringt letztendlich. Das ist eher die Frage, die ich stellen würde.

I: Das ist sehr, sehr interessant, weil das deckt sich auch mit einer Aussage von einem Programmierer, den ich befragt habe für KI. Der auch meinte, in Deutschland haben wir so dieses typische Arbeitsplatzsicherung, aber wenn man mal andere Länder betrachtet, wie China und so weiter, die würden sich nicht unbedingt vor ihre Menschen stellen.

B: Genau.

I: Ist man auch als Unternehmen auch in Deutschland eher fast gezwungen solche KIs einzusetzen, um dann eben nicht durch amerikanische oder chinesische Unternehmen dann überrollt zu werden.

B: Ich kann ein gutes Buch empfehlen: Silicon Germany. Da wird das auch nochmal beschrieben letztendlich, was das für Konsequenzen hat und, ich sage mal, auch diesen globalen Effekt dabei. Das beschreibt halt eben auch nochmal diesen ethischen Aspekt sehr gut.

I: Silicon Germany?

B: Ja, genau. Das ist der Nachfolger von Silicon Valley. Genau, da geht es halt genau darum nochmal zu beschreiben, was ist das überhaupt. Was für eine Welle im Prinzip auf einen zukommt.

I: Gut. Dann sind wir am Ende angelangt. Vorab vielen, vielen Dank. Also ich habe nochmal sehr interessante auch Wortlaute und Schlussfolgerungen rausgehört. Und genau, wir können ja dann gerne so verbleiben. Sobald die Bachelorarbeit fertig ist, Abgabe ist Mitte Dezember, kann ich Ihnen gerne ein Exemplar zukommen lassen.

B: Ja, sehr gerne. Vielen Dank.

I: Gut.

7.5 Transkribiertes Experteninterview 3

Durchführungsdatum: 25. Oktober 2018
Interviewdauer: 22 Minuten und 31 Sekunden
Geschlecht: Männlich
Höchster akademischer Abschlussgrad: Professur
Aktuelle berufliche Position: Senior Vice President Global HR (Leiter Personal)

I: Gut, dann-. Die erste Frage lautet, wie eben bereits heute KI, und KI ist als Sammelbegriff für Automatisierungsprozesse zu verstehen, eben schon Einfluss nimmt auf Ihre Entscheidung in der Personalplanung. Dass Sie sagen: „Ok, in manchen Abteilungen wird wahrscheinlich jetzt bereits schon Automatisierungsprozesse angestoßen und dementsprechend brauchen wir vielleicht nächstes Jahr schon weniger Mitarbeiter."

B: Das ist relativ wenig ausgeprägt. Im Augenblick ist mein Bild, dass wir sehr viele Ideen, Konzepte, Studien und Untersuchungen dazu haben, dass aber in der Praxis die KI noch keine entscheidende Rolle spielt. Automatisierung ja, eine Prozessoptimierung ja. Jedes Unternehmen, jeder Bereich, auch der Personalbereich steht unter Effizienzdruck und muss seine Kosten reduzieren und hat von daher schon immer und auch unabhängig von künstlicher Intelligenz oder anderen Themen eine Optimierung seiner internen Arbeit vor. Nur was um die Kurve lugt mit den ganzen technischen Möglichkeiten, das ist etwas, was den Personalbereich und auch die Geschäftsprozesse dort deutlich verändern wird. Ich mache mal ein Beispiel. Eine roboterdurchgeführte Vorselektion von Kandidaten, bis auf standardisierte Interviews, die nicht mehr ein Recruiter macht, sondern die ein Automat mit Kandidaten führt und anschließend auf Basis von Worten, Stimmverhalten, Sprechverhalten dann eine Auswahlentscheidung vorbereitet. Das sind Dinge, die sind technisch möglich, die sind aber nur sehr, sehr, sehr marginal in der Praxis verbreitet, aber möglicherweise etwas, was in der Zukunft auf der Agenda sein wird.

I: Das ist ein sehr, sehr gutes Beispiel, weil das ich einem Experteninterview vorangegangen schon einmal gehabt. Goldman Sachs beispielshaft, also gerade namenhafte Investmentbanken, nutzen eben beschriebenes Auswahlsystem schon. Das quasi durch so ein standardisiertes Interview dann ein Roboter entscheidet, ob die Nachwuchskraft dann tatsächlich irgendwie an einen Recruiter weitergeleitet wird oder eben nicht. Das ist auch eine Frage, die ich hier aufgeschrieben hatte. Wie-. Sehen Sie dem ganzen kritisch gegenüber? Also dass man quasi wirklich Mitarbeitern, was ja so das Herzstück von Unternehmen sind, dann die Entscheidung überlässt dann einem Roboter? Ob die tatsächlich zum Unternehmen passen, oder nicht? Oder sagen Sie, das ist begrüßt man eher?

B: Nein ich sehe das kritisch aus dem einfachen Grunde, weil mich das Wort Entscheidung stört. Ein Roboter, ein Computer kann Entscheidungen vorbereiten, kann sie auch, sagen wir mal, über eine Shortlist begründen. Aber die Entscheidung, ob ein Kandidat eingeladen wird, oder am Schluss es zu einem Vertragsabschluss kommt, muss immer noch ein Entscheidungsträger treffen. Das sind für mich immer noch Menschen. Aber auch das ist nichts Neues, ja wir haben heute schon einen elektronischen Matchingprozess, wo ich bei einer Kandidatendatenbank herausdetektieren kann: Englischkenntnisse drei, vier, fünf, Abinote zwei, drei, vier. Wir machen es bei den Azubis ja Mathe drei bist du draußen, Mathe zwei bist du drinnen. Das sind heute schon Matchingprozesse, die automatisiert laufen, das ist nichts Neues, nur noch einmal eine Stufe oben drauf. Aber auch da gilt, der Computer trifft keine Entscheidung, sondern er bereitet Entscheidungen vor, selektiert, aber immer nach den Parametern, die eingegeben werden und immer auf Basis dann eines Ergebnisses, das wiederum von Menschen entschieden werden muss.

I: Also sehen Sie quasi aktuell zumindest solche künstlichen Intelligenzen als, ja, Unterstützer von menschlichem Handeln, aber nicht irgendwie als Ersatz für den Menschen. Sondern letztendlich-.

B: Korrekt.

I: Ok.

B: Korrekt. Und da würde ich auch die Grenze ziehen, ja. Also spinnen wir das Ding einmal weiter. Ich drücke auf den Knopf und sage: „Alexa, zwei neue Mechatroniker." Und was macht Alexa dann? Ja, schlägt mir irgendwelche Kandidaten vor. So kann man sich das Zukunftsbüro eines Personalers vorstellen, dass er seine große Alexa hat und sagt: „Alexa, bitte die Entgeltabrechnung um 100 € erhöhen." Und Alexa macht das. Ja, das kann man über KI alles steuern. Aber in einem Selektionsprozess ist für mich schon noch der entscheidende Punkt, zu sagen: „Darf ich auch auf andere Gesichtspunkte zurückgreifen?" Wie beispielsweise Sozialverhalten. Oder wir achten darauf, dass bei Azubientscheidungen auch ehrenamtliches Engagement da ist, ja. Das kann ich natürlich auch maschinell abprüfen, aber unter dem Strich ist das eine Entscheidungsgrundlage, die wir so für uns definieren.

I: Ok. Aber glauben Sie, weil Sie auch gesagt haben, solche standardisierten Auswahlprozesse, wo quasi eine KI schon eine Entscheidung vorbereitet, die gibt es ja aktuell schon. Wenn man jetzt mal fünf bis zehn Jahre in die Zukunft denkt, dass dann nicht tatsächlich auch dann der Computer die Endentscheidung trifft? Oder denken Sie, also allein aus dem Bereich des Möglichen oder glauben Sie, dass dann tatsächlich auch das Management sagt: „Nein, da machen wir den harten Cut. Und wir wollen das nicht. Also wir entwickeln unsere KI gar nicht so weit, weil wir nicht wollen, dass quasi Entscheidungen uns abgenommen werden."?

B: Ja, der Computer wird die Entscheidungen treffen können, da glaube ich, ist technisch alles denkbar. Aber wenn Sie in andere Geschäftsbereiche gucken, wie beispielsweise Banken, da haben Sie heute auch schon ein Scoring aufgrund Ihres Namens, Ihrer Adresse, Ihrer sonstigen Sozialverhalten oder Internetverhalten, wo sie sagen: „Bin ich kreditwürdig? Ja oder Nein?" Ja, auch da werden schon Algorithmen eingesetzt, um zu einem bestimmten Ergebnis zu kommen. Ich würde für mich gerne definieren wollen, dass Entscheidungen die Maschine vorbereitet, aber nicht trifft.

I: Ok. Das betrifft jetzt bei Ihnen viel eben auch HR. Da geht es ja auch oft noch so um das Zwischenmenschliche, gerade in Gesprächen auch O-Töne herauszuhören, ob letztendlich ein Kandidat tatsächlich zu der Firma passt. Aber nehmen wir jetzt beispielshaft mal auch gerade administrative Aufgaben, wo es zum Beispiel auch viel um die Datenanalyse geht, Datenauswertung. Glauben Sie da, dass dann tatsächlich auch wahrscheinlich heute oder auch in absehbarer Zukunft Arbeitskräfte durch Maschinen ersetzt werden?

B: Ja, das wird passieren. Das ist uns, und da sind wir jetzt ein bisschen über HR hinaus, auch ein Thema für den Arbeitsmarkt. Da gibt es-. Das Stichwort ist Substituierbarkeitspotentiale. Also es gibt eine Untersuchung, der IAB, Institut für Arbeitsmarkt- und Berufsforschung in Nürnberg. Das ist der Thinktank der Bundesagentur für Arbeit. Und da habe ich gerade vor mir liegen den jüngsten Bericht, Nummer 22 aus 2018, wo das IAB untersucht Digitalisierung in den Bundesländern, regionale Branchen und Berufsstrukturen und untersucht, in welchen Branchen in den Regionen ist die Substituierbarkeit am größten. Da ist Baden-Württemberg eines der hauptbetroffensten Gebiete. Und vor allem im Bereich verarbeitendes Gewerbe. Also das Internet der Dinge, die Maschine bestellt ihre Zulieferteile selber, der Produktionsprozess wird selber gesteuert, das ist verarbeitendes Gewerbe. Da ist ein hohes Potential an Substituierbarkeit. Auch Gesundheits- und Sozialwesen erstaunlicherweise, wo dann auch, sagen wir mal, Pflegeroboter heute schon ja sichtbar sind. Bis hin auch zu Themen wie Gastgewerbe, ist eine interessante Studie, die allerdings auch sagt, dass es neue Jobs geben wird. Ja, andere Jobs, die wir heute noch nicht haben. Aber in dieser Studie geht es erst einmal um die Substituierbarkeit der einzelnen Berufsbilder. Also Erziehung, Unterricht relativ wenig. Dienstleistungen relativ viel und so weiter. Von daher gibt es da Studien, die den Arbeitsmarkt genau beleuchten. Aber wie Studien üblich, gucken die halt in die Zukunft. Ob sie so eintreffen, wissen wir nicht.

I: Ok, aber jetzt basierend auch auf der Studie, die sagt, ja einerseits es entstehen neue Märkte oder neue Skills für Arbeitskräfte und da werden dann auch viele eben gesucht. Denken Sie das gibt sich die Waage oder letztendlich, wenn man wirklich mal einen längeren Zeitraum betrachtet, hat man am Ende tatsächlich weniger Arbeitskräfte in Unternehmen?

B: Ich glaube, dass sich die Waage hält, ja. Aber das kommt auf-. Also im gesamten Arbeitsmarkt hält sich die Waage. Aber es wird selbstverständlich Bereiche geben, in denen dann die Arbeitskräfte abnehmen. Ja, also der dritte Platz der Substituierbarkeit hat der Handel. Wie Sie sich so ein Kaufhaus vorstellen, dann muss dann nicht die Kassiererin an der Kasse hocken und die Büchse in die Hand nehmen und über so einen Scanner ziehen. Das lässt sich anders regeln. Und es wird in absehbarer Zeit auch so entsprechend geregelt werden und dann fallen diese Arbeitsplätze weg. Aber gesamtarbeitsmarkttechnisch kommt hinzu, wer solche Systeme entwickelt, wartet, programmiert und betreibt.

I: Ok, also aber dann sind wir uns ja einig, es findet dadurch schon ein gewisser Wandel statt, wenn auch quasi nur, dass eben die Anforderungen an Mitarbeiter sich verändern. Bedeutet das aber, dass eben jetzt schon Unternehmen gerade Sie als leitender Angestellter von der HR Abteilung sich darauf vorbereiten muss und dann im Zweifel jetzt schon eben auch nach Leuten suchen sollte, die eben dann diese benötigten Skills mitbringen? Also zum Beispiel eine IT-Affinität grundsätzlich?

B: Korrekt, ja. Bis hin auch zum Wandel von Berufsbildern. Also zu sagen-. Und da kommt hinzu, dass ich da im Prinzip eine fünfjährige Vorlaufphase habe. Wenn Sie sich vier Jahre Berufsausbildung angucken und ein Jahr Vorlaufzeit für die Einstellung, ja. Also wir suchen heute schon Bewerber für den 1.9.19 als Eintritt, dann haben Sie eben im Prinzip einen Horizont von fünf Jahren zu bedienen. Also muss ich heute schon sagen-. Und die Antwort ist, ja, wir brauchen mehr Elektriker, Elektroniker, IT-Berufe und wir brauchen weniger Industriemechaniker. Also dieser Wandel spiegelt sich dann auch in solchen Berufsbildern wider, die dann ausgebildet werden.

I: Ok. Und denken Sie auch zeitgleich, dass man dann als so ein großes Unternehmen so einen Wert definieren sollte, dass man auch immer die eigenen Mitarbeiter quasi vor eine KI stellt? Also wenn man jetzt zum Beispiel die Wahl hat, ok in der Produktion beispielshaft von einer Druckermaschine kann man einen bestimmten Prozess automatisieren, indem es eine Maschine gibt, die dann eben, diese bestimmten Tätigkeiten abdeckt. Man sagt aber: „Nein man investiert darein nicht, weil man hat ja aktuell noch eine Arbeitskraft, die eben diese Arbeit relativ gut leistet.

B: Das ist nicht das Kriterium, nach dem solche Entscheidungen getroffen werden, sondern das Kriterium ist immer, die Frage der Realisierung von Einsparpotentialen. (I: Also-.) Und deswegen ist eben die erste Frage-. (I: Schon auch finanziell?) Genau. Wie kann ich Prozesse einfacher und schneller abwickeln? Und wenn dann eine Automatisierungsunterstützung oder eine Digitalisierung oder auch eine KI die richtige Antwort ist und das Preis-Leistungs-Verhältnis einen Business Case darstellt und damit die Investition die Einsparungen-, nein umgekehrt, die Einsparung die Investition übersteigt, ja, dann ist dieser Business Case vorhanden und dann wird so eine Entscheidung auch entsprechend getroffen. Aber es geht immer darum, Prozesse zu vereinfachen und Waren und Dienstleistungen kostengünstiger herzustellen.

I: Ok. Das war jetzt eine relativ so schwarz oder weiß-. Entweder man behält ihn und ersetzt ihn, weil es dann günstiger quasi für die Firma ist über einen längeren zeitlichen Horizont. Aber besteht nicht auch die Möglichkeit, dass man sagt, ok, in dem Bereich ist es sinniger eine Automatisierung zu erwirken durch eben technische Hilfe und dann schult man aber den Mitarbeiter, der diese Tätigkeit gemacht hat einfach um und schaut, ok was für Skills hat der quasi jetzt bereits und kann ich ihn nicht auch auf eine Position setzen, die auch markant ist, wo dann man ihn eben daraufhin schulen kann oder sagen Sie, das ist eher kritisch?

B: Das ist korrekt so. Und da heißt das Stichwort Kollaboration. Also die Roboter werden aus ihrem Gitter entlassen. Sie sind nicht mehr in der Fertigung eingesperrt und abgetrennt, sondern sie unterstützen den Arbeitnehmer. Der beispielsweise bei schwerer körperlicher Arbeit einen Roboter als Assistenten bekommt, der Teile reicht, der vielleicht über eine Körperunterstützung dafür sorgt, dass schwere Teile leichter gedreht, gehoben und verbaut werden können. Oder denken Sie an virtuelle Brillen, die aufgezogen werden. Also echte Brillen aber mit virtuellem Inhalt, um für einen Logistikdienstleister zu zeigen: „Habe ich die Ware richtig eingepackt?" oder für einen Fertigungsprozess: „Habe ich den Fertigungsprozess richtig qualitätsmäßig gearbeitet?" Also so integrierte Qualitätskontrollen, die dann über solche KI-Komponenten, und zwar Kollaborationskomponenten, dann die vorhandenen Arbeitnehmer unterstützen. Und das ist ein Trend, der ist richtig.

I: Aber das bedeutet ja, dass wirklich zukünftig Arbeitnehmer eigentlich eine Unterstützung eben durch eine Automatisierung erhalten, durch eine KI erhalten. Aber sie müssen ja erst einmal wissen, wie können sie mit dieser KI umgehen oder wie haben sie mit der KI umzugehen, um eine Unterstützung eben zu bekommen. Jetzt eine Frage: Was für Kompetenzen, aus Ihrer Sicht, müssen denn dahingehend dann wirklich Arbeitnehmer der Zukunft mitbringen? Braucht man dann noch solche-.

B: Sie müssen mit solchen Dingen umgehen können. Also zum Beispiel so eine VR-Brille aufziehen. Viele Schulungsunterlagen, Qualitätsunterlagen werden elektronisch sein, werden nicht mehr in so ein Baumuster oder Bauhandbuch, Anleitungshandbuch daherkommen. Wir haben gerade vor ein paar Minuten bisschen-. Ah jetzt ist es später. Eine Zukunftswerkstatt, eine Berufsausbildung eingeweiht, wo Baupläne und Verbau-Anleitungen digital entstehen, um damit auch das Wissen, das Erfahrungswissen von einzelnen Mitarbeitern abzapfen zu können, Stichwort demografischer Wandel, und insofern auch den Arbeitnehmer so zu unterstützen.

Aber das ist halt ein Umgang mit diesen elektronischen Devices und das braucht an der Stelle dann auch eine entsprechende Schulung und Unterstützung.

I: Was ich mir halt insbesondere als jemand, der eben Betriebswirtschaft studiert, frage, ob heutzutage eben so ein rein, ja eben BWL-Studium ausreicht oder ob es nicht empfehlenswerter wäre beispielshaft in Richtung Wirtschaftsinformatik zu gehen? Also wo man dann tatsächlich so die Waage hat aus der betriebswirtschaftlichen Sicht, Gewinnoptimierung und auf der anderen Seite aber eben wie kann ich technisch Sachen implementieren und da vielleicht die ... #00:06:15#-Cases dann auch verstehe.

B: Ja. (**I:** Ob es sag was-.) Aber es muss auch weiterhin Juristen geben und Mediziner geben. Also wenn jetzt jeder nur Informatik macht, dann haben wir da an anderer Stelle einen Mangel. Ich glaub schon, dass es eine ausgewogene Berufsbildlandschaft in Deutschland braucht. Aber ja, zunehmend sind solche Inhalte wichtig, deswegen können Sie auch als Modul in eine bestehende Berufsausbildung eingebaut werden. Also wir haben das Ziel, dass in jeder Berufsausbildung, auch wenn sie jetzt nicht mit Technologie zu tun hat, auch einen bestimmten Digitalisierungsanteil oder Industrie-4.0-Anteil drin ist.

I: Ok. Um noch einmal auf so eine, gerade weil Sie jetzt auch Jura gesagt haben, auf so eine juristische und politische Ebene zu kommen. Würden Sie sich da wünschen, dass quasi gerade auf Deutschland bezogen von der Regierung her auch entweder mehr Innovation gefördert werden in diesem Bereich oder auch gesetzliche Rahmenbedingungen geschaffen werden müssen, um dann später Arbeitsplätze zu sichern?

B: Ja, mehr kann man immer fordern, aber unter dem Strich gibt es gerade in Baden-Württemberg gerade sehr viele Lernen-4.0-Ansätze. Die Berufsschulen haben dort standardisierte Modelle, wie sie die Produktionen von Handyschalen, das ist so ein relativ berühmter Vorgang, automatisiert lernen und beibringen. Und insofern glaube ich, ist da sehr viel aufgesetzt. Allerdings braucht es dafür natürlich eine entsprechende Infrastruktur und braucht Datensicherheit. Wenn die Dinge miteinander kommunizieren, brauche ich eine andere Datensicherheitstechnologie. Also da gibt es sehr viele Rahmenbedingungen, die muss der Staat schaffen und im Thema Datenschutz, Infrastruktur die entsprechenden Schwerpunkte setzen.

I: Ok. Aber dann höre ich es so raus, ist das eigentlich so im Großen und Ganzen eigentlich das, wohin gerade die deutsche Regierung, auch so das juristische System, das ist eigentlich in Ordnung, so wie es läuft. Auch vielleicht schon-.

B: Ja, im Großen und Ganzen, ja.

I: Ok. Weil man hört ja quasi immer wieder Negativstimmen, auch aus Amerika, dass wenn man sich das als Vergleich nimmt, da viel mehr passiert. Auch gerade, was eben in Richtung Startups angeht.

B: Ja, bin ich relativ entspannt.

I: Ok. Dann wären wir auch schon bei der letzten Frage tatsächlich. Und zwar, ich habe am Ende noch so eine ethische-, will ich noch eine ethische Betrachtung in die ganze Sache bringen. Und wir haben ja jetzt viel auch darüber geredet, eben inwiefern werden Mitarbeiter substituiert oder werden eben durch Kollaborationsmaßnahmen eben umgeschult. Denken Sie, dass das Ganze auf jeden Fall sinnig ist? Quasi auch als Unternehmen in Hinsicht auf KIen eben zu entwickeln und auch auf Automatisierungsprozesse zu setzen, auch wenn man im Zweifel nicht unbedingt absehen kann, was hat das für Ausmaße auf die eigenen Mitarbeiter?

B: Ja, man muss glaube ich schon an der Stelle ausprobieren, experimentieren und wir machen solche Dinge auch immer gerne mit einer Pilotvereinbarung, aber auch mit einer Begleitung auch durch den Betriebsrat. Auch die Rolle von Betriebsrat und Gewerkschaften verändern sich jetzt im betrieblichen Umfeld an der Stelle massiv. Die Auswirkungen auf die Mitbestimmung sind sehr elementar. Aber ich glaube, dass man zunächst einmal auch unter Hintenanstellung von Bedenken ausprobieren und experimentieren sollte. Das aber in jedem Fall auch eine ethische Begleitung wir an der Stelle brauchen. Und ich erlebe das auch zunehmend, dass solche Fragestellungen diskutiert werden. Und das halte ich für richtig.

I: Ok. Gut, dann war es das sogar schon. Sind wir schon am Ende des Interviews.

B: Prima.

I: Dann vielen, vielen Dank für Ihre Zeit. Die Aufnahme-. Ich weiß nicht, ob Sie jetzt am Desktop in die Konferenz reingegangen sind oder über das Handy. Auf jeden Fall am Desktop-. (B: Über das Bürotelefon hier rein.) Ah, ok. Ansonsten, wenn Sie möchten, kann ich Ihnen die Aufnahme auch gerne zusenden, wenn Sie daran interessiert sind. (B: Nein, nein, brauche ich nicht.) Ok.

B: Gerne. Alles Gute, ja.

I: Bis dann, tschüss.

B: Tschüss.

7.6 Transkribiertes Experteninterview 4

Durchführungsdatum: 02. November 2018
Interviewdauer: 44 Minuten und 02 Sekunden
Geschlecht: Männlich
Höchster akademischer Abschlussgrad: Diplom-Betriebswirt
Aktuelle berufliche Position: Leiter XX Akademie (Abteilung Mensch)

I: Gut. Die erste Frage lautet: Inwiefern meinen Sie, dass KI, damit sind eben gerade auch so diese ganzen Automatisierungsprozesse in Unternehmen gemeint, heute bereits Einfluss nehmen auf eine Unternehmenskultur?

B: Also ich kann ja jetzt immer nur von dem reden was ich selbst wahrnehme. Da ist noch wenig zu spüren. Da wird darüber gesprochen. Ich meine, wir sind ja hier in einem großen IT-Unternehmen, wo man sich mit so Themen einfach auch persönlich mal beschäftigt oder die Mitarbeiter sich persönlich beschäftigen. Aber wir sehen das jetzt bei uns noch nicht als einen Bestandteil, der irgendwie in die Diskussion eingeht, was wird aus einem Arbeitsplatz werden. Im IT Bereich. Und im Elektrohandwerksbereich definitiv gar nicht, weil da grundsätzlich die Einstellung ist, das wird zumindest auf lange, lange Zeit eine typisch menschengetriebene Arbeit sein.

I: Okay. Und wenn Sie jetzt sagen, im IT-Bereich. Glaube Sie, dass dort in absehbarer Zukunft auch ein stärkerer Einfluss noch von KI kommt oder, sage ich mal, aktuell eher sehr, sehr weit weg?

B: Also zum einen: Ich glaube, es ist noch weiter weg, als man vielleicht manchmal so denkt, wenn man mal so die Diskussion verfolgt. Wo ich manchmal das Gefühl habe, man redet schon über Dinge, die gerade schon vor der Tür stehen, die aber noch nicht mal, ich sage mal, noch nicht mal in der Stadt angekommen sind. Ich glaube, da wird noch mehr daraus gemacht als es tatsächlich schon leisten kann oder auch technologisch leisten kann oder überhaupt, da wo es vielleicht schon das Thema weiter ist wirtschaftlich schon irgendwo in Unternehmen einbindbar ist. Ich denke schon, dass wir früher oder später überall da wo es um Netzwerke-, also wir beschäftigen uns viel mit IT-Netzwerken, wir beschäftigen uns viel auch, unser Hauptkunde XY, auch mit dem Thema Cloud. Also wie werden Daten wie, wo abrufbar, verfügbar sein? Wie werden die miteinander kombiniert? Ich könnte mir schon vorstellen, dass da viel, viel mehr Steuerung durch Maschinen in Zukunft passieren wird. Ob das jetzt in fünf oder in zehn Jahren der Fall sein wird und da weniger

Menschen gebraucht werden, würde ich mich nicht trauen, da eine Aussage zu treffen. Ich glaube schon, dass es in dem Bereich, wenn es um Netzwerke geht, einiges passieren wird. Ohne jetzt aber eine Zahl nennen zu können. Überall da wo es hardwarebasiert bleibt, würde ich mal sagen, brauchen sie die Leute, die die Hardware verbauen. Nur, ich glaube, es wird immer weniger hardwarebasiert sein. Es wird immer mehr über Netzwerke gehen, die leistungsfähiger werden und die sich untereinander austauschen. Und ich glaube, da hat man dann auch eine Voraussetzung dafür, über diese Vernetzung mehr zu machen, als nur Daten von links nach rechts zu schieben.

I: Jetzt haben wir gerade so Ihr Produkt- und Serviceangebot angeschaut. Eben Sie sind im Bereich IT- und eben Netzwerktechnik stark unterwegs. Was ist aber in Ihrem Unternehmen beispielshaft, gerade so Controlling Einheiten oder teilweise auch HR, wo dann KI oder Automatisierungsprozesse-, die werden ja heutzutage tatsächlich auch schon in Unternehmen eingesetzt, gerade wo es um die Verarbeitung eben von Datenmengen geht, wo dann eben durch eine Software quasi Datenmengen relativ schnell und zügig bearbeitet werden können und dadurch entweder den eigenen Mitarbeitern unterstützend zur Seite stehen oder sie teilweise sie sogar dann eben ersetzen. Sehen Sie so etwas in Ihrem Unternehmen auch schon, oder?

B: Nein. Nein, sehe ich nicht. Also, wie gesagt, Datenmengen verarbeiten, hin- und herschicken, zur Verfügung stellen, das ist für mich ja noch nicht intelligent, in dem Sinne, dass da, sagen wir mal, maschinengetrieben auch Entscheidungen getroffen werden, sondern dass ist was-. Der Begriff „intelligent" setzt für mich auch immer voraus, dass da Entscheidungen getroffen werden, nicht? Innerhalb gewisser Parameter natürlich. Und das sehe ich bei uns noch nicht.

I: Okay. Ich kann Ihnen mal ein relativ praktisches Beispiel geben, um sich vielleicht das auch ein bisschen besser vorzustellen, zum Beispiel gerade relativ große Banken, die haben bereits einen HR-Prozess entwickelt, wo dann der Bewerber vorausgeschaltet erst mal zu einer Videokonferenz eingeladen wird. Er bekommt Fragen gestellt, automatisiert, hat dann immer 20 Sekunden Zeit sich die Frage durchzulesen, sich eine Antwort zu überlegen und dann spricht er quasi einfach frei heraus und das Interview geht zehn, 15 Minuten. Ihm sitzt keine reelle Person gegenüber, sondern eben eine Software, die dann analysiert, was für Antworten hat er gegeben? Wie nervös war er, auch von seiner Gestik, Mimik? Und quasi darauf basierend entscheidet dann das System, ob der Bewerber überhaupt an eine Person aus dem

Betrieb weitergeleitet wird, aus dem HR-Bereich. Wäre das ein Beispiel für Sie was intelligent ist? Oder ist das quasi auch, ja-.

B: Na ja, dazu müsste man wissen, wie diese Analyse, zum Beispiel des Nervositätsgrads funktioniert, ja? Also wie letzten Endes auch die Entscheidung getroffen wird, auf die hin jemand sagt: Na ja, der war da-, auf-, bei den letzten beiden Fragen hat er A) lange gezögert, B) hat er angefangen zu stottern, dann brach ihm der Schweiß aus, wo ich sage: Was genau tut die Software da wirklich? Das müsste man sich im Einzelfall tatsächlich mal anschauen, wie die Parameter definiert sind, was die Software da tatsächlich tut oder inwiefern sie nur Dinge erfasst, die da nach einem vorgefertigten Muster irgendwie geclustert werden.

I: Aber gerade als Leiter von so einer sehr, sehr menschlichen Abteilung, sehen Sie das eher kritisch, dass Unternehmen quasi jetzt schon Maschinen, oder halt eine Software, darüber entscheiden lassen, ob Nachwuchskräfte in ihrem Unternehmen eingestellt werden oder nicht?

B: Na ja, die Frage ist ja, was definiere ich denn als Maschine? (I: Diese Vor-Selektierung-.) Also das Ziel ist ja, dass ich die Leute kriege, die ich haben will, nicht? Jetzt kann man sagen, es gibt wahrscheinlich Leute, die finden das als Bewerber nicht gut, auf die Art und Weise vorselektiert zu werden, weil sie sagen: „In so ein Unternehmen möchte ich erst gar nicht". Und da würde ich das auch nachvollziehen können, wenn jemand so denkt. Ich glaube aber, dass sich im Laufe der Jahre da etwas verändert, weil die Leute mit dem Thema Maschine, wie auch immer wir das jetzt als Begriff, als Hardware, definieren, ganz anderen Bezug dazu haben. Man erkennt das beispielsweise in Japan, wo sogenannte Pflegeroboter ja schon eingesetzt werden, die so gebaut sind, dass man das Gefühl hat, man steht einem Lebewesen gegenüber. Natürlich sind die das nicht. Also die reagieren auch nur in gewissen Parametern. Aber dadurch, dass die Gesichter haben und das die eine gewisse eingegrenzte Mimik haben, nehmen die Leute die als etwas wahr, was quasi ein Gegenüber ist, mit dem man sich unterhalten kann. Was völliger Quatsch ist, aber die empfinden das halt so. Trotzdem ist es eine Maschine, ja? Die mit Sicherheit nicht auch nur annähernd intelligent ist, ja? Also. Von daher denke ich mal, wenn ein heute Fünf-, Sechs-, Sieben-, Achtjähriger in zehn Jahren ins Arbeitsleben startet, dann wird der-, dann ist das für den vielleicht völlig normal durch solche Systeme zu gehen. Ohne dass er sich dabei etwas denkt, weil die Art und Weise wie das System mit ihm umgeht ihm suggeriert, dass da vielleicht ein anderer Mensch auf der anderen Seite sitzt. Zum Beispiel das eine menschliche Stimme mit ihm spricht, obwohl das von einem Computer kommt.

I: Okay das ist jetzt ja die Arbeitnehmersicht. Aus Sicht des Unternehmens, denken Sie nicht, dass, sage ich mal, jemand der geschult wurde, der eine akademische Ausbildung durchlaufen ist, auf in Richtung HR, dass der mehr Expertise aufweisen kann, gerade auch aus einem Gespräch kann man ja O-Töne heraushören, was jetzt eben so eine Software nicht unbedingt könnte? Also, dass das auch die Software vielleicht nicht so gut entscheidet, wie jetzt letztendlich ein HRler oder sagen Sie: „Kann ja auch sein, dass die Software sogar besser ist"?

B: Kann sein. Man weiß es ja heute noch nicht. Wir sind ja noch so früh, in dem Stadium. Also heute würde ich das definitiv nicht machen, ja? Da würde ich mich nicht darauf verlassen. Da würde ich viele, viele Testläufe, also valide Testläufe durchlaufen, mit Vergleichsstudien und so weiter. Also, Stand heute. Ich bin mir aber hundert Prozent sicher, dass das nur eine Frage der Zeit ist, dass es nicht mehr so sein wird. Also ich glaube schon, dass wir in, ich sage jetzt mal zehn Jahren, durchaus Maschinensysteme haben, die zumindest in ihrem Auftreten dem Bewerber gegenüber nicht negativ herüberkommen. Also weder, wie gesagt, von der Bewerbersicht hersagen: „Oh Gott, die setzen Maschinen ein", noch dass ich aus Arbeitgebersicht Angst haben müsste, dass der schlechtere Entscheidungen trifft. Ich glaube, zumindest für bestimmte Berufe wird das möglich sein. Ich glaube, je kreativer ein Beruf angelegt ist, desto schwieriger wird es. Für Berufe die vor allem physische Dinge oder leicht abrufbare Sachen wie Konzentrationsfähigkeit beinhalten, wird es leichter sein. (I:Okay.) Ich glaube, da wird die Maschine, wenn es gut gemacht ist, in zehn, zwölf Jahren keine schlechteren Entscheidungen treffen, als ein Mensch. Weil ich zum Beispiel auch sage, der Mensch-. Ich sage mal, wenn ich jetzt so einen Bandarbeiter suche, nicht? Der blöd drei Handgriffe zu machen hat. Da weiß ich, dass zum Beispiel von der menschlichen Seite her auch schon mal die Entscheidung gemacht wird: Wir stellen den jetzt ein und wenn man nach drei Wochen merkt, der packt es nicht, dann wird er halt wieder entlassen, ja? Dann Probezeit und so weiter. Dann ist es halt so. Wir probieren es, wir haben ja kein Risiko, so nach dem Motto, nicht? Eine Maschine wird anders entscheiden. Und die hat im Hinterkopf nicht: Na ja, Gott, dann schmeißen wir ihn halt nach drei Wochen wieder hinaus. Ich sage das jetzt mal sehr hart. Ich möchte nicht, dass so etwas passiert. Aber ich weiß, dass so auch argumentiert wird. Zumindest bei einfachen Tätigkeiten, wo das Wohl und Wehe des Unternehmens an einer Fehlentscheidung nicht hängt, wird schon mal, ich sage mal, Fünfe gerade sein gelassen. Wo wir sagen, wir probieren das mal und wenn es nach drei, vier Wochen uns nichts bringt, dann muss er halt wieder gehen. Fertig. Da wird gar nicht hinterfragt, ob der Mensch richtig entscheidet oder nicht. Sondern man geht das Risiko ein, um halt zu probieren, ob die Entscheidung richtig ist. Und das Nächste ist: Man weiß ja auch bei menschlichen Entscheidungsprozessen, dass da Dinge in die Entscheidung einfließen oder in den Prozess einfließen, wo hinterher keiner so genau sagen kann: Warum tut man das überhaupt und welche Relevanz hat es später für den Erfolg im Beruf? Also Klassiker: In vielen, vielen Vorstellungsgesprächen wird immer noch sehr gerne gefragt: „Nennen Sie mal Ihre drei Stärken und Ihre drei Schwächen". So, man weiß aber heute, dass damit später gar nichts gemacht wird. Also man stellt diese Fragen, weil es irgendwo mal gesagt wurde, das ist wichtiger Teil des Vorstellungsgespräches. Man weiß aber heute, dass es eigentlich gar keinen Einfluss auf die Entscheidung hat. Weil natürlich alle die wissen, dass diese Fragen gestellt werden, immer dieselben Antworten geben. Typische Schwäche ist: Ich könnte besser organisiert sein. Na super, wer kann das nicht? Ich weiß, dass zum Beispiel der Erfinder dieser Fragen sich inzwischen sogar öffentlich entschuldigt hat und gesagt hat: „Ja, da habe ich euch aber was eingebrockt". Und insofern, die Frage ist: Wie gut ist jetzt die Entscheidung, die von einem Menschen getroffen wird, wenn er so ein Gespräch so und so führt, wenn er, sage ich mal, auf Dinge verlässt, die letzten Endes dann gar keinen Einfluss haben auf die Entscheidung, sondern er eine Entscheidung trifft aus einem ganz anderen, von ihm vielleicht nur unbewusst wahrgenommenen Grund heraus? Man müsste quasi immer im Einzelfall nur mal gucken: Ein Jahr nachdem Leute eingestellt wurden, wie viele von denen sind noch da? Also wie viele von denen haben die Erwartungen erfüllt und so weiter? Und das wäre mal eine Studie wert, um zu sagen: Wie gut ist die Qualität der Auswahlprozesse von Menschen für komplexere Tätigkeiten?

I: Okay. Aber ich ziehe da schon mal heraus, dass Sie quasi diese Thematik softwarebasierte auch Auswahl von Arbeitnehmern nicht so kritisch gegenüberstehen, wenn die eben zielgerichtet entwickelt wurde? Dass die teilweise sogar vielleicht besser sein kann, als jetzt ein Mensch, weil ein Mensch immer dann noch, ja eher halt nicht so, ich sage mal, zielgerichtet dann auch handelt?

B: Da gibt es halt immer noch viel-. Es gibt ja diese Studie: Wie lange dauert es, bis klar ist, ob ein Lehrer und eine Klasse miteinander klar kommen? Das dauert weniger als eine Minute. Nachdem der Lehrer das erste Mal den Klassenraum betreten hat. Da weiß noch keiner was über den anderen. Aber es steht schon fest, ob die nächsten Monate zumindest mal gut oder schlecht verlaufen werden. Und so ist es ja oft in zwischenmenschlichen Beziehungen. Sowohl privat als auch beruflich. Und ja, ich glaube schon, dass Entscheidungsprozesse viel auch damit abhängen, ob man in einem Gespräch so das Gefühl hat, das könnte passen oder nicht und kann es hinterher vielleicht gar nicht in einem skalierbaren System bewerten. Einfach, man geht raus aus dem Gespräch und sagt: „Passt" oder „passt nicht". Und hofft halt, dass keiner irgendwie verlangt, dass man das jetzt auch noch mal irgendwie fachlich, sachlich, logisch begründet.

I: Sie haben es schon angesprochen: Also gerade so die nachfolgenden Generationen, die werden damit wahrscheinlich viel, viel leichter und besser umgehen können, als jetzt die bestehenden. Denken Sie aber, dass quasi gerade, wenn es jetzt auch um die Auswahl eben von Nachwuchskräften geht, dass man darauf achten sollte, dass die schon eine gewisse IT-Kompetenz mitbringen? Gerade für mich auch als BWLer, ob ich jetzt quasi dann noch mal so in die Richtung IT gehen sollte, um da eben dann eine Kompetenz eben dann auch zu haben? Gerade später auch, um dann mit solchen Systemen arbeiten zu können?

B: Ich glaube, solche Systeme werden mehr und mehr selbsterklärend sein. Und zwar auch auf einem Sprachniveau, also sprich: Sie werden sich mit diesen Systemen, mit denen Sie umzugehen haben, unterhalten können. Und so Sachen wie Alexa oder Siri die werden irgendwann einmal auf einer ganz anderen Ebene möglich sein. Und insofern glaube ich gar nicht, dass man sich so tiefgehend mit-. Letztendlich reden wir ja da nicht über IT sondern wir reden über Geräte, die irgendwie funktionieren und mit denen wir ja-. Genauso wie ich jetzt lerne wie ein Rechner hochgefahren wird und wie ich die Tastatur und die Maus bediene, irgendwann muss ich das wieder verlernen, weil ich mich mit meinem Rechner unterhalten kann. So, dann muss ich aber wissen, wie ich mich mit dem so unterhalte, dass er weiß was ich meine. Das wird mit der Zeit immer einfacher, weil die Erkennungssystem immer besser werden. Also auch da reden wir über die nächsten zehn Jahre und nicht über die nächsten zwei Jahre. Aber wir reden über einen überschaubaren Zeitraum, da bin ich mir völlig sicher. Und wo man das, glaube ich, gerade ganz sehr gut sehen kann, ist die Entwicklung beim autonomen Fahren. Wie schnell das geht. Also hätten Sie vor zehn Jahren gesagt, dass heute schon dar über nachgedacht wird sogar schon LKWs und Busse autonom fahren zu lassen, da hätte jeder gesagt: Das wird nicht gehen, das Risiko ist viel zu groß. Ja? Personentransport und so weiter. Aber jetzt passiert es ja gerade. Es gibt Teststrecken für selbstfahrende LKWs in Berlin. Die ganzen Hersteller sind am Experimentieren mit den Fahrzeugen. Und man kann eigentlich jedem Berufskraftfahrer, der noch keine 40 ist raten: Guck Dich rechtzeitig nach einem anderen Job um, weil du wirst als Berufskraftfahrer die Rente nicht erleben. Und man weiß heute, dass eigentlich selbstfahrende

Systeme, wenn sie funktionieren, den Verkehr sicherer machen, als wenn der Mensch daran teilnimmt. Weil der Mensch der größte Risikofaktor ist. Das glaubt Ihnen aber kein Mensch. Weil jeder sagt: „Wenn ich Auto fahre, habe ich alles im Griff". Das stimmt aber nicht. Und das ist ja auch beweisbar. Und trotzdem ist so diese Hürde zu sagen: Ich setze mich in ein Auto was mich von A nach B bringt und ich mache nichts. Ich persönlich begrüße es, weil ich nicht sehr gerne Auto fahre, aber es gibt 99 Prozent Deutsche, die denken: Was ist das denn? Und das hält aber die Entwicklung nicht auf. Und man merkt das in Ländern, die nicht so sehr-, deren Wirtschaft nicht so sehr von den Autobauern getrieben sind, die haben ein völlig anderes Verhältnis zum Thema Mobilität. Die fragen sich eher, „wie komme ich von A nach B?", als die Frage „Welches Auto kaufe ich mir als Nächstes?" Wir hier in Deutschland fragen uns eher: „Was für ein Auto fahren?" Definieren uns über Autos. Auch das lässt in nachfolgenden Generationen nach. Das ist ja auch nachgewiesen, dass Leute, die unter 25 sind zum Auto ein völlig anderes Verhältnis haben als Leute die über 40 sind.

I: Aber da sprechen Sie jetzt gerade so eine Industrie an, gerade auch so Transportmittelindustrie, die eben wahrscheinlich jetzt relativ früh schon von so einer Entwicklung betroffen sein wird. Haben Sie vielleicht noch andere Beispiele für Industrien? Wo denken Sie wird wirklich so KI und die Auswertung von Daten Arbeitskräfte kosten oder wo wird sie eben am meisten, jetzt am Anfang zumindest, einsparen?

B: Also der eine Punkt Arbeitskräfte kosten, man muss ja immer so keine isolierte Betrachtung machen. Es werden natürlich Jobs wegfallen, je stärker da Maschinen die Oberhand gewinnen, richtig. Dafür werden aber andere Jobs entstehen. Jetzt hat man halt immer dieses Anpassungsproblem, dass die Leute, die an einer Stelle ihre Jobs verlieren nicht die Richtigen sind, um an anderer Stelle die neuen Jobs auszufüllen. Das heißt, es wird immer eine Verzögerung geben. Das heißt, die neuen Jobs, die entstehen, werden dann halt die Jüngeren kriegen, weil die sagen: „Es ist ja völliger Quatsch." So wie heute keiner mehr Bergmann wird, in Essen, ja? Nur weil der Opa und Ur-Opa noch Bergleute waren, wird der Enkel heute keiner mehr, weil der sagt: „Das ist ja kein Beruf mit Zukunft". Es gibt also immer eine zeitliche Verzögerung. Weil der Vater zwischendrin war vielleicht tatsächlich zehn Jahre arbeitslos, weil er Bergmann gelernt hat, aber dann eben irgendwann keiner mehr Bergleute gebraucht hat. Der Sohn ist nicht so blöd und lernt Bergmann. Der macht halt was anderes. Also da gibt es immer eine Anpassungsverzögerung. Und insofern, ja, es wird Jobs kosten. Es werden andere, neue Jobs entstehen, die aber dann eben von anderen Leuten, wahrscheinlich jüngeren Leuten, eingenommen werden. So was die Branchen angeht: Ich glaube, es wird da fast keine Grenze geben, da bin ich mir ziemlich sicher. Man merkt es beispielsweise ja im Bankwesen. Vor zehn Jahren, wenn da ein Jugendlicher gesagt hat: „Ich möchte Bankkaufmann lernen" hätte jeder gesagt: „Oh, ja. Super. Sicherer Beruf. Mach das." Heute kann man keinem mehr guten Gewissens raten Bankkaufmann zu werden, wenn er nicht sehr genau vorher schon weiß, was er später damit machen möchte. Wobei es natürlich auch im Bankbereich Tätigkeiten gibt, wo man als Einstieg eine Bankkaufmannslehre durchaus machen sollte, aber man sollte halt sehen, was hinterher auf einen zukommt. Bis vor zehn Jahren hat sich da keiner einen Kopf darüber gemacht, weil jeder wusste: Na ja, ich werde halt erst einmal zwei, drei Jahre in der Filiale arbeiten. Es gibt aber immer weniger Filialen. Und die Jobs die da noch gebraucht werden sind reine Verkäuferjobs. So und-. Also das Bankwesen hat vorgemacht, das es ganz schnell gehen kann. Ich glaube, die Automobilindustrie ist die Nächste. Und der ganze IT-Bereich, der immer so ein bisschen so unterhalb der Wahrnehmung der Masse läuft, der wird sowieso am allerschnellsten sein. Und damit meine ich jetzt nicht irgendwie von Hardware, die sich verbessert und so, sondern ich meine tatsächlich die Entwicklung von Netzwerken, cloudbasierten Netzwerken, die werden uns Möglichkeiten schaffen, die können wir heute, glaube ich, noch gar nicht erahnen. Weil wir das heute auch noch zu eng denken. Ich glaube, wir denken da eher in Geschwindigkeit und Verfügbarkeit von großen Mengen von Daten und noch nicht in der Frage: Wie kann ich das System sogar dazu bringen, dass es mir schon mehr liefert als einfach nur eine Übersicht, als einfach nur ein schönes Bild. Ja, ein Kreisdiagramm oder was auch immer. Sondern mir vielleicht sogar schon Ableitungen liefert. Das passiert heute ja noch nicht. Aber das wird passieren.

I: Ja, aber Sie haben ja so schön gesagt, man sieht in was für einer Geschwindigkeit jetzt gerade auch diese Automobilindustrie disruptiert wird. Und man hat ja auch Beispiele, wie beispielshaft Blackberry oder Nokia, die dann von Apple komplett vom Markt gefegt worden sind. Einzelne Marken. Glauben Sie, dass also wenn Management von einer Firma nicht frühzeitig darauf reagiert und sich eben diese Fragestellungen stellt: Inwiefern kann ich das für meine Firma einsetzen? Das die dann auch tatsächlich später Probleme bekommen werden? Und vielleicht sogar vom Markt-

B: Definitiv. Definitiv sowohl was die Produktsituation angeht. Also man kann-. Muss sich ja nur mal das ganze Thema nehmen Einzelhandel zu Onlinehandeln. Da haben ja auch viele verpennt, weil sie dachten: Na ja, die Leute wollen immer in ein Kaufhaus gehen, wollen die Dinge anfassen wollen sie, besonders im Klamottenbereich: wollen sie anprobieren und so. Heute weiß man: Es ist nicht so. Aber viel zu viele kommen zu spät. Ich sage nur Karstadt, Hertie und so weiter. Andere sind gerade dabei sich umzustellen, wie H&M beispielsweise. Die mehr und mehr Filialen schließen, weil sie sagen: Die nachrückende Kundschaft bestellt einfach mal im Internet. Und dann müssen wir auch damit leben, dass die sich 20 Teile bestellen, von denen sie 17 wieder zurückschicken. Das ist halt so. Aber nur so kriege ich eine Kundenbindung, wenn ich das denen ermögliche. Und die gehen halt nicht mehr in die Filialen oder immer weniger. Gerade die jungen Leute. Andere gehen wieder einen anderen Weg. IKEA beispielsweise hat jetzt gesagt, sie gehen weg von der grünen Wiese, gehen in die Innenstädte rein. Weil die Innenstädte bieten heute durch das Ladensterben wieder mehr Fläche, die ich gut mieten kann, an die ich günstig herankomme und bin in der direkten Nachbarschaft mit Leuten. Die Leute brauchen nur drei Häuser weiter zu gehen, können sich direkt drei Stühle mitnehmen, ist doch super. Bevor die sich ins Auto setzen müssen und irgendwo hinausfahren. Also muss jeder für sich entscheiden, aber ja, Managementfehlentscheidungen, die immer schwieriger werden, weil die, sagen wir mal, die Lebensdauer von Technologien immer kürzer wird. Falsche Managemententscheidung kostet zum einen das Unternehmen seine Existenz, weil man zu sehr in der Vergangenheit lebt. Und das Zweite ist, man wird vielleicht auch als Arbeitgeber nicht mehr attraktiv, weil man nicht mehr das tut, was junge Leute cool finden. Weil die sagen: Da komme ich mir vor wie 30 Jahre in der Vergangenheit, wenn ich morgens zur Arbeit laufe. (I: Das ist auch ein guter Punkt.) Also die Arbeitgeberattraktivität hängt schon auch davon ab, dass man den Leuten vermittelt: Man ist an der Zukunft dran. Man produziert nicht für einen aussterbenden Markt. Was ich immer ein gutes Beispiel finde ist: Als das Automobil erfunden war-. Man kommt immer irgendwie auf die Automobilbranche zurück. Als das Automobil erfunden war, trat es ja erst mal in direkten Kontakt mit Pferdehändlern. So, also die Pferde für Kutschen zum Beispiel verkauft haben. Oder eben auch für Leute, die geritten sind, um von A nach B zu kommen. Jetzt ist es so, dass je mehr das Auto sich durchgesetzt hat, desto mehr sind Pferdehändler, also, sind pleite ge-, (I: Verdrängt worden.) verdrängt worden. Aber das witzige ist ja: Die, die übrig geblieben sind am Anfang, die haben immer mehr Geld verdient. Weil das Pferdehändlersterben schneller gegangen ist, als die Nachfrage nach Pferden zurückgegangen ist. Also es sind für die wenigen Pferdehändler, die irgendwann nur noch da waren, deren Gewinnmargen sind nach oben gegangen. Und als zum Schluss nur noch einer da war: Der hat richtig fett Kohle verdient, weil einfach das zu schnell gegangen ist. Das Pferdehändlersterben im Vergleich zu den Leuten die bereit waren oder sich schon ein Auto leisten konnten. Irgendwann, also in dem subjektiven Empfinden der letzten drei Pferdehändler war der Pferdemarkt super. Weil deren Nachfrage durch die Decke gegangen ist. Haben aber nicht wahrgenommen, dass sie die letzten drei sind. Und alle anderen 20 schon weg waren. Aber irgendwann hat es auch diese drei nicht mehr gebraucht. Also entweder haben die sich in den paar Jahren wo noch Pferde gebraucht wurden so viel Geld verdient, dass es ihnen egal sein konnte oder sie haben halt irgendwann mal eine Vertriebswerkstatt für Mercedes aufgemacht. Also man hat immer Kriegsgewinnler, sagt man ja immer so ein bisschen hart. Die, die am längsten durchhalten, die verdienen bis zum Schluss Geld. Und sind dann halt entweder die letzten die Umgehen und haben sich dann aber gut verdient bis dahin. Oder aber sie schaffen die Zeit, wo sie genau wissen ihre Zeit ist abgelaufen, dass sie die Gewinne investieren in Zukunft. Und die, die das tun, wie zum Beispiel Peugeot, die ursprünglich mal Fahrräder hergestellt haben oder Nokia, die mal Gummistiefel hergestellt haben und jetzt halt wieder Gummistiefel herstellen, die machen es halt richtig, ohne Garantie das sie es für immer richtig machen, wie man bei Nokia ja sieht. Andere merken halt rechtzeitig, dass das Geschäft was sie heute machen ein Verfallsdatum hat. Und man muss halt dann, wenn man weiß, ich habe noch fünf Jahre, muss ich in den fünf Jahren halt in die nächste Technologie investieren. Und viele machen es halt leider nicht, weil zum Beispiel die Führungsstruktur so ist, dass ganz oben Leute sitzen, die in der Vergangenheit leben.

I: Okay. Sie haben mal was so schön gesagt: Also wahrscheinlich werden jetzt Pferdehändler, damals das Beispiel, sind weggefallen, aber es werden auch neue Jobs entstehen. Eben bei Kfz-Werkstätten, wo dann Leute beschäftigt werden. Glaube Sie, dass es jetzt gerade in Bezug auf KI und so Automatisierung sich es die Waage hält? Oder denken Sie es werden mehr Jobs wegfallen, als letztendlich neue entstehen?

B: Das ist so schwer vorherzusagen. Wir hatten-, also ich bin ja nun schon ein paar Jährchen älter und habe in den 80er-Jahren habe ich diese Automatisierungswelle in der Automobilproduktion oder generell in der Industrie mitbekommen. Und ich kann mich zum Beispiel erinnern, dass an einem meiner allerersten Arbeitstage bei einem Anlagenbauer so eine Werksführung bekomme und da war ein unglaubliches Gewusel von Leuten, die da gearbeitet haben. Und der Mensch, der uns damals durchgeführt hat, der hat gesagt, dass der Anlagenbau ein echter Jobgarant ist, weil aufgrund der Einzelfertigung ist das überhaupt nicht automatisierbar. Anders als die Automobilindustrie, bei der viele Jobs wegfallen werden, hat er damals gesagt, nicht? Das war also 1986 oder so. So, wenn man gerade mal noch keine zehn Jahre später in dieselbe Werkshalle gegangen ist, in derselben Firma, hat man dort niemanden mehr gesehen. Weil diese Maschinen, die diese Anlagenteile hergestellt haben, inzwischen so individuell, also fein programmierbar waren, dass die Einzelfertigung machen konnten. Das heißt, fast alle haben damals ihre Jobs verloren, die dort gearbeitet haben. Weil die Maschinen sich schneller entwickelt haben, als man das gedacht hätte im Anlagenbau, ja? In der Automobilbranche sowieso. Gleichzeitig hat man aber festgestellt, das ist das Interessante, dass viele Einfachtätigkeiten mengenmäßig eher zugenommen haben. Wo man ja dachte, das sind die ersten die wegfallen. Nein, es waren oftmals Facharbeiterstellen die weggefallen sind. Ich sage jetzt mal nur so Schweißroboter beispielsweise, die viele Schweißer ihren Job gekostet haben. Oder Lackierroboter, ja? Während zum Beispiel Materialanreicher lange Zeit noch viel gebraucht wurden. Inzwischen auch nicht mehr. Inzwischen gibt es selbstfahrende Logistiksysteme. Ist das auch weggefallen. Aber eine Zeit lang wurden da auf einfachem Niveau wieder viele Jobs geschaffen. Bis die dann schlussendlich auch automatisiert worden sind. Deswegen ist es ganz schwer vorherzusagen, finde ich, wo mehr und wo weniger und ob sich das die Waage hält. Und wenn man dann noch den demographischen Wandel nimmt, wo man einfach mal sagt, wenn man so mal sich so Alterskohorten anschaut, die ja immer gebildet werden so in so Fünfjahresblöcken zum Beispiel, nicht? Dann sieht man, dass die Geburtsjahrgänge 1960 bis 65 oder bis 64, das waren nach dem Krieg die stärksten Geburtsjahrgänge. Gehen wir einfach mal davon aus, dass die Leute ganz normal in Rente gehen. Dann würde man sagen, in fünf Jahren geht es los, dass diese Alterskohorte in Rente geht. Dann sind die ältesten 63 Jahre alt und die gehen dann in Rente. Das heißt in fünf bis zehn Jahren werden fast alle aus der Alterskohorte Geburtsjahrgang 60 bis 64 nicht mehr dem Arbeitsmarkt zur Verfügung stehen. Wenn man jetzt einfach mal zählt wie viele Leute das sind und guckt gleichzeitig mal wie viele Leute 40 Jahre jünger, also Geburtsjahrgänge 2000 bis 2004, dem Arbeitsmarkt wieder zugeführt werden dann, also in den nächsten zehn, zwölf Jahren, dann, rein mengenmäßig, noch die Hälfte ungefähr. Jetzt werden natürlich die ganz jungen, die in den Arbeitsmarkt eintreten, nicht eins zu eins die ersetzen, die aus dem Arbeitsmarkt herausgehen, weil die haben ja lebenslange Erfahrung und Karriere gemacht und so weiter und so fort. Aber trotzdem ist es ein Mengenproblem. Oben gehen irgendwie neun Millionen raus, unten kommen nur viereinhalb bis fünf Millionen rein. Ist vielleicht nicht verkehrt das man dann viel automatisiert hat.

I: Aber das ist ja jetzt quasi wirklich stark auch auf Deutschland bezogen. International beispielshaft China, da hat man ja jetzt solche Problematik nicht unbedingt.

B: Es kommt immer darauf an, wie ich meine Wirtschaft betreibe. Denn die Chinesen durch ihre Ein-Kind-Politik, haben natürlich auch-. Kriegen vielleicht zeitverzögert zu uns oder zu Westeuropa, das betrifft ja nicht nur Deutschland oder Italien eben. Und Vorreiter von diesem Altersproblem ist Japan. Die sind uns alle, im negativen Sinne, zehn Jahre voraus. Haben eine völlig überalterte Gesellschaft. Und wenn Sie sehen, die Geburtenrate in Westeuropa, die ist überall zu niedrig. Also Sie brauchen ja, um eine Gesellschaft zu erhalten, eine Geburtenrate, also ohne Zuwanderung, brauchen Sie ja eine Geburtenrate von 2,1 Kindern pro Frau. Diese 0,1 Kinder ist einfach der Ausgleich für zum Beispiel Kindersterblichkeit. Das heißt, neun Frauen brauchen zwei Kinder und jede zehnte Frau drei Kinder, dann passt das. Dann geht der Schnitt auf. Wir haben eine Geburtenrate von 1,5 Kindern pro Frau. Und das wird schon als Erfolg gefeiert, weil bis vor fünf Jahren hatten wir noch 1,4. In Italien haben sie, glaube ich, immer noch 1,4. In Frankreich, ist glaube ich, das geburtsstärkste Land in Europa, in Westeuropa, die liegen bei knapp unter 2. Das heißt, alle westeuropäischen Länder haben ein Problem, der eine schnelle, der andere langsamer, der Überalterung und des demographischen Wandels. Hier in Deutschland wird das in zehn Jahren massiv zuschlagen. Dann, wenn die Babyboomer aus dem Arbeitsleben ausscheiden werden.

I: Okay. Ja gut, dann unter der Prämisse hilft ja tatsächlich da KI oder Automatisierung, dass dadurch halt diese starke Nachfrage nach Arbeitskräften und im Zweifel ersetzt wird durch eben, ja künstliche Arbeitskräfte, wenn man die so bezeichnen möchte.

B: Virtuelle (?Arbeitsplätze), ja genau. Also gehe ich von aus. Oder auch durch Arbeitsplätze, die halt mehr und mehr globalisiert sind, was ja heute schon der Fall ist. Eben ja, ja.

I: Wenn man aber auch mal so eine Umschulungsthematik noch betrachtet. Ich habe auch gelesen, Sie sind ja von so einer Schulungsacademy von XX auch Vorsitzender. Denken Sie das man Leute quasi in, gerade in Abteilungen, die jetzt vielleicht immer mehr durch eben eine künstliche Software ersetzt werden können, umschulen kann und dann eben auf solche (Tonstörung) setzt, die dann eben eine sehr sehr hohe Nachfrage haben, die nicht gedeckt werden kann?

B: Also Sie haben natürlich immer einen gewissen Prozentsatz wo das geht. Das ist auch gar nicht mal die Frage, ob es geht oder nicht. Sondern es ist immer die Frage, ob die Leute auch wollen. Denn das hat ja auch etwas mit Resilienz zu tun. Weiß nicht, ob der Begriff bei Ihnen schon mal eine Rolle gespielt hat? Also die Frage, wie gehe ich mit Veränderung um. Und es gibt natürlich leider auch den Hang der Leute zu sagen: „Oh, hier geht alles den Bach runter und ich habe keine Perspektive" und so weiter. Also sich quasi selbst ein bisschen aus dem Sumpf zu ziehen. Weil ich kann die Leute auch nicht immer zum Jagen tragen. Also ich kann denen Angebote machen, kann mir überlegen, was könnte passen, wo könnte sich jemand hin entwickeln. Aber den Schritt, den ersten Schritt gehen, den muss er dann schon selbst. Also das ist letzten Endes auch eine gesellschaftliche Frage: Sind die Leute in der Lage, sich auf die neue Situation einzustellen, selbst wenn man sie ihnen quasi auf dem Silbertablett präsentiert? Und das tut man ja nicht. Das ist ja ideal-. Wir tun es ja nicht. Sondern es wird ja so sein: Es werden sich Dinge verändern und punktuell werden Angebote gemacht, aber das ist ja nichts Flächendeckendes. Bis heute gibt es deutschlandweit ja kein System, das es irgendwie im Griff hat. Auch die Arbeitsagenturen haben das nicht. Und insofern: Ich glaube schon, dass es geht. Ich glaube nur nicht, dass es ein Massenphänomen werden wird. Wir werden dort-. Ich glaube, wir werden dort tatsächlich, wenn wir nicht aufpassen, ein Problem kriegen, dass wenn die technologische Entwicklung zu schnell ist, dass wir da gesellschaftlich Situationen bekommen werden, die die Leute eher beängstigen, als dass sie sagen: „Oh ja, da passiert was Cooles." Also bei den heute über 40-Jährigen.

I: Also ich bin sofort bei Ihnen, ich glaube auch, dass ein Mitarbeiter quasi intrinsisch eine Eigenmotivation entwickeln muss und dann sagen: „Ja, okay. Das ist eine neue Chance für mich". Aber glauben Sie nicht, dass eine Firma da auch sehr stark auf der Kommunikationsebene entgegenwirken kann, eben diese Ängste nehmen und eher eine Motivation erzeugen? Indem sie sagen: „Das ist eine neue Chance. Ihr habt da vielleicht neue, ganz neue Karrieremöglichkeiten".

B: Theoretisch ja, praktisch hängt es natürlich oft von den Erfahrungswelten der Leute ab. Also wenn Sie in einer Firma arbeiten, die Ihnen vielleicht vor Jahren mal was erzählt hat, was dann so nicht eingetroffen ist. Also Klassiker sind ja immer Umstrukturierungen, die hinterher alles besser machen sollen, was Sie ja in Konzernen gerade finden, wo die Leute schon abwinken und sagen: „Ja, ja, ich arbeite seit 20 Jahren hier, das ist die fünfte Umstrukturierung. Besser geworden ist hier noch gar nichts". Also so nach dem Motto: Die werden wir jetzt auch noch überleben. Also wenn die Leute negativ gebrieft sind, aus der Vergangenheit heraus, dann werden Sie es schwer haben. Wenn Sie sagen, wenn Sie ein positives Beispiel nennen können, wo Sie irgendetwas schon mal angekündigt haben und hinterher wurden tatsächlich Verbesserungen erkennbar, dann haben Sie eine bessere Chance. Aber ich gebe Ihnen recht, grundsätzlich eine sehr gute Chance haben Sie natürlich, wenn Sie sehr klar und intensiv kommunizieren und auch die Leute nicht anlügen. Also das Sie denen durchaus sagen: Es wird so sein, dass bestimmte Jobs wegfallen werden. Ja, es wird so sein. Das ist nicht heute und es ist nicht morgen. Aber was heute in einem Jahr ist, kann sein, dass bestimmte Jobs nicht mehr da sein werden. Wenn Sie das so ehrlich sagen und ich habe es selbst-, war selbst mal betroffen davon vor zwölf Jahren in so einer Situation. Da muss ich sagen, dass lief damals idealtypisch. Also der Vorstand der Firma, für die ich damals gearbeitet habe, hat niemandem irgendwie was vorgemacht. Sondern hat ganz klar gesagt, was passiert. Hat ganz klar gesagt, warum es passiert. Und hat ganz klar gesagt, wie die nächsten Schritte sind und wie das Ergebnis aussehen könnte. Da wusste jeder, an was er ist. Jeder konnte für sich ausrechnen: Ist mein Job gefährdet? Ja oder Nein? Und man hat aber gemerkt, dass die Stimmung trotzdem nicht in den Keller ging, weil jeder zumindest mal wusste-. (I: Woran er ist.) Genau. Ja. Und natürlich war es ein halbes Jahr später so, als es dann losging mit der Umstrukturierung, dass Jobs weggefallen sind. Aber man hat immer gefühlt, die Stimmung geht nicht in den Keller. Sondern die Leute fühlten sich gut informiert und vor allem, muss man auch dazu sagen, es wurde damals sehr viel Geld investiert in so Anpassungsmaßnahmen. Und da lag es halt an jedem Einzelnen, ob er die wahrnimmt oder nicht. Da konnte hinterher keiner kommen und sagen: „Die tun ja nichts für mich." Sondern jeder hatte die Chance bekommen im Rahmen von Anpassungs-/Unterstützungsmaßnahmen teilzunehmen und es gab natürlich einen gewissen Prozentsatz, der hat das gerne getan. Und es gab andere die irgendwie den Hintern halt nicht hochgekriegt haben, nur die durften sich dann halt auch nicht beschweren, wenn sie später keinen Job mehr hatten. Ich sage es jetzt mal so hart, aber so ist es.

I: Aber dann ziehe ich heraus, dass eigentlich eine faire und offene Unternehmenskommunikation seitens des Managements schon so sehr förderlich sein kann?

B: Auf jeden Fall. Man darf die Leute nicht für blöd halten. Also die sind schlau genug, um zu erkennen, ob man ihnen Mist erzählt oder nicht. Und wie gesagt: Es muss nur einmal so passiert sein, dass man denen etwas erzählt hat, was hinterher so nicht kam. Und dann sind die so skeptisch. Und insofern: Offene Karten. Offene Karten, klare Konsequenzen. Und dann entscheidet jeder für sich, ob er nun was daraus macht oder nicht.

I: Gut, dann wären wir jetzt schon auch an der vorletzten Frage. Glauben Sie, das Unternehmen oder auch eine Regierung da bereits jetzt irgendwie sich überlegen sollte, inwiefern schützen wir denn (Tonstörung) den derzeitigen Arbeitnehmer, um dann eben so ein, ja so ein sehr starkes dann, Ausscheiden aus Unternehmen, eben durch KI oder durch Automatisierung, zu verhindern?

B: Was meinen Sie mit schützen?

I: Indem man zum Beispiel selber sagt: Okay, man hat jetzt zwar eine Automatisierungsmöglichkeit. Dadurch ersetzt man zwei Leute, es würde aber ein Neuer dazukommen, der die Automatisierung leitet. Aber trotzdem ist einer dann rein rechnerisch ausgeschieden. Inwiefern man sagt, nein. Man stellt sich vor die eigenen Mitarbeiter und sagt: „Wir wissen, dass es das gibt, aber wir wollen trotzdem unsere eigenen Mitarbeiter so lange halten, dass es eben nicht zu so einer großen Massenarbeitslosigkeit kommt".

B: Na ja, die Frage ist, wie sehr, glaube ich, dass das Unternehmen da autonom agieren kann. Ich stehe nun mal bei den-, zumindest die meisten Unternehmen ab einer gewissen Größenordnung, stehen eben im internationalen Wettbewerb. Und wenn ich sage aus sozialen, menschlichen Gründen und wertschätzenden Gründen, weil ich halt ethische Grundsätze habe, möchte ich das so lange wie es geht herausziehen, dann riskiere ich natürlich eventuell tatsächlich die Existenz der Firma und am Ende verlieren dann alle, ja? Also nach dem Motto: Wir sind glücklich, aber pleite. Das bringt ja auch niemandem etwas. Und insofern Unternehmer sein heißt halt manchmal auch unangenehme Entscheidungen treffen müssen, wo man ganz genau weiß: Man selbst als derjenige der steuert, wird am Ende seinen Job noch haben. Dafür ist man ja der Unternehmer. Entscheidet aber gerade, dass innerhalb der nächsten zwei Jahre 20 Prozent meiner jetzigen Leute ihren jetzigen Job verlieren werden. Aber die anderen 80 Prozent haben dann wenigstens noch ihre Jobs. Wenn ich gar nichts tue, haben in fünf Jahren halt gar keiner mehr seine Jobs. Und das ist halt so eine Gratwanderung, was ich glaube, wann ich handeln muss. Also ich glaube nicht, dass man sagen kann: „Wir handeln erst dann, wenn es gar nicht mehr anders geht." Man muss da vorausschauend sein, weil ich glaube, dass wenn man einen gewissen Punkt überschreitet, keiner kann einem sagen wo der ist, vielleicht auch ein bisschen Bauchgefühl, wenn man einen gewissen Punkt überschreitet, kann es hinterher gar nicht mehr-, also in vielen Fällen wird es nicht mehr gut ausgehen. Und dann sind nämlich die Arbeitnehmer die ersten die sagen: „Wieso habt ihr nicht früher angefangen euch auf die Situation vorzubereiten?" Und insofern, ich glaube, man muss da pragmatisch an die Sache herangehen und sagen: Auch wenn es uns vielleicht komplett gegen die bisherige Firmenphilosophie geht, aber in der Vergangenheit konnten wir halt-, hatten wir genug Zeit zu reagieren.

Diese Zeitspannen werden immer kürzer. Und der Druck auf dem internationalen Markt wird immer größer. Und ich glaube auch nicht, dass da das Modell was bringt, was jetzt inzwischen einige Länder, zum Beispiel die U.S.A. fahren, mit dem Protektionismus. Weil diese Zeiten sind vorbei. Also die Arbeitswelt ist inzwischen international so zergliedert. Ich glaube, man kann das nicht mehr zurückholen. Das mag kurzzeitig positive Effekte haben, aber ich glaube, auf Dauer wird das nicht funktionieren.

I: Aber das ist ja sehr interessant, weil das ist auch relativ deckungsgleich mit Experten, die ich davor schon befragt habe, dass Sie gerade sagen international, gibt es halt Länder wo quasi eh ein anderes Werteverständnis auch vorherrscht. Und die stellen sich im Zwei (Tonstörung) halt nicht vor ihre Arbeitnehmer und die werden dann uns im Zweifel irgendwann überrollen, wenn die solche neuen Technologien eben dadurch dann auch viel früher adaptieren.

B: Ja. Aber war übrigens gestern, war mehr Zufall, dass ich das gesehen habe, in dem ARD-Magazin Kontraste genau, war ein Bericht über die Situation in der Lausitz, in Ostdeutschland. Eine Gegend, die geprägt ist durch massive Abwanderung junger, guter, qualifizierter Leute und die dort für sich keine Perspektive mehr sehen. Das war früher so ein typisches Kohleabbaugebiet, ja? Da gibt es keine Alternative, das heißt, die jungen Leute gehen da weg. Die Gegend wird überaltert, junge Leute ziehen auch nicht mehr hin, weil die Gegend überaltert ist, also ein Teufelskreis. Und die Betriebe, die noch da sind, die sagen: „Wir müssen mal gucken, wie lange wir durchhalten." „Weil unsere Mitbewerber, die kommen eben nicht aus Deutschland, sondern aus Ost-Europa." Und da ist halt, wie Sie sagen, ein anderes Werteverständnis und vor allem eine völlig andere Lohnstruktur. Das heißt, „wir wollen gerne hier bleiben in der Lausitz. Wir wollen gerne ein Zeichen setzen für die jungen Leute. Aber der Markt wird das regeln". Und dann braucht man sich nicht wundern, in dem Fall war es nämlich zum Beispiel so, dass zum Beispiel populistische Kräfte Stimmen kriegen. Und das ist ja dann noch mal so ein ganz anderer Effekt, den man in dieser Betrachtung noch miteinfügen muss. Also das soll jetzt nicht Pro oder Kontra irgendeiner Partei sein. Aber in dem Moment wo es dann massive Veränderungen in so einem Umfeld gibt, die wirtschaftlich bedingt sind und die sich in verschiedenen Bereichen negativ auswirken, treibt es natürlich die Leute den eher, egal ob es jetzt Links- oder Rechtspopulistischen in die Arme. Und man muss dann auch mit diesen Konsequenzen eben halt leben. Weil das einfach zu viele Leute an ihrem Grundbedürfnis nach Sicherheit und Auskommen trifft.

I: Ja, ich glaube gerade so industrielle Wandel, die man eben jetzt auch durch so eine KI dann eben hervorruft, die sind sehr, sehr vollumfänglich. Und man muss sehr sensibel sein, weil die oft dann eben, so wie Sie jetzt auch gesagt haben, so einen politischen Rattenschwanz vielleicht noch mit daran hängen haben. Je nachdem, was für Entscheidungen man trifft.

B: Ganz genau. Also es wird alles, was irgendwie technologisch passiert und sich auf den Arbeitsmarkt und die Wirtschaft auswirkt, wird früher oder später auch gesellschaftliche Konsequenzen haben. Und da ist immer die Frage: Wie hält sich das die Waage oder auch nicht. Denn wenn man da gestern, das war auch ganz interessant, in dem Landkreis war in der Lausitz, hatte dann bei der letzten Landtagswahl hatte ein AfD-Politiker das Direktmandat erworben. Aus dem Nichts heraus, quasi. Wenn man den dann-, ich meine, das war ein netter Typ, sympathischer Typ, also der hat auf mich keinen unsympathischen Eindruck gemacht. Und der hat auch ganz offen zugegeben: Er sieht die Probleme, er kann die artikulieren. Aber er hat natürlich auch keine Lösung. Das heißt, bei der nächsten Wahl muss er sich vor seine Wähler stellen und sagen: „Ihr habt die anderen abgestraft, indem Ihr mich gewählt habt. Aber ich muss leider zugeben: Ich kann es auch nicht besser. Weil, mir sind die Hände gebunden. Die Wirtschaft entscheidet wo sie hingeht. Und nicht die Politik."

I: Aber, jetzt sind wir wieder auf der politischen Ebene. Aber das ist ja gerade das, wo wir wieder da bei dem Thema sind: Offene und faire Kommunikation. Und ich glaube, wenn ein Politiker das auch sagt, gegenüber seinen Wählern, dann sind die, ja, sage ich mal, mehr gegenüber ihm auch weiterhin offen, als jetzt ein Politiker, der ihnen was vorlügt. Und wo sie sehen, das wird aber nicht umgesetzt.

B: Genau. Nur um gewählt zu werden, was erzählen Sie den Leuten? Das alles den Bach runter geht? Da werden Sie nicht gewählt werden. Man sagt erst mal: „Die anderen machen alles falsch. Und ich mache alles richtig." Und wenn Sie dann in Amt und Würden sind, dann müssen Sie zugeben: „Ich kann es auch nicht besser." Dann werden Sie halt beim nächsten Mal nicht wiedergewählt.

I: Genau. Gut. Dann haben wir noch am Ende so eine kleine abschließende ethische Betrachtung. Gerade jetzt in Hinblick auf diesen ganzen Wandel, der dadurch eventuell ausgelöst wird. Sie haben ja schon gesagt: Man kann es jetzt nicht so hundertprozentig absehen, aber es besteht ja schon eine sehr, sehr hohe Wahrscheinlichkeit, dass eben Jobs entfallen werden, es auch Industrien sich neu orientieren müssen. Glauben Sie, dass das dann überhaupt sinnig ist, auf so eine Technologie wie jetzt KI so stark weiter zu investieren, obwohl man ganz genau weiß: Okay, da werden Leute ihre Jobs verlieren?

B: Na ja, die Frage hat man sich in den 80ern, 90ern bei der Automatisierung der Produktion auch gestellt und hat es vorangetrieben. Und letzten Endes sind heute so viele Leute in Lohn und Brot wie noch nie zuvor. Deswegen, ich denke schon, Sie können diese Entwicklung nicht aufhalten. Kann jedem nur empfehlen, wahrscheinlich muss er sowieso in seiner Schulzeit mal von Dürrenmatt „Die Physiker" lesen und, sagen wir mal, die Schlusskonsequenz, die Schlussfolgerung aus diesem Stück ist halt nun mal: Alles was gedacht werden kann, wird irgendwann gedacht und lässt sich nicht wegschließen. Also die Entwicklung geht immer weiter. Es ist nicht die Frage, ob wir die Entwicklung verhindern können sondern wie wir damit umgehen. Und ich sage, ich bin fest davon überzeugt, ich habe Kinder, die eine große Altersspanne haben. Und meine älteste Tochter wurde in einer völlig anderen Welt groß, als meine jüngste Tochter groß werden wird. Und das wird einfach so sein. Da geht es gar nicht um Gut oder Schlecht, das ist einfach so. Und jede Generation wird damit leben müssen, wie sie sich da in der jeweiligen Situation zurechtfindet. Und ich glaube, das Hauptproblem, was ist, dass es immer schneller geht. Also die Anpassungsgeschwindigkeit, die man bringen muss nimmt zu. Wo man früher gesagt hat, das ist sehr überschaubar. Aber ich würde mal sagen, seit den Nuller-Jahren, seit dem Jahrtausendwechsel, um einfach mal so eine Zäsur zu setzen, kann man erkennen, dass diese Wandelprozesse schneller werden. Wobei ich mir manchmal nicht sicher bin, ob sie nur herbeigeredet werden, dass es schneller ist, oder ob sie wirklich schneller sind. Aber ich glaube, wenn ich einfach mal sage, Entwicklung Handynutzung hin zum Smartphone, das ist ja schon innerhalb von wenigen Jahren ist das ja Welten, was da passiert ist. Und deswegen, ich glaube, das Bedürfnis sich auf neue Entwicklungen einzustellen, da wird die Geschwindigkeit zunehmen. Aber ich bin da fest davon überzeugt, dass die heute Sechsjährigen das hinkriegen werden.

I: Okay. Gut, dann vielen, vielen Dank noch mal. Wir sind jetzt am Ende des Interviews angelangt. Auch für die vielen praktischen Beispiele, die Sie genannt haben. Habe ich auf jeden Fall noch mal relativ viel daraus gelernt. Wenn Sie möchten, kann ich Ihnen auch die Aufnahme jetzt im Nachgang zusenden. Oder dann am Ende auch eben so einen Auszug von meiner Bachelor-Arbeit zukommen lassen.

B: Also Letzteres wäre auf jeden Fall super. Die Aufnahme brauche ich nicht, aber wenn Sie am Ende fertig sind mit Ihrer Bachelorarbeit, wenn Sie mir da etwas zukommen lassen könnten, das wäre cool.

I: Okay, perfekt. Gut, dann wünsche ich Ihnen noch einen schönen Tag und dann liest man voreinander oder?

B: Genau, alles klar. Ihnen viel Erfolg.

I: Danke. Schönen Tag noch. Tschüss!

7.7 Transkribiertes Experteninterview 5

Durchführungsdatum: 02. November 2018
Interviewdauer: 55 Minuten und 14 Sekunden
Geschlecht: Männlich
Höchster akademischer Abschlussgrad: Doktorat
Aktuelle berufliche Position: Honorarprofessor und Studiengangsleiter Informatik

B: Okay. Dann die erste Frage lautet: Inwiefern meinen Sie, dass KI im und damit sind auch alle möglichen Automatisierung Prozesse gemeint, in Unternehmen heute schon Einfluss nehmen auf Managemententscheidungen oder auch auf den Aufbau von so einer Unternehmenskultur?

I: Also auf das erste würde ich sagen weniger, also auf die Managemententscheidungen momentan. Direkt mit künstlicher Intelligent muss ich sagen wäre mir nichts bekannt, außer aus dem asiatischen Raum. Da gibt es eine Software, die in den Verwaltungsrat gewählt wurde, also da hat definitiv im Management Implikationen. Also quasi direkt auf die Entscheidung nicht hingegen das sie da durchaus Automatisierungspotential haben und das man sich dazu Gedanken macht und wie man sich darauf vorbereiten könnte, da auf jeden Fall, also da ist man schon dran. Das man da die Software einsetzt, um jetzt Managemententscheidungen zu unterstützen, das sehe ich eher ein bisschen im (#00:01:02#) Bereich, aber im Management würde ich sagen das ist ein bisschen weit gegriffen, das ist eher Beratungsprozesse, Terminfindungen, vielleicht ein bisschen so Analytics intelligent gemacht. Aber jetzt richtig, dass man sagt man kann die Maschine frage zu strategischen Diskussionen oder strategischen Optionen und dann kriegt man eine Antwort, eine Einschätzung oder Quellen. Ich sage in Einzelfällen zum Beispiel für Recherche, Literatur nutzbar von Unterlagen solche Sachen gibt es in Ansätzen, aber dass man das jetzt wirklich in der Dachregion schon einsetzt für Managemententscheidungen da wäre ich nicht ganz so sicher. Sprich dafür wäre mir jetzt nichts bekannt, außer im asiatischen Raum.

I: Und im asiatischen Raum wurde so eine Software oder so eine KI in den Verwaltungsrat gewählt oder wie kann ich mir das vorstellen?

B: Richtig, eine von sieben Stimmen ist dort eine Maschine und die hat eine vollwertige Stimme.

I: Okay und gerade in Hinsicht auf Unternehmenskultur, also denken Sie, dass das Management gerade auch nach unten mitteilen sollte, dass man sich frühzeitig schon darauf vorbereiten soll, dass man wahrscheinlich in seinem jetzigen Aufgabengebiet immer mehr auch technisch arbeiten muss eben m Zusammenhang oder in Verbindung eben mit schlauer Software oder künstlicher Intelligent und das dementsprechend auch längerfristig Arbeitsplätze entfallen könnten? Also das man eben in so eine Obligation geht?

B: Es sind viele Themen jetzt wieder zusammen. Also vielleicht nochmal um diese Automation abzuschließen, also das ist auf jeden Fall, da wird es verwendet. Also Automatisierung schon auch Empfehlungen und so Beratungssachen dort hat man Beratungslösungen zum Beispiel ein Robot-Adviser bei den Finanzen, Juristen und andere Sachen, das ist in Place. Und auch wenn es jetzt im E-Commerce da gibt es ganz viele Vorschläge, Rekommandation Tools, die mit künstlicher Intelligenz operieren. Also da ist man, bei Automation würde ich sagen da hat man auf jeden Fall diverse Prozesse, die da auf KI zugreifen, da hat man schon was. Jetzt bei der Kultur, also Arbeitsplätze gefährdet da auf jeden Fall, das liegt auf der Hand. Das liegt auch im Konzept der Automation, dass man halt mit der Automation Effizienz Steigerung hat und entsprechend fallen da Leute weg, die fallen echt raus. Und jetzt kommt es so ein bisschen darauf an welche Planung man da nimmt. Es gibt da Studien von KPNG oder großen Beratungshäusern, die nennen das zum Teil recht hohe Zahlen, ob das wirklich dann so kommt, wir werden sehen. Aber dass das wirklich auf Kosten zuerst von Arbeitsplätzen geht, ich glaube das liegt auf der Hand. Eben weil das Konzept der Automatisierung die manuelle Tätigkeit ersetzt sind all diese Tätigkeiten, die davon betroffen sind definitiv obsolet. Ob es jetzt und wie viel es jetzt in diesen neuen Bereichen Lösungen zu erstellen und das am Laufen zu halten, Softwareingenieure oder andere Leute, die damit den Systemen operieren, die sie kreieren, wie viele Stellen es da gibt das ist ein Fragezeichen. Weil dort werden sie auch immer effizienter, man muss immer weniger coden man kann mit unterstützenden Systemen und ein Stück weit im Analytics Bereich ist man da sehr weit, dass man eigentlich KI hat die dort auch Arbeit abnimmt. Das finde ich am spannendsten, dass man sagt eigentlich gibt es ein Schiff von höher qualifizierten Arbeitsplätzen, aber auch da sind die nicht befreit von Abbau. Auch Radiologen, (#00:04:32#)

erkennen mit künstlicher Intelligenz, das heißt etwas wo man gesagt hat, brauchst du ein Studium, brauchst du ein Doktorat in Medizin unersetzbar, kann man nie ersetzten. Ist praktisch heute obsolet, wenn man zum Beispiel bei Krebsarten, Hautkrebs und auch anderen dort eben die Bilder da lernen lässt. Und jetzt zur Frage der Kultur, also da kann ich nicht beurteilen, ob man eigentlich Panik machen soll oder ob das Management da darauf hinweisen soll bevor es soweit ist, weil es durchaus auf die Kultur auch negative Implikationen hat. Wo es aber dann klar wird meines Erachten, wo man sich da auch schon überlegt ist denn da schon die Führungsstrukturen die ein Stück weit angepasst werden, also das sich viele Konzerne eine flache Organisationstruktur aussuchen, um agiler zu sein, um schneller zu sein, um eben auch in Teams relativ schnell mal mit neuen Technologien schnell man was pilotieren können, ausprobieren zu können. Ich denke da zeigt sich eigentlich dieser kulturelle Wandel schon ein Stück weit. Und auch die Team Fähigkeit, die sozial Kompetenz, die Problemlösekompetenz alle diese Dinge, die eigentlich die Fähigkeiten der Mitarbeiter die verlangt werden auf dem Arbeitsmarkt stärker. Ich denke das ist ein Indiz dafür, dass dieser kulturelle Wandel eigentlich schon im Gange ist bezüglich AI und anderen Technologien, weil man für solche Technologien eben interdisziplinär arbeiten muss, prozessübergreifend, in der Regal auch Abteilungsübergreifend damit sie zu einer Automationslösung die mit KI gestützt ist möglichst maximalen Impact hat. Und da würde ich sagen diese Kulturfrage, dort sind wir glaube ich mittendrin. Und bei dem anderen sind wir noch ein bisschen am Zuschauen wo die Stellen wegfallen werden, aber der kulturelle Wandel da würde ich jetzt mal behaupten da befinden wir uns eigentlich drinnen.

I: Dann gehen wir kurz auf anfangs auch auf diese Arbeitsmarkt Thematik ein, dass eben Stellen wegfallen werden. Glauben Sie dennoch, also natürlich genaue Zahlen kann man wahrscheinlich nicht vorher berechnen auch wenn das gerne die Top (#00:06:31#) hier machen, aber denken Sie, dass weniger Stellen neu geschaffen werden, als entfallen werden? Also das tatsächlich quasi durch KI, durch Automatisierung es zu einer gewissen Arbeitslosigkeitsproblematik führt?

B: Ich würde sagen je nach Sektor auf jeden Fall. Also es ist immer schwierig, das ist ganz schwierig solche Aussagen, weil es ist immer bei einer Revolution oder gerade auch bei der industriellen Revolution und andern da hat es sich immer wieder gezeigt, dass im Nachhinein Sachen sich wieder eingependelt haben. Das waren aber einfach längere Zyklen, da hat man über zum Teil hat das einfach mehrere Jahre gedauert und dann hat man das über Generationen ein bisschen abfedern können. Und das ist bei der Technologieentwicklung und Pays, dass die Technologie an den Tag legt, die Schnelligkeit der Änderung nicht mehr möglich. Also deshalb, wenn jetzt zum Beispiel nehmen wir Logistik, wenn da wirklich das mit den Auslieferungen, ist ja auch schon ein Stück weit passiert, wenn das automatisiert wird oder einfach noch die Endzustellung mit Robotern oder Drohen mit den Sachen quasi vermehrt zugestellt wird, dann braucht es weniger Leute. Und die Leute haben wahrscheinlich Schwierigkeiten sich wirklich dann auf dem Level an den Stellen, die dann neu geschaffen wird durch diese Technologien da anzupassen. Das will vielleicht nicht jeder, das kann vielleicht auch nicht jeder vom Anspruch her oder eben auch zeitlich her hat man schlichtweg nicht die Kapazität das zu machen. Und ich denke da wird es schwierig und ich denke deshalb ist es-. Ich finde es pauschal schwierig da eine Aussage zu treffen, aber tendenziell würde ich jetzt mal eher sagen es fallen vermutlich mehr Stellen weg in den Bereichen, wo man bis jetzt eben vieles auffangen konnte. Sei es zum Beispiel auch, wenn wir an das autonome Fahren denken und andere Dinge. Ich meine da haben wir jetzt Taxichauffeure, dann vielleicht auch Lastwagenchauffeure und auch andere Sachen, wo das sicher nicht überall eingesetzt werden kann, weil es die Technologie nicht überall sauber packt, das autonome Fahren dann umzusetzen, aber in den Bereichen wo das geht, würde ich mal sagen ja was macht dann jetzt ein Lastwagenchauffeur oder Chauffeuse? Macht die eine Umschulung zu irgendwas anderes? Und wenn das so ist dann wird das wahrscheinlich auch schon in einem Bereich sein, der wahrscheinlich von der Automation ein Stück weit betroffen wird. Das wird ganz schwierig das man dann sagt, dass man all den Leuten quasi, wenn man das überzeichnet darstellt, wir sagen wir machen aus all denen Akademiker oder die müssen jetzt alle da quasi von blue colour zu white colour wechseln. Ich glaube das wird ganz tricky. Und dort sehe ich durchaus, dass das nicht für alle aufgehen wird, würde ich jetzt mal behaupten. Das wahrscheinlichere Szenario ist, das wir sagen würden ist jetzt das durch das tonnenweise neue Stellen geschaffen werden und niemand runterfällt. Und vielleicht noch ein Indiz, wo ich es vielleicht auch fest machen würde sind vielleicht auch selche Konzepte wie, wie das bedingungslose Grundeinkommen oder auch andere Dinge, die man sich ja politisch überlegt. (I: Genau, das wäre auch noch ein Schlagwort.) Also das, da würde ich das als Argument liefern, obwohl das keine notwendige, aber keine hinreichende Bedingung, um das dazu zu untermauern. Aber ich möchte einfach das ein bisschen antönen, dass das für mich Indizien sind, dass er wahrscheinlich eher eine Zeit braucht und das zum Anfang eher Verlierer, wenn man das jetzt mal so plakativ bezeichnen möchte geben wird, welche durch diese Technologie betroffen sind, als das wir jetzt so viele neue tolle Stellen haben und Branchen, die da aus dem Nichts rauspploppen. Man hat gesehen bei Viel

Tech gesehen, dass das viel braucht. Man hat bei Blockchain gesehen, dass das viel braucht. Es gibt neue Initiativen und auch Berlin, Frankfurt mit den ganzen Startup Kulturen in den Bereichen sind sicher Show Cases, wo man sieht, dass dadurch viel geschaffen wird, aber das sind nicht die Massen, die man vielleicht auffängt wenn man sagt VW stellt jetzt komplett auf automatisierte Fertigung, Logistik und vielleicht auch intern auf mehr künstlich intelligente Prozesse. Dann könnte man ja mal ausrechnen wie viele 600 000 dann noch zurückbleiben, wenn da KPMG sagt die Hälfte fallen weg würde ich jetzt mal da bezweifeln, dass diese 300 00 dann sofort wieder einsatzfähig sind, in den Job, die dann in diesen Inkubatoren, in diesen Hotspots für solche Technologien entstehen gleich wieder arbeitsfähig sind.

I: Aber genau unter der Prämisse, die Sie jetzt genannt haben und es hieß ja auch dieses Modell des universellen Basiseinkommens. Denken Sie solche Diskussionen machen dann durchaus Sinn und sind auch heutzutage durch diese schnellen Pays und die Geschwindigkeit wie solche Technologien heute auf den Markt kommen fällig? Das man jetzt schon frühzeitig eine Gesellschaft einerseits staatlich, politisch absichert, vielleicht aber auch Unternehmen sich Gedanken machen, okay wie kann ich meine eigenen Arbeitnehmer schützen, um eben eine gesunde Unternehmenskultur noch aufrechtzuerhalten? Dass die Leute eben nicht Angst haben müssen?

B: Ja, auf jeden Fall das wird zum Teil auch politisch. Wenn wir da jetzt auf die politischen Konzepte eingehen, wenn wir jetzt mal bei dem bleiben. Da würde ich jetzt mal sagen, diese (#00:11:49#) der ist ja auch in vollem Gange und ich denke das wird in Zukunft noch verschärfter sein. Sprich ich sehe es auch momentan ziemlich akut, dass für gewisse Sachen man einfach schlichtweg niemanden findet und niemanden zu den Konditionen bereit ist zu wechseln oder hat was zu tun. Und entsprechend da wäre durchaus mal zu prüfen die Unternehmen schieben das gerne mal auf den Markt, der gibt das nicht her, wir finden niemanden. Umgekehrt kann man auch sagen oder die Leute, die wir sehen oder die wir finden sind nicht geeignet. Da kann man durchaus ein Stück weit die Gegenfrage stellen und sagen, ja gut, wäre es nicht möglich mit den Leuten, die es dann halt haben oder die Leute, die wir auch im Haus haben mit denen einfach mehr machen zu können. Und dass man eben schaut, gibt es die Möglichkeit das man eben aktiv quasi im Sinne des Harems wirklich ausbildet und weiterentwickelt oder sprich eben auch gezielt auf diese Digitalisierung vorbereitet, denen die Chancen und Möglichkeiten bietet. das ist aber immer dann ein Stück weit wieder ein Kostenfaktor, das heißt in der Zeit sind sie dann am Lernen und vielleicht weniger gleich am produktiv Sachen generieren. Das ist ein Investment und ein Commitment ein Stück weit von der Firma. Und die

Erwartung wäre dann, dass das Commitment ein Stück weit auf Arbeitnehmer Seite da ist, da nicht gleich wieder abzuspringen. Und vielfach macht man das mit vertraglichen Restriktionen, dass die Leute-, das der Investitionsschutz der Firma sichergestellt ist über juristische Lock ins. Das man quasi gebunden ist nachher, weil man hat auch festgestellt bei diesen neuen Technologien, das die Leute, die in diesen neuen Technologien fit sind sehr volatil sind. Die suchen auch Gelegenheiten und Chancen und auch bei den jüngeren Generationen.

I: Ja, da ist ja eh ein Wandel da, in den jüngeren Generationen. Dass die eben nicht mehr so loyal gegenüber ihrem ursprünglichen Konzern sind.

B: Genau und das ist natürlich-, das sind Konzepte-. Wie soll ich das sagen, da ist es schwierige Patentlösungen zu finden oder überhaupt Lösungen zu finden, aber ich glaube, wenn sie das so binarisch formulieren wie Sie es getan haben würde ich das unterstützen und eigentlich auch-. Ich sehe das ein Stück weit plausibel, dass man sagt da sollte man eigentlich sich mal Gedanken zu machen mit den Rahmenbedingungen, die man jetzt hat, wo wie ich jetzt vorhin kurz geschildert. Was macht man, was kann man machen als Unternehmen? Wie kann man kulturell auch durchaus attraktiv werden? Oder auch wenn Sie nach Asien blicken, die haben da eher so die Lebenslangen Verpflichtungen der Mitarbeitenden, weil die eben so loyal und so treu sind. Weil die Firma auch zu ihnen schaut. Das wäre auch nicht möglich, wenn man immer wieder, wenn es so ein bisschen kritisch wird, statt Reserven aufzulösen immer wieder die Hälfte der Belegschaft abschafft. Das wird da nicht funktionieren, da hat man durchaus auch ein gewissen Kostenblock oder eine Verantwortung, die mit Kosten verbunden ist, die dann zu solchen Commitments führen. Und das wäre durchaus mal zu überprüfen, ist das bei uns, in unserem Kulturrahmen auch eine Option, solche Strategien zu fahren oder geht das nicht? Und hinsichtlich der Digitalisierung mit der neuen Generation, mit neuen kulturellen auch quasi Werthaltungen auch bezüglich Loyalität. was macht man da in den Fällen? Oder muss man das Unternehmensübergreifend machen? Das man sagt, man geht vielleicht wieder mehr so ein In der Art (#00:15:08#) ein, jetzt nicht im Sinne von Produktion, sondern von Ressourcenpools, die man dann anzieht zusammen.

I: Okay. Gehen wir nochmal kurz auf die Thematik ein, die Sie genannt haben. Man kann dann Leute intern quasi, wenn natürlich das Budget vorhanden ist im Unternehmen umschulen auf eben Stellen, die dann gefragter sind. Also Sie haben ja dieses technische Vorwissen, denken Sie tatsächlich, dass es möglich ist einen Mitarbeiter, der im Zweifel eher weniger IT Kenntnisse besitzt dann umzuschulen auf einen IT Beruf? Vorausgesetzt der ist willig und steht auch unbegrenzt zur Verfügung.

B: Nein, die Frage ist, es ist eben immer tricky auf welchen Beruf dann. Wenn es eine sehr spezialisierte Sache ist, dann eher tricky. Gerade wenn der Kontext breit ist und in der Regel sind die Probleme immer komplexer und vernetzter und das macht es nicht einfacher. Aber ich sage jetzt mal für, wir haben vorhin Automation und KI. Da würde ich jetzt mal behaupten das ist möglich mit Basisschulungen. So eine gewisse Affinität und Motivation immer vorausgesetzt, also wenn jemand da sowieso sagt, ich möchte nichts damit zu tun haben, kein Zahlenmensch und so weiter dann wird es erst recht prohibitiv, wahrscheinlich unmöglich. Aber wenn, gehen wir davon aus wir haben Leute die willig sind und da grundsätzlich motiviert sind, da sich mit dem auf das einzulassen. Da würde ich schon sagen, da gibt es schon Mittel und Wege. Wir haben in der heutigen Zeit mit Moux und anderen Möglichkeiten insbesondere in der Informatik wo sehr viele Dokumentationen, Anleitungen, Videos, Fallbeispiele und vorgefertigte Codes, den man dann leicht anpassen kann, um das passend zu machen vielleicht für seine Anwendung. Kann man so gut wie meines Erachtens noch nie, sich Sachen aneignen, wenn man das auch möchte. Wenn das jetzt noch gestützt wird, sprich gefördert wird von einem Unternehmen, gezielt wo man sich auch Gedanken macht, wie schafft man diesen Background? Was muss ich da wissen? Muss ich jetzt alles wissen was ein technischer Background sonst mit sich bringt oder reicht es eben aus, wenn ich einfach so Kernquerverbindungen und Schnittstellen aufzeige, um das Verständnis zu schaffen? Aber dann nicht überall in der Betastufe die Leue aufschlaue, ich denke das sind durchaus Konzepte, die man prüfen sollte und dann im Detail dann auch mal Erfahrungen sammeln soll. Und das wird auch gemacht, also ich kann Ihnen von der Schweiz sagen es gibt Ansätze. Man hat zum Beispiel in großen Konzernen festgestellt, dass man einfach nicht hinkommt, es reicht nicht, die Ressourcen sind zu knapp in dem IT Bereich und da hat man zum Beispiel robotic program automation eingeführt. Das heißt, dass ist eine kleine Skriptsprache. Da können Leute von einem (#00:18:02#) Daten zum Beispiel scrapen, heißt extrahieren und in ein anderes (#00:18:08#) dann wieder abspitzen. Dann ist die sogenannte Automation, das heißt die Leute können eigentlich das was sie sonst manuell übertragen hatten können dazu automatisieren und Skripten. Das heißt, dass nimmt ihnen Arbeit ab und das ist extrem Innovation und effizient, führt dann auch wieder zu anderen Problemen und Seiteneffekten, die man glaube ich noch nicht ganz aufgenommen hat. Aber das wäre zum Beispiel ein Exemplar, eine exemplarische Ausführung das man sieht, dass es durchaus möglich ist mit Leuten, die da keinen Hintergrund haben Dinge zu tun, die dann in diesem Bereich nützlich sind. Aber ich denke, dass wird da eingeschränkt sein auf gewisse Tätigkeiten oder Funktionen oder gewisse Profile. Aber wenn Sie auch sehen, wie zum Beispiel Chemiker, Physiker, Naturwissenschaftler zum Beispiel, wie die dann einfach schlichtweg gewisses Handwerk erlernen können oder auch für gewisse Analytics und Datenaffinität bekannt sind, gewisses Vorwissen mitbringen. Da würde ich sagen mit denen ist es wahrscheinlich einfacher sowas zu machen, wie mit einem Laggeristen, der bis jetzt so Pakete ein und ausgecheckt hat und kommissioniert hat und das auch gut gemacht hat. Aber vielleicht völlig von der Technologie sonst weit entfernt ist und vielleicht auch von der Informationslage würde ich jetzt mal unterstellen, vielleicht sagt ich will eigentlich das was ich bis jetzt gemacht habe so weitermachen, weil das kann ich, das geht gut, da fühle ich mich wohl. Da könnte ich mir vorstellen, dass es da vielleicht schwieriger wird. Das man dort vielleicht aber, eben das man dort mal Piloten fahren soll, um mal zu schauen wie geht das? Wo können wir die Leute auch ein Stück weit motivieren und denen die Hilfestellung geben oder sie ein bisschen an die Hand nehmen, dass das erfolgreich klappt und das sie nicht völlig überfordert sind. Dann würde ich schon sagen, da gibt es mit Sicherheit Mittel und Wege, aber einfach nicht für alles. Und Spezialisten braucht man in der Regel für gewissen Tätigkeiten, das sieht man in der Architektur zum Beispiel, die Unternehmensarchitektur, IT Architektur dort abzustimmen auf die strategischen Ziele und so weiter. Da würde ich jetzt auch sagen, dass ist eine andere Hausnummer, aber jetzt zum Beispiel für eine Marketingkampagne das zu automatisieren oder Prozessautomation auf bestimmen Bereichen, wie dem Lager ich glaube da liegt viel Potential was man noch nicht angezapft hat.

I: Jetzt war das ja alles rund um die Thematik, wie kann man vielleicht interne Assets, internes Personal besser konditionieren oder umschulen. Glauben Sie aber auch, dass Unternehmen quasi jetzt gerade, wenn es um die Anwerbung von jetzt gerade neuem Personal geht jetzt bereits verstärkt darauf achten sollte, dass die Leute eben bereits Vorkenntnisse erworben haben rund um diese Thematik KI oder auch Programmierung, eben IT Kenntnisse? Also gerade für mich als BWLer ist es überhaupt noch sinnig quasi ein rein Betriebswirtschaftliches Studium zu wählen oder sollte man eigentlich in unserer heutigen digitalen Welt immer mehr so diese Verbindung zum Digitalen herstellen, auch im Studium bereits?

B: Ja gut, da bin ich nicht ganz neutral, was soll ich Ihnen da sagen. Die kurz Antwort haben Sie sich glaube ich schon selbst gegeben mit der Frageform. Aber da bin ich wirklich nicht neutral, ich würde es auch ein bisschen zweigeteilt sehen im Sinne von prinzipiell würde ich das genauso teilen und genauso empfehlen, weil schlicht weg eben früher war es Dampf, da hat man Ingenieure gebraucht und jetzt ist es halt einfach digital. Und da braucht man es einfach in den Fingern, um halt gewisse Sachen quasi vorzuspulen mit Prototypen und ausprobieren da muss man halt schlichtweg ein Stück weit diese Kompetenzen halt mitbringen. Andererseits ist es aber auch immer gefährlich oder ein bisschen schwierig finde ich, wenn man jetzt Leute anzieht in ein Unternehmen, in einen Konzern, der eigentlich selber noch nicht fit ist für so eine Transformation. Und vielleicht auch noch in alten kulturellen und strukturellen Paradigmen verharrt ist oder steckt. Und das ganze Changemanagement geht ja in der Regel nicht von heute auf morgen. Dann finde ich das durchaus auch zweischneidig, wenn man mit hochqualifizierten Leuten, die man anwirbt denen aber nicht die Plattform und den Spielraum, den die brauchen um sich auszuleben zu können und diese Fähigkeiten dann auch zeigen zu können. Könnte ich mir vorstellen, dass das auch ein Stück weit kontraproduktiv sein kann. Einfach ein Beispiel, wenn Sie ein ganz Erzkonservatives Umfeld nehmen, dort nehmen Sie jetzt die jungen Start-up freudigen Leute rein, die sehr agil sind, die sehr unkompliziert sind und dann müssen die sich schon von der Kleiderordnung anpassen und dann müssen sie sich von den kulturellen Sachen anpassen und so weiter. Das geht nicht lange gut, sprich diese Leute sind sofort wieder weg. Und deshalb finde ich es noch schwierig eine pauschale Meinung abgeben zu können, dass man das den Unternehme sagt ja gut intern ist das eine, aber wenn ihr das intern nicht habt könnt ihr das nicht-. Wie mein Outsourcing, was nicht Kernkompetenz ist sourced ihr out und jetzt sagt man ja Digitalisierung ist auch nicht so unser Ding. Also sourcen wir das quasi ein indem wir einfach extern einkaufen. Ich glaube nicht, dass das in allen Fällen gut geht.

I: Aber sagen Sie, dass es Kernkompetenzen gibt auf die Arbeitnehmer der Zukunft verstärkt achten sollten? Das sie da eben eine Vorschulung oder Vorbildung mitgebracht haben?

B: Das wird auf jeden Fall, also ebenso agil Entwicklungsparadigmen zum Beispiel und durchaus einfach dieses Verständnis für Technologie, Basisverständnis für Technologien, die Kompetenz die Sachen einschätzen zu können. Und da gehört immer mehr das was Sie angesprochen haben dazu. Ich denke das liegt auf der Hand, dass das in absehbarer Zukunft einfach zum Skillset gehört, einfach man sieht es auch in den Lehrplänen von Primarschulen, das man dort jetzt Programmierung in den Lehrplan aufnimmt und solche Sachen. Ich glaube das ist ein guter Indikator, da hat man sich auch gut Gedanken zu gemacht, was darein muss und was nicht. Und die Entscheidung ist gefallen in der Schweiz, dass das auch durchaus in den unteren Stufen geschult wird. Dieser Umgang mit Technologien, mit Robotik. Unabhängig der Fachrichtung, weil dort ist das ja noch nicht definiert. Ich denke wir werden in der nächsten Generation, eine Generation sehen, die einerseits in dieses Digitale Zeitalter hineingeboren ist, die digital Natives. Aber im Gegensatz sind die digital natives, diese Kompetenz, diese Basiskompetenz, dieses Basiswissen ein Stück weit mitbringen, weil sie es eben in der Schule schon gehabt haben. Und ich denke das wird durchaus auch für die Arbeitnehmer durchaus attraktiv sein sowieso das zu haben und die Arbeitgeber werden ganz klar auch vermehrt danach suchen, weil sie es schlichtweg auch immer mehr brauchen. Außer, da werden wir dann schauen die KI macht das abludet. Da werden wir dann schauen, ob wir genau das Treffen gar nicht brauchen. Aber das ist noch weit weg, zurzeit hat man eher das Problem, dass wir die Leute gar nicht in übermenge haben und eben auch diese künstlich intelligenten Systeme auch irgendwie von jemanden gemacht werden müssen und da braucht man (#00:25:08#).

I: Bleiben wir mal eben noch bei dieser Thematik Rekrutierung von Nachwuchs Führungskräften. Ich habe mir nämlich auch eine Frage aufgeschrieben, dass heutzutage auch gerade größere, namenhafte Firmen auch gerne schon auf KI basierte System oder KI basierte Systeme verwenden, um Nachwuchsarbeitskräfte tatsächlich anzuwerben, die solche Skills haben. Also das heißt, man bekommt dann-, man bewirbt sich und wird zu einem 15-minütigen Videointerview eingeladen. Man sitzt aber keiner reellen Person gegenüber, man bekommt nur ein Video abgespielt, wo dann Fragen gestellt werden. Man hat dann 20 Sekunden Zeit auf die Frage sich eine Antwort zu überlegen und dann spricht man frei raus. Und dann analysiert quasi eine KI dahinter, wie nervös ist Gestik, Mimik? Wurden eben richtige Begrifflichkeiten verwendet und die Frage eben auch dementsprechend richtig beantwortet? Sehen Sie das als, sage ich mal große Chance auch für Unternehmen da schon frühzeitig sich vorzubereiten oder eher kritisch demgegenüber, wenn heutzutage schon Maschinen entscheiden, ob jemand eingestellt wird oder nicht?

B: Das ist ein bisschen eine philosophische Frage. Ich würde es eher an der Nutzerakzeptanz festmachen. Im Sinne, wird das von den Bewerbern denn so akzeptiert? Das ist immer unter der Prämisse, du bist jetzt unter der Prämisse-, Sie haben sich jetzt darüber informiert, Sie wissen das jetzt. Wenn Sie jetzt in die Situation kommen, dass Sie mit jemandem interagieren und dann feststellen das hört sich jetzt ein bisschen arg geschliffen an, das könnte eine Maschine sein, dann sind Sie sich dessen bewusst. Ich denke viele sind sich dessen nicht bewusst, dass dieser Prozess so automatisiert und mit künstlicher Intelligenz angereichert ist. Das da hinter, hinter dieser Videokonferenz gar kein Mensch steht, sondern eine Maschine. Ich glaube jetzt ist das noch nicht problematisch, aber wenn das wirklich in das breite Bewusstsein vorhanden ist für solche Sachen, ist dann auch die Akzeptanz da? Und da würde ich ein großes Fragezeichen dahinter machen. Und das andere quasi aus Unternehmenssicht, ich meine das ist ein progressiver Kosten wieder einzusparen, weil man halt neue Technologien hat, die das ermöglichen. Die vielleicht auch qualitativ gewisse Sachen verbessern, dass man sagt Objektivität zum Beispiel oder der Diskriminierungsaspekt, all solche Dinge. Da könnte ich mir vorstellen, dass die Auswahlqualität durchaus zunehmen kann.

I: Okay, das System hat durchaus eine Chance.

B: Das ist durchaus legitim. Ich habe auch Unternehmenssicht eine Chance insofern, dass halt eben aus der Arbeitnehmersicht-, also Geber Sicht Chance. Arbeitnehmersicht wäre ich ein bisschen vorsichtig, weil es kann durchaus sein, dass wenn alles so automatisiert ist und so weiter, dass das auch nicht unbedingt positiv wahrgenommen wird, sondern auch eine gewisse Distanz schafft. Die dann eben nicht mehr zulässt, dass man halt eben bei einem Kaffee zusammensitzt, sich den betrieb mal anschaut, sich da gegenseitig begutachtet, also sprich ein bisschen abschnuppert und da zu sehen, passt das überhaupt. Wenn das ein maschineller Prozess ist und die Bewerber dann quasi angenommen sind. Ja, gut dann reagiere ich ein Stück weit mit Gegenmaßnahmen, dass ich die Sachen selber aufnehme und solche Sachen. Und dann das reverse Unternehmen stattfindet, was ja bei vielen Sachen schnell der Fall ist. Oder sprich die Leute ihre Bewerbungen dann wieder ganz klassisch einreichen, weil sie sagen all die Unternehmen, die quasi das zu sehr mit der Effizienz belegen und automatisieren vielleicht gar nicht die Unternehmen sind wo sich so jemand dann sind. Weil die vielleicht eher ein familiäres, persönliches Umfeld schätzen. gerade bei eben diesen neuen Technologien ist das ja ein Stück weit latent gegeben.

I: Da wären wir ja wieder bei der Thematik Unternehmenskultur. Also gerade jetzt unter der Prämisse, die genannt wurde. Glauben Sie, dass ein Unternehmen von ihrem Wertesystem her eher sagen sollte, okay wir setzten eben auf so komplett Automatisierung dahingehend vielleicht dann, haben ein positives Image, weil wir eben mit dem Trend gehen. Oder glauben Sie dass man eher sagt, nee man bleibt den Wurzeln treu, wir wollen den Menschen immer in den Fokus stellen und dementsprechend gerade wenn es um so zwischenmenschliche Kontakte geht, das werden wir auf keinen Fall eben mit einer KI versehen und aus unserer eigenen Hand nehmen?

B: Also ich würde sagen, dass ist eine Frage wie man es verkauft. Wenn das transparent geschieht und man da offen und ehrlich geschieht könnte ich mir vorstellen-, das ist immer sehr hypothetisch und mit Annahmen belegt, aber ich sage mal die jungen Technikaffinen Personen sind ja nicht perse allem kritisch gegenüber eingestellt. Und wenn das transparent ist und nachvollziehbar, dann ist es ja jedem selbst überlassen, ob er sich auf den Prozess einlässt oder nicht. Und dann kann das durchaus positiv ausfallen, dass man sagt ja super da kann ich nach der Arbeit noch kurz das Bewerbungsgespräch führen oder wann es mir halt zeitlich passt und muss mich da nicht abmühen oder irgendwie freinehmen oder in den übelsten Verrenkungen da irgendwie die Zeit freischaufeln, um da nur eben kurz vorbeizuschauen was man eigentlich hätte sowieso elektronisch abreißen können. Ich glaube, dass ist eine Frage wie man das verkauft oder auch eventuell Mehrwerte schafft. Das man sagt, man gibt en Bewerbenden auch eine Rückmeldung, wie man das in den Assessment Centern macht. Über Persönlichkeit, über Stärken- Schwächen Profile, wo man sagt, dass ist ein Stück weit auch fast ein bisschen Berufsberatung. Dann habe ich auch ein bisschen einen Mehrwert für den, der sich bewirbt. Wenn man das geschickt positioniert, man sagt, ja wir wissen das ist aufwendig, man muss das Zeug hochladen, Daten eingeben, ein Videointerview führen, aber dabei kommt etwas raus, wo man sagt, da sieht man ein Match oder kein Match viel besser. Und wir beiden schenken uns Zeit, wenn wir da nicht lange nachher mit Assessment oder X Runden Bewerbungsgesprächen verbringen, wenn wir schon innerhalb von künstlicher Intelligenz gestützten Lösungen schon zehn Minuten, 15 Minuten ausreichen, um das quasi da rauszufinden. Oder sogar, wenn man das schonmal irgendwo gemacht hat woanders gleich einreichen kann, so ein Profil und sich gar nicht mehr den Prozess antuen muss. Ich glaube, wenn man das geschickt verpackt mit Mehrwerten belegt und die auch so kommuniziert transparent und offen, dass das nicht zwingend nachteilig sein muss.

I: Okay, kommen wir auch zu der vorletzten Frage schon direkt. Wir hatten ja schon die Thematik, dass grundsätzlich manche Branchen oder manche Industriezweige mehr von diesem ganzen Wandel jetzt zumindest vorerst konfrontiert werden. Einerseits hatten wir durch selbstfahrende Autos, Transportmittelindustrie. Das wahrscheinlich Busfahrer, Zugfahrer und so weiter sich früher oder später sich Gedanken machen müssen, inwiefern hat mein aktueller Job noch Zukunftspotenzial?

Was für andere Branchenindustrien sehen Sie denn noch, die jetzt aktuell sehr sehr schnell von dieser Technologie dann betroffen sein werden?

B: Ja, Banking. Also das Banking ist einerseits mit den (#00:32:29#) und auf der anderen Seite ist von den Prozessen her würde ich sagen ist da absolutes Target. Versicherungen ein Stück weit auf jeden Fall auch (#00:32:40#) sei es Kundenseitig, andererseits auch intern. Also kundenseitig Prozessverbesserungen, Bilder hochladen bei Schadenserkennung und Gutachten ausgeben ohne das man da jemanden vor Ort schicken kann. Ich glaube solche Sachen, Abläufe verbessern, das sind Dinge, die sind dort bei der Versicherung auch in der Regel sehr gut, weil ich die Datenbasissätze im Banking und auch bei der Versicherung relativ gut ist. Dann aber auch bei den ganzen Controlling Sachen und solchen Dingen, das ist meines Erachtens, da gehen ja auch die horrenden Schätzungen der KPIs dann hin, dass man sagt KV, ist das kaufmännisch, die Sachen eine Buchhaltung führen oder dass Debitoren, all das Zeug. Das sind ja, die doppelte Buchhaltung wurde ja mal erfunden und das sind ja relativ stringente Regeln und das kann man relativ einfach automatisieren oder mit künstlicher Intelligenz belegt kann das sehr gut funktionieren. Und vor allem überall dort, wo es halt quasi strukturiert Rahmenbedingungen gibt oder Regeln oder zum Beispiel das recht. Oder wie verbucht wird, das ist ein formaler Prozess und deswegen auch gut abbildbar. Jetzt hat man im Recht Gesetzestexte, obwohl die zum Teil ein bisschen Interpretationsspielraum lassen hat man da ja auch schon ganz eindrückliche Showcases gemacht, wo man Juristen in den Raum genommen hat und dann die Software. Und dann mussten die das Urteil des Richters hervorsagen und da war die Software um Klassen besser. Da haben die alle die gesagt haben, das ist Spielerein. Das hat sehr gut funktioniert. Und man hat dann auch die Software antrainiert im Gegenfall, also nicht die Vorhersage, man hat dann quasi die Software mit dem Präsenzfall und vergangenen Entscheidungen gefüttert plus den Gesetzestexten und so weiter entsprechend anlernen lassen. Und dann hat das auch Entscheide, quasi Richtersprüche erstellt. Und da waren die Leute auch beeindruckt, weil das war nicht mehr zu unterscheiden von einem richtigen Richterspruch, der von einem normalen Menschen von Fleisch und Blut erstellt wurde. Auch fachlich in jeder Richtung standhalten konnte, sprich man hat das versucht auseinanderzunehmen und Fehler zu finden oder halt Unklarheiten und solche Sachen. Und das war erschreckend schwer, also für die Juristen erschreckend, von meiner Seite nicht unbedingt erschreckend. (#00:35:04#) formalisiert sind, oder? Also deshalb Juristen weiß ich ja, also gesetzliche Dinge. Vielleicht jetzt auch eben das Banking haben wir genannt, das Versicherungswesen, Logistik und die anderen Sachen, autonomes Fahren überall dort gibt es auch ganz vieles.

I: Also überall dort, wo man einerseits große Datenbanken hat, die eben verarbeitet werden müssen und dann eben interpretiert werden müssen und dann auf der anderen Seite aber auch wo man schon vordefinierte Rahmenbedingungen hat, die man dann eben schön einpflegen kann und die man dem System quasi geben kann, wo es dann darin quasi zielgerichtet agiert.

B: Genau, also wenn man irgendwo die Komplexität ein Stück weit durch solche Sachen reduzieren kann oder so ein bisschen Leitplanken hat, damit das System nicht völlig unendlich offen ist, auf allen Seiten. Überall wo man etwas anlernen kann, klassifizieren kann, zeigen kann was auch gut und was schlecht ist, dort ist die Technologie in der Regel sehr fix und sehr schnell einsatzbar. Weil das auch schnell lern, wenn man eben schon sagen kann, das ist gut das ist schlecht. Hingegen zu den unsupervised nennt man das, wenn dann eben nicht klar ist was ist richtig, was ist falsch. Dann ist das eben Struktur erkennen, so ein bisschen mitlaufen in der Analyse. Dort ist das ein bisschen heikler, aber funktioniert in der Regel auch noch gut. Aber dort wo wir Rahmenbedingung haben, Datenbasis haben, dort würde ich auch sagen das ist prädestiniert, dass da ein Stück weit automatisiert wird, in Klammern mit künstlicher Intelligenz belegt wird. Und diese Intelligenz sind im Laufe der Zeit-. KI ist ja definiert als Menschenähnliches verhalten zeigen, dass sie das Ziel dann schlicht weg auch erreicht. Und wir sehen das auch bei Chatbots und anderen Sachen das auch menschliche Kommunikation, die ganze Kommunikation ist zu dick, das kriegt man nicht auf Anhieb jetzt hin. Jetzt, momentan. Aber sobald es darum geht, so wie Google ein Tischreservation zu machen oder was Spezifisches, dann funktioniert das Astrein, funktioniert astrein, weil wie wir jetzt gesagt haben eigentlich so ein bisschen den Kontext eingrenzen oder halt die Leitplanken setzen kann. Und ich denke auch, dass wären so die Technologie und die KI, aber ich denke jetzt auch diese Blockchain Sachen, Vertragsabschlüsse, Transaktionskosten senken, da gibt es noch ganz viele Anwendungsfälle insbesondere auch in der Verwaltung und anderen Bereichen, wo man das jetzt noch nicht so ganz auf dem Radar hat. Oder sprich jetzt die Schritte macht und einleitet, sich mit den Sachen auseinandersetzt und konfrontiert sieht. Ich denke da gibt es auch ganz viel Potential, dass man dort Prozesse verschlankt, automatisiert, aber auch nicht unbedingt von der Qualität her schlechter macht, sondern ein Stück weit besser. Weil die KI ein Stück weit auf Anomalien oder auf gewisse Rahmenbedingungen, die vielleicht ändern reagieren kann, sodass dieser Prozess stabil bleibt.

I: Okay. Okay, dann komme ich zur letzten Frage, weil ich habe das Ganze auch nochmal unter so einer ethischen Betrachtungsweise analysiert oder will das Ganze analysieren. Jetzt, das was wir besprochen haben kann man ja einerseits-.

B: Medizin hatten wir gehabt als Branche, da sehe ich auch ganz viel drinnen. (I: Radiologie, genau.) Ja, dass auch unbedingt das sind hot topics.

I: Unter der ethischen Betrachtungsweise, das heißt wir wissen, okay es wird prognostiziert es werden Jobs wegfallen, dann wird es gerade ein schönes Beispiel gesetzliche Texte können vielleicht später automatisiert werden. Aber da begeben wir uns ja auch in eine ganz starke Abhängigkeit einerseits von KI und auf der anderen Seite nimmt KI ja auch anderen Leute jetzt überspitzt gesagt die Lebensgrundlage, nämlich ihren Job. Macht es denn überhaupt Sinn unter einer ethischen Betrachtungsweise weiterhin in diese Richtung so stark zu forschen und diese Entwicklung voranzutreiben?

B: ja, auf jeden Fall Entwicklung kann man nicht stoppen. Ganz einfach, das ist noch nie oder Sie korrigieren ich, wenn Ihnen ein Beispiel in den Sinn kommt. Aber ich denke eine neue Technologie oder Entwicklung hat man noch nie gestoppt, vor allem nicht, wenn es so eine Bahnbrechende war oder eine disruptive, den Begriff, den Sie vorhin verwendet haben ist es noch nie gelungen, meines Wissens die Entwicklung umzukehren oder komplett zu stoppen. Bestenfalls mit Regulatoren Mitteln ein Stück weit einzugrenzen, aber eine neue Technologie, insbesondere wenn der Nutzen so hoch ist. (#00:39:42#) das tönt immer so blöd, aber am Ende des Tages definiert sich die ethische Anwendung über den Nutzen, über das Nutzszenario. Eben gewisse Sachen können zu Verteidigung eingesetzt werden und gewisse Sachen können offensiv eingesetzt werden, das ist halt die Anwendung macht es am Ende des Tages. Und ich glaube hier ist es genau das gleiche. Wir können das einsetzen, sodass es uns wahnsinnig viel Nutzen spendet, dass wir Krankheiten erkennen, dass wir Krebstherapien und Sachen entwickeln können, die es bisher noch nicht gab. Man ist auch am Lebensverlängern forschen dort, da fließen X Milliarden im Amerika rein, um da das ewige Leben zu finden. Eben, ob es erstrebenswert ist oder nicht ist erstmal außen vor, aber vom Ansatz her, dass hier sich einfach Möglichkeiten auftun und wir reden jetzt immer vom jetzigen Stand der Dinge. Und beim Computer, sprich beim neuronalen Netz sind wir momentan auf dem Stand des Rattenhirns. Wenn das mit der Technologien Entwicklung mal langsam in die Richtig komme, dass wir sagen guck jetzt ist die Maschine aber mal langsam von der Rechenleistung oder der Komplexität her unserem Gehirn gleich. Oder gleichgestellt oder überholt uns vielleicht schon, das ist auch absehbar. Dann könnte ich mir vorstellen wird es noch die eine oder andere Überraschung geben. Oder auch Steven Hawking selig hat da ja auch Bedenken geäußert. Ich denke, dass ist nicht ganz von der Hand zu weisen, dass wir da durchaus Respekt haben sollten. Aber so bezüglich Ethik, um auf das wieder zurückzukommen, ich würde sagen das kommt darauf an, wie man es einsetzt. Wenn wir die Medizin, das Beispiel nehmen, wenn jetzt durch das gewissen Ärzten die Lebensgrundlage, wie Sie das relativ dramatisch gesagt haben entzogen wird. (I: Ein bisschen provokativ.) Ja, provokativ. Aber grundsätzlich würde ich sagen, das Gesundheitswesen ist ja eh zu teuer von daher muss man da ja auch was tun. Und es gibt trotzdem zu wenig Leute, also da könnte man eine Umschulung ins Auge fassen. Also das jetzt ein Radiologe oder ein Dermatologe halt umschult und wieder halt Hausärzte besetzt, die in den ländlichen Regionen in Deutschland habe ich gehört sei das ja auch dramatisch. Das man da schlichtweg die Versorgungssituation nicht gegeben ist, entsprechend sage ich da, wenn man das ethisch betrachtet. Wenn man das jetzt schlau einsetzt würde ich sagen, okay, dann ist es zwar brutal für die Leute, die jetzt ihren gelernten Beruf nicht mehr haben und umschulen müssen oder dürfen, können. Aber volkswirtschaftlich gesehen, gesellschaftlich gesehen ist das natürlich sehr angenehm, sprich würde das viele Probleme lösen.

I: So wie Sie gesagt haben. Also man betrachtet das Ganze ja oft unter einem allgemeinen Mehrnutzen den dann das ganz bringt, auch unter ethischer Betrachtungsweise. Also das bedeutet aber die große Allgemeinbevölkerung hätte durch KI ein Mehrnutzen, als jetzt punktuell manche Individuen einen Mindernutzen haben, indem eben zum Beispiel Jobs entfallen. Also allgemein bringt es mehr Vorteile, als Nachteile?

B: Kommt drauf an wie Sie es einsetzten. Aber ich würde dem das jetzt mal unterstellen, vielleicht ist es auch nur eine Hoffnung, oder? Aber das ist bei allen Technologien so. Ich denke, wenn man sieht wo das angefangen hat, ich denke bei vielen Sachen, auch bei Bayer Med und Life Sciences. Ich glaube nicht, dass wir das missen will inzwischen. Andererseits haben wir durchaus Dinge, jetzt auch Atomstrom und andere Sachen, wo wir bis heute die Sachen nicht ganz beherrschen oder ungelöst haben oder noch nicht verstanden haben, was das alles für Implikationen haben kann. Aber der Fortschritt, als es vor 50 oder vor 100 Jahren, da würde ich sagen, da würde niemand in die Zeitmaschine steigen wollen oder wenige Leute und da zurückflliegen. Und dann sagen, ja gut jetzt haben wir das alles nicht, das Penicillin ist nicht erfunden und Gentechnologien und viele Therapien nicht. Ich glaube, dass ist bei der künstlichen Intelligenz genau das gleiche. Es ist wieder ein

Stück weit wahrscheinlich auf einem Planeten wo sehr vieles erfunden ist und keiner will wirklich Güterknappheit, ich sage jetzt mal bei uns entstehen, global schon. Aber quasi es immer schwieriger wird Produkte zu verkaufen und Dienstleistungen, weil eine Sättigung da ist, so in der gleichen. Ist das eine Chance das vorwärtszutreiben oder gewisse Probleme, die wir jetzt haben eventuell lösen können. Aber das hängt davon ab wie man das einsetzt. Sie haben das vorhin skizziert gesellschaftlich kann man das nutzbar machen und das man das globale Maximum findet ist wahrscheinlich eine Kombination aus Politik, Wirtschaft und eben Gesellschaft auch. Das wir da zusammen was tun, wenn wir da immer gegeneinander arbeiten, dann kann das so gehen. Wenn das aber, wie so oft auch schon geschehen im Grabenkämpfen endet, wo man das durchaus ein bisschen froissiert, im Sinne das man das für böse Zwecke, wenn ich das so sagen darf einsetzt. Dann kann ich mir auch vorstellen, dass das auch das letzte ich was wir da erfinden, weil das von selbst operiert und uns unter Umständen dann nicht mehr braucht. Also das ist durchaus im Rahmen, vielleicht nicht sofort, vielleicht nicht in absehbarer Zeit, vielleicht erleben wir das beide nicht, aber das steht grundsätzlich im Raum, wenn das grundsätzlich intelligenter wird als wir und uns outsmarted. Affen sind jetzt auch im Zoo oder?

I: Ja, also gerade große Firmen, wie jetzt Google oder auch Elan must sagen auch wenn so eine KI von einem Unternehmen entwickelt wird, dann sollte die auch immer nicht nur für das Unternehmen bereitstehen, sondern eben fast kommunistisch darauf zugreifen können. Damit es diesen Fall nicht gibt, dass eine extrem starke Macht entsteht, die die beste KI besitzt, sondern das eben KI in Verbünden quasi für jeden bereitgestellt werden muss oder sollte. Das ist ja auch so eine Thematik, wenn eine Firma quasi so eine ultimative KI entwickelt dann damit prinzipiell alles machen könnte, wenn man in ein sehr weites Zukunftsszenario geht.

B: Ist halt schwierig, ist immer schwierig. Auch regulatorisch eingreifen, man greift nirgends ein ohne dass man Seiteneffekte hat, die man vorher nicht gesehen hat, oder? Aber ein Stück weit kann ich das nachvollziehen, dass man sagt, wenn etwas so wahnsinnig Starkes herausgefunden wurde oder sich was abzeichnet, was dann nur ein Unternehmen besitzt dann kann das durchaus drastische Züge annehmen. Hingegen ich glaube, wir leben schon jetzt in einem Markt oder sprich einem Umfeld ökonomisch wo durchaus Märkte definitiv viel konsolidierter sind als auch schon. Das sieht man in der IT, das sieht man im Gesundheitswesen, das sieht man bei vielen Dingen, wo man sagen muss momentmal das ist ja durchaus schon fast monopolistisch oder (#00:46:38#) Züge annimmt, wo man sagt das konsolidiert sich ja auch. Und dort macht, also sprich die Diskussion da erlebe ich jetzt oder nehme ich jetzt nicht so wahnsinnig war, als das das jetzt auf der Agenda ist wo man so wahnsinnig viel tut. Oder halt dem mit Schrecken entgegensieht, sondern das das läuft hauptsächlich hinter geschlossenen Türen oder in Wettbewerbskomissionen über die Presse. Aber dieses politisch meine ich wird das ja nicht sehr stark unterbunden. Also da würde ich jetzt ein Fragezeichen machen, ob das in der künstlichen Intelligenz dann gelingt. Es ist sicher am einfachsten, wenn man sagen kann das sind Algorithmen, das sind Daten, das sind Artefakte, also Stücke von Software die man prinzipiell, wie Sie es ansprechen teilen könnte und der Gemeinschaft zur Verfügung stellen könnte. Ist es sicher so einfach wie in keiner Branche, dass das wirklich auch Realität werden zu lassen mal von den Hardware Sachen abgesehen. Aber ob das dann wirklich durchgesetzt wird, da hätte ich ein großes Fragezeichen. Aber wie Sie sagen, die ethische Verantwortung, die nimmt wahrscheinlich schon zu, im Sinne das hier schon drauf ankommt was man mit den Technologien macht und was auch zulässig ist vom Gesetzgeber her. Weil Sie haben das sicher mitbekommen mit der Datenschutzverordnung, die ja von der EU stark betrieben wurden und umgesetzt wurde. Das hatte dann schon Implikationen und es gibt schon noch Möglichkeiten da zu implizieren. Aber ob das weltweit dann gelingt, dass einzudämmen da würde ich sagen, Nein. Weil das dann bei uns so ist, aber auf dem ganzen Planeten wird dann gemacht was geht mit der Technologie. Aber ich denke, der Anspruch an die Ethik oder Sie haben vorhin noch gefragt an die Skills von zukünftigen Arbeitnehmenden, ein Stück weit ist das definitiv sicher zu berücksichtigen. Also es spielt eine große Rolle. Ich denke auch die Frage ist auch vielfach, kann man sich das leisten, ein Stück weit, oder? Weil es gibt andere Länder, wir haben ja das Wettrüsten. Große Länder sind ja da dran mit der künstlichen Intelligenz, auch militärisch die Oberhand zu ziehen oder zu gewinnen. Und ich denke das ist dann immer die Frage, einerseits die Ethik Diskussion zu führen, für das Thema affin und sensitiv zu sein, dass man das auch erkennt und vielleicht nicht alles macht, was getan werden kann, aus ethischen Überlegungen. Das andere ist dann wieder die ökonomische Perspektive, die dann knallhart zuschlägt, so wie der eiskalte Blick der Wissenschaft, der einfach die Fakten interpretiert, dort würde ich mal die Frage in den Raum stellen, ist das denn ökonomisch (#00:49:17#)? Auch wenn man weiß man sollte das nicht tun, aber absehbar strategisch wird, dass wenn man das nicht tun, das man sich dann in der Situation wiederfindet das der Konkurrent dann die Lösung hat, die einen aus dem Markt schickt. Und dann ist die Frage, was ist jetzt ethisch? Ist es ethisch die Technologie nicht voll ausgereizt zu haben oder für gewisse Sachen nicht eingesetzt zu haben, wo man ethische Bedenken hatte. Dafür aber in Kauf genommen hat das eben viel Arbeitsplätze oder wie Sie vorhin gesagt haben, die Lebensgrundlage, was es ja zum Teil auch ist von Arbeitnehmenden und Familien aufs Spiel sitzt, im Wissen, das eine Konkurrenz das macht oder im Wissen, das das getan wird. Da denke ich, dass ist auch wieder ein Thema, das müsste man viel mehr diskutieren, da müsste man viel mehr drüber sprechen, da müsste man mehr auch Rahmenbedingen haben oder Frameworks, Entscheidungshilfen, so wie wir das bei der Nutzwertanalyse haben. Das man dort solche Instrumente hat, dass man sagt da haben wir gewisse Werterhalten, die vielleicht reinspielt und uns einen gewissen Rahmen gibt, wo man sagt das macht man, das macht man nicht. Weil jetzt, so wie ich das wahrnehmen wird vieles gemacht was auch grau Bereiche, was auch nicht Datenschutzkonform ist, nur um rauszufinden ob es funktioniert und ob man es produktiv, operativ einsetzen kann ist eine Frage. Aber dass das mal im Panel eingesetzt, getestet wird das steht außer Frage.

I: Aber das bedeutet so das Fazit ist, es sollte schon mehr darüber geredet werden und es bedarf möglicherweise auch sogar gesetzliche Rahmenbedingung, die da noch geschaffen werden müssen. Wobei Ihre Aussagen, die Sie getroffen haben-. Das quasi Unternehmen auch oft die Hände gebunden sind, weil dieser Druck gerade auch aus dem Ausland sehr hoch ist, das deckt sich auch mit vielen Experteninterviews, die ich jetzt auch schon geführt habe. Die haben ähnliches gesagt. Das man oft gar nicht selber so die Entscheidungsfreiheit hat, weil eben einfach der Konkurrenzdruck bei so einer wichtigen disruptiven Technologie so hoch ist, dass man sie anwenden muss, um nicht von Konkurrenten dahingehend überfahren zu werden.

B: Aber auch da, die Frage ist dann, ist jetzt das-. Also ich bin immer großer Fan von, wenn man sich bewusst macht, was ist jetzt eigentlich wirklich das Problem oder die Rahmenbedingung? Das ist ein, das zeigt sich jetzt so oder das hat man jetzt empirisch dadurch beobachtet, Befragungen herauskristallisiert. Oha, Konkurrenzdruck ist ein großer Treiber oder kann dann durchaus zu ethisch fragwürdigem Verhalten führen. Die Frage ist gibt es da nicht andere Möglichkeiten? Wenn wir uns das Grundproblem anschauen, okay die Schlacht verliert man wahrscheinlich, kann man dann nicht das Problem anders angehen, das heißt kann man sich dann nicht andere Märkte erschließen? kann man sich da nicht irgendwie Pilotartig drehen und halt gewisse Sachen dann ethisch realisieren, wo dann eben die Konkurrenz vielleicht schwächer ist? Aber das, wie gesagt darüber wird zu wenig sich Gedanken gemacht, weil es ein Stück weit eben Luxus ist im operativen

Tagesgeschäft und dem (#00:52:21#) getriebenen Umfeld von Großkonzernen. Aber das wäre meines Erachtens zentral wichtig, das man überhaupt mal erste Ansätze hat, wie man mit dem umgeht oder wie man mit dem umgehen könnte. Weil beim Geschäftsmodell modellieren hat man ja auch, bevor man diese Tools hatte und auch bei den agilen neuen Methoden und Workshop Ansätzen, diese Sachen diese Design-Thinking und andere Sachen das hat man ja erst auch erarbeiten müssen. Und ich glaube da hat man das noch nicht für dieses Thema und es wäre wünschenswert, dass man da vielleicht mal forcierter, strukturell inklusive dieser Rahmenbedingung, denen man ausgesetzt ist das berücksichtig um halt eben schlaue Tools zu haben. Und nicht Tool, wo man sieht ja ja ja das ist ein Thema, das wäre schön, das ist wie Datenschutz das ist eben Ethik, aber ein Wissen ist, wenn es hart auf hart kommt die Leute das einfach einsetzen, um des Überlebens Willen.

I: Okay, gut. dann vielen vielen Dank, dann wären wir am Ende von dem Interview angelangt. Ich habe auf jeden Fall nochmal einige neue Kenntnisse daraus gewonnen. Wenn Sie möchten, die Aufnahme kann ich Ihnen auch gerne per Email zusenden, wenn Sie daran interessiert sind oder dann im Zweifel die Bachelorarbeit.

7.8 Transkribiertes Experteninterview 6

Durchführungsdatum: 05. November 2018
Interviewdauer: 29 Minuten und 30 Sekunden
Geschlecht: Männlich
Höchster akademischer Abschlussgrad: Master of Arts
Aktuelle berufliche Position: Global Account Director

I: Ich glaube, es funktioniert, perfekt. Genau, also die erste Frage lautet auch: Inwiefern meinst Du, dass KI und wie gesagt, KI so als Sammelbegriff für Automatisierungsprozesse, bereits heute eben Einfluss nehmen auf Managemententscheidungen, also dass das Management quasi sich auf Entscheidungen stützt, die durch eine KI beispielsweise aufbereitet worden sind oder indem Automatisierung eben den laufenden Betrieb schon bedingt umgekrempelt hat?

B: Also ich glaube oder wenn man heute auf Entscheidungsprozesse in Unternehmen guckt, dann basieren die ja meistens auf Daten, die oder auf Vergangenheitsdaten, die gesammelt worden sind und daraus dann irgendwelche Algorithmen, Erfahrungswerte, die man daraus ableitet, um dann auf Basis dieser Daten Entscheidungen, die in der Zukunft liegen, vorauszusehen, zu beeinflussen, zu bewerten, wie auch immer. Ich glaube, das wird sich signifikant ändern in der Zukunft, weil die Algorithmen und die Datenmenge oder andersherum die Datenmenge viel größer wird. Daten, die man heute vielleicht noch nicht auswerten kann, weil man entweder die Technologie dazu noch nicht hat oder die Daten auch noch nicht versteht, das wird sich also in Zukunft, glaube ich, signifikant ändern und damit auch qualifiziertere Aussagen für die Zukunft zulassen. Also man wird nicht in die Zukunft gucken können, das wird weiterhin nicht so sein, aber man kann, glaube ich, die Entscheidungen, die man auf Basis von Datenmaterial treffen möchte oder die Analysen, die man damit betreibt, auf eine breitere Basis stellen und von mehreren Blickrichtungen dynamisch und auch zeitgenauer und zeitnäher fällen.

I: Und glaubst Du auch, dass quasi, wenn Du sagst, es entstehen größere Datenmengen, dass diese dann auch von einer Maschine oder von einer Software so weit analysiert werden können, dass die Maschine dann letztendlich Entscheidungen darauf basiert trifft oder Entscheidungsempfehlungen gibt? Oder ist jetzt diese Komponente Mensch immer noch auch sehr, sehr wichtig?

B: Ja, ich glaube, der Mensch wird am Ende weiterhin eine entscheidende Rolle spielen, weil jetzt vor allen Dingen sage ich mal in mittelfristiger Zukunft, die Maschinen oder die Technologie eher Entscheidungshilfe oder Entscheidungshilfe sein wird und Entscheidungsvarianten vorschlägt. Jetzt selbstständige Entscheidungen, also durch einen lernenden Algorithmus, das wird sich ja erst entwickeln, weil man der Maschine ja sagen muss, deine Entscheidung, die du getroffen hast, die war richtig oder die war falsch. Lerne daraus. Also von daher sind wir da heute auf gar keinen Fall schon so weit, sondern diese lernende Umgebung, die wird sich entwickeln. Und dann wird das natürlich dazu führen, dass klare Entscheidungsmuster auch von einer Maschine getroffen werden können. Das passiert ja auch heute schon, vielleicht bei Börsenkursen oder so. Da ist das ja schon das Erste, wo man ein klare KPI hat, wo man sagt, O.k., wenn das eintritt, dann mache das. Also solche Dinge gibt es ja heute schon, aber die komplexeren Dinge, wo man, sage ich mal, anhand von einem Portfolio an Entscheidungsvorlagen dann tatsächlich sagen muss, ich mache eins, zwei oder drei, da kann sicherlich eine KI unterstützen. Aber das wird erst mal noch ein Mensch machen können oder am Ende auch machen.

I: Glaubst Du, dass es aber gerade wenn Du sagst, es gibt so einen stark zunehmenden Trend, also dass wahrscheinlich auch solche Automatisierungssoftware oder KI eben größere Datenmengen verarbeiten kann und dann vielleicht längerfristig auch daraus selbst irgendwie so einen (?lernenden) Prozess Entscheidungen fällt, dass jetzt im Unternehmen sehr stark auch sich selbst, also gerade das

Management mit so technologischer Sicht beschäftigen müssen und dann vielleicht auch da schon so ein bisschen in die Unternehmenskultur mit einbinden, dass die Mitarbeiter auch, sage ich mal, jetzt schon konditioniert werden längerfristig dann auch mit so Softwarethemen in Kontakt zu kommen?

B: Klares Ja. Dass das heute gerade auch in der Ausrichtung der Skills und der Weiterbildung der Mitarbeiter ein entscheidender Punkt ist, weil heute sind ja viele Mitarbeiter damit beschäftigt Zahlen zusammenzutragen und irgendwie zu sammeln und so aufzubereiten, dass man überhaupt eine Analyse machen kann. Das fällt in Zukunft völlig weg. So, also was machst du mit diesen Mitarbeitern? Diese Mitarbeiter müssen sich eigentlich dann damit beschäftigen, was diese Daten, die jetzt von einer Maschine gesammelt werden und aufbereitet werden, bedeuten, also die Interpretation dieser Daten. Das wird sicherlich einen größeren Block für die Personen einnehmen. Und das erfordert natürlich auch, dass das Skillset der Mitarbeiter ein anderes ist. Also man muss verstehen, was die Maschine macht, um die Daten, die sie einem präsentiert, auch interpretieren zu können und daraus dann seine Entscheidungen vielleicht auch abzuleiten. Das ist sicherlich etwas anderes noch mal, als wenn ich jetzt jede Zahl, die ich irgendwo selber eingesammelt habe, auch selber interpretiert habe, selber aufbereitet habe und deswegen auch genau weiß, was diese Kennzahl denn eigentlich für eine Herkunft und für eine Bedeutung hat. Das wird in Zukunft anders sein. Da wird man etwas bekommen und auf Basis dessen, was dort steht, muss man dann auch verstehen, was diese Zahl bedeutet und nach vorne hin dann auch eben die Entscheidungen zu treffen.

I: Und denkst Du, es macht durchaus jetzt schon Sinn, eben seinen Mitarbeitern zu sagen: „Hey, wir bieten diese Umschulungsmaßnahmen an oder zumindest Fortbildungsmaßnahmen."? Oder sagst Du, nein, aus technologischer Sicht ist das ja eh noch so weit weg, im Zweifel-?

B: Es ist nicht weit weg. Ich glaube auch, dass die Intervalle, wo sich Veränderungen ergeben, immer kürzer werden. Deswegen ist eigentlich besser früher als später solche Schulungen und solche Weiterbildungen und ein Heranführen an die Thematik entscheidend. Also man muss sich mit Technologie auch auseinandersetzen wollen und können und auch ein Verständnis dafür haben, wie man damit umgeht.

I: Also Du jetzt in Deiner Position bist ja auch so quasi so eine Schnittstelle zwischen BWL und Technologie. Also Du entwickelst die Technologie nicht, aber trotzdem im Vertrieb musst Du ja ein bisschen von ihr haben, um die dann auch, sage ich mal, mit ihrem Vorteil verkaufen zu können. Glaubst Du, dass auch mehrheitlich der Mitarbeiter dann überhaupt auf so technologische Themen umgeschult werden können? Weil das war so eine Thematik, die ich auch mit anderen Experten hatte.

B: Die Frage ist ja, was ist ja Technologie? Also es muss nicht in Zukunft jeder Mitarbeiter auch eine Datenbank programmieren können. Aber er muss vom Prinzip her die Daten oder die Informationen, die ihm zur Verfügung gestellt werden, interpretieren können und sie vielleicht auch mit anderen Daten korrelieren, auseinanderziehen, zusammenfügen, Zusammenhänge herstellen. Und damit muss man ja auch verstehen, was da eigentlich in dem Datenpool liegt. Also von daher ist Technologie, sicherlich ein Technologieverständnis und auch eine Technologieoffenheit sicherlich entscheidend, dass man auch irgendwie für sich selber auch ein Vertrauen schafft zu dem, was da ist, weil letztendlich muss man dem glauben, was da kommt. Oder auch nicht, aber dann muss man auch verstehen, warum das vielleicht so ist. Und zum anderen ist sicherlich, wenn man das jetzt auch unter Technologie versteht sicherlich auch so Skills wie, dass man Algorithmen schreiben kann, dass man eben diese Korrelationen und Zusammenhänge der Daten auch selbstständig zusammenführen kann oder zumindest der Maschine sagen kann: „Aus meiner Sicht macht es Sinn diese Kennzahl mit dieser Kennzahl zu kombinieren. Gib mir das mal. Was kommt dabei heraus?" Also das ist sicherlich etwas, was man können muss. Dazu gehört aber auch dann, sage ich mal, auf der betriebswirtschaftlichen Seite weiterhin das Grundverständnis was ein Umsatz ist, was ein Abgrenzungsposten ist, was auch immer, dass man das auf der einen Seite interpretieren kann und aus der technologischen Sicht sicherlich auch eine Idee da, wie die Daten in einer Datenbank abgelegt sind, wie die dort interpretiert, wie die dort aufkumuliert werden, wie auch immer. Oder es ist halt ganz einfach wie bei XY, du hast eine große Box, jeder Datensatz ist einzeln drinnen und du kannst auf jeden Datensatz zugreifen und dir dann die Sachen-. Aber macht es für dich natürlich auch komplexer, weil du verstehen musst, welcher Datensatz ist wie wo auch zu verstehen.

I: Also gerade für mich als Student quasi von einem betriebswirtschaftlichen Studium würdest Du quasi so gerade Nachwuchskräften überhaupt noch raten rein BWL zu studieren, ohne, sage ich mal, direkt einer technischen Komponente? Oder ist vielleicht Wirtschaftsinformatik heutzutage wesentlich sinniger, weil man da eben schon diese Verbindung schaffen kann?

B: Es ist ja die Frage was dann fehlt. Es ist, glaube ich, weiterhin auch entscheidend, betriebswirtschaftliche oder volkswirtschaftliche Zusammenhänge auch zu verstehen. Also man muss einfach wissen was passiert, wenn man an der einen Stellschraube dreht, was dann woanders funktioniert. ... #00:09:46#

I: Also ... #00:09:46# sollte weiterhin irgendwie gewahrt werden.

B: Vielleicht kann mich aber in Simulation eine KI dabei unterstützen gewisse Dinge vorwegzunehmen, dass ich sage, O.k., wenn ich diese KPI verändere, dieses System, simuliere mir mal dann was das bedeutet. Dann muss ich wiederum verstehen, was das System da berechnet. Ist da wirklich Wirtschaftsinformatik ... #00:10:10# Also man braucht sicherlich Leute, die einem das, wenn ich jetzt Geschäftsführer wäre oder Management, weiß ich nicht.

I: Also eine weitere Frage gerade, wenn wir bei diesem Thema Nachwuchsführungskräfte bleiben. Also es gibt zum Beispiel schon einige Unternehmen, die XY macht das zum Beispiel noch nicht, die dann auch KI oder eine Software einsetzen für die Rekrutierung ihrer Mitarbeiter. Also das heißt, man schickt eine Bewerbung hin, wenn dann der CV, auch von der Software, quasi als in Ordnung empfunden wurde, wird man zu einem Videointerview eingeladen und hat fünfzehn Minuten letztendlich Zeit für dieses Videointerview, bekommt Fragen, hat dann jeweils fünfzehn Sekunden Zeit sich auf diese Frage vorzubereiten, zwei Minuten Sprechzeit. Und dann analysiert eine Maschine dahinter, ob letztendlich die Fragen für gut empfunden worden sind und wie nervös auch derjenige war anhand von Gestik und Mimik. Siehst Du darin eher einen Vorteil oder etwas Negatives, dass man jetzt eigentlich heutzutage schon eigentlich eine Software überlässt, was für Leute überhaupt dann in das Unternehmen gelassen werden? Weil erst, wenn quasi ein Mitarbeiter diesen Step geschafft hat, wieder an einen HRler weitergeleitet, an eine reelle Person.

B: Ich meine, ein Vorteil ist sicherlich, dass die Bearbeitungszyklen schneller sind. Es gibt ja auch so Statistiken, dass irgendwie die größten Talente sehr ungeduldig auch sind, also sich oft auch für die Unternehmen entscheiden, die den Bewerbungsprozess am besten managen, also von der Bewerbung bis über Erstkontakt hin zum Arbeitsvertrag. Oder auch wie einfach es ist, sich bei einem Unternehmen zu bewerben. Da gibt es ja auch so Statistiken, wo bricht einer ab in so einer Onlinebewerbung zum Beispiel. Wenn das zu viele Klicks und zu kompliziert ist brechen die Leute ab. Und komischerweise sind das meistens die, die man eigentlich haben will und nicht andere. Von daher erst mal, würde ich sagen, positiv. Die Gefahr bei so etwas ist natürlich, dass man der Maschine nicht gesagt hat oder nicht richtig gesagt hat, was man denn von einer Person erwartet oder welche Antworten man da hören möchte oder wie auch immer. Also wenn dann einer das Schlagwort nicht sagt, sondern es vielleicht umschreibt, ist er plötzlich raus, weil der Punkt fehlt. Also da, glaube ich und gerade auch im Bewerbungsprozess, glaube ich, ist eine menschliche Komponente immer noch wichtig, weil man auch eine Unternehmenskultur vermitteln will. Und das finde ich schon auch relativ, also persönliche Meinung jetzt, sehr anonym da von einer Maschine interviewt zu werden, von einem Chatbot, der mir sagt, was weiß ich, wie stellen sie sich ihre Stellenbeschreibung vor oder was auch immer. Also fände ich jetzt für mich, glaube ich, eine komische Vorgehensweise.

I: Ja, ich sehe das ähnlich.

B: Aber, ich sage mal, wenn man so Massenrecruiting macht, muss man ja irgendwie vorfiltern. Heute macht man es vielleicht anhand der Abschlussnote oder anderen Sachen, die in einem CV stehen. Und da verliert man dann vielleicht auch Talente, die man für besondere Jobrollen haben will, wo sich vielleicht deren Skills nicht unbedingt in einem Zeugnis widerspiegeln, sondern vielleicht eher in einem persönlichen Gespräch herauskommt, dass derjenige besonders wertvoll für eine Stelle sein kann. Also es hat sein Für und Wieder. Grundsätzlich würde ich aber sagen, für Talente, die man in Nachwuchsführungskräfte rekrutieren will, ist sicherlich ein persönliches Gespräch immer noch das bessere, die bessere Variante.

I: Also das heißt eigentlich, in so Themengebieten, wo man eben eigentlich einen persönlichen Austausch braucht, beispielhaft Bewerbungsgespräch, kann aber auch ein Verkaufsgespräch sein, ist es aus Deiner Sicht aktuell zumindest noch nicht so weit, dass man einer Maschine sagen kann, sie soll das jetzt übernehmen.

B: Es ist vielleicht auch Unwissenheit. Es geht vielleicht schon alles. Man muss sich bei einem Bewerbungsprozess sicherlich überlegen, welche Message möchte man als Unternehmen mit so etwas verbreiten. Will ich besonders innovativ sein?

I: Genau, kann ja auch ein positives Image erzeugen.

B: Kann ja auch ein positives Image erzeugen. Aber und da zitiere ich unseren Vorstandsvorsitzenden immer wieder ganz gerne, der hat mal gesagt: „Machines can't dream." Und das ist schon etwas, was gerade ja auch in einem Bewerbungsgespräch bei persönlicher Atmosphäre halt herüberkommt, ob jemand für den Job brennt, ob er Leidenschaft mitbringt. Wie misst eine Maschine Leidenschaft?

I: So O-Töne.

B: O-Töne, Blitzen in den Augen, irgendwie man merkt, das passt. Also das ist natürlich schon auch etwas, was ich gerade in HR-Prozessen wichtig finde, ob ich jemanden einstellen möchte oder nicht.

I: Aber das finde ich interessant, dass Du das ansprichst, weil ich hatte auch ein Experteninterview mit einem Programmierer von so künstlicher Intelligenz. Und der hat eher die Meinung vertreten, dass, sage ich mal, so eine Software sogar besser Reaktionen oder Gefühlslagen erkennen kann als eine reelle Person. Wobei ich da auch eher kritisch bin.

B: Wie gesagt, vielleicht ist das inzwischen alles schon so und dann hat es sicherlich auch Vorteile.

I: Was für Unternehmenseinheiten oder Abteilungen oder vielleicht auch Industrien, denkst Du, sind denn jetzt am Anfang am stärksten auch betroffen von eben so einer Automatisierung oder von einer künstlichen Intelligenz, wo man vielleicht dann auch sagen muss, O.k., die Leute haben jetzt so längerfristig sollten sie sich schon mal umschauen, ob sie sich da nicht mal irgendwie breiter aufstellen?

B: Also sicherlich alles was mit der Fertigung zu tun hat. Also im Shopfloor wird die Automatisierung immer weiter voranschreiten. Und auch die Daten, die aus dieser automatisierten Fertigung gesammelt entstehen und welche Prozesse man daraus dann ableiten kann, also in Richtung Qualitätssicherheit, in Richtung vielleicht auch Entwicklungsverbesserung und so weiter, auch Auslastung von Maschinen, also Optimierung der ganzen Fertigungsprozesse. Also da passiert sicherlich auch am schnellsten immer mehr. Ich glaube, auch in allen Dingen, wo kaufmännische Daten, die relativ klar zu interpretieren sind, wir die Unterstützung für Entscheidungen immer wichtiger werden, also alles was mit Controlling zu tun hat.

I: O.k., wollte ich gerade sagen, ja.

B: Aber auch, glaube ich, in Vertriebsprozessen, also Dinge, wie verkaufe ich an meinen Kunden, wie kann mein Kunde einfacher mit mir Business machen? Muss jede Kleinstbestellung über einen Menschen laufen? Kann so etwas nicht über einen Shop laufen? Viele Menschen-. Ich meine, Amazon macht ja nicht umsonst so erfolgreich, weil es so einfach ist dort etwas zu bestellen. Also das sind-. Und natürlich auch hintenraus zum Lieferanten ja ähnlich. Also wie kann ich meine Bestellungen an Lieferanten positionieren, ohne jedes Mal aufwendige Verhandlungen, Papierkram und so weiter auszutauschen. Kann man so etwas nicht automatisieren? Geht so etwas nicht schneller? Können Bestellabrufe nicht automatisiert werden? Das passiert ja heute schon zu großen Teilen, aber welche Optimierungspotenziale gibt es da noch. Gerade auch wenn ich nicht meine Top-Fünf-Lieferanten da automatisiere, sondern wenn ich die große Masse der Kleinstbestellungen, was mich viel Arbeit kostet, weil letztendlich ist eine Bestellung eine Bestellung und die kostet mich den gleichen Aufwand, ob da jetzt eine Millionen Euro drinnen steht oder fünf Euro. Das ist immer das Gleiche. Und von daher sind da, glaube ich, große Optimierungen auch drinnen, was natürlich dann auch zu einem, sage ich mal, einem anderen Berufsbild im Einkauf zum Beispiel führt, hat man heute einen operativen und strategischen Einkauf. Der operative Einkauf, aus meiner Sicht, wird immer mehr automatisiert werden. Damit können sich diese Einkäufer dann auch mehr auf strategische Themen konzentrieren. Und das sind teure Ressourcen für ein Unternehmen.

I: Aber Amazon ist ja ein gutes Beispiel, was Du genannt hast. Die haben sich ja schon sehr stark auf eben so einer Technologieebene positioniert und sind ja auch sehr schnell in dem Adaptieren von so neuen Technologien. Aber auf der anderen Seite, wenn man Amazon gerade auch in den Medien hört, von der Unternehmenskultur herrscht ja oft auch so eine Streikatmosphäre oder auch selbst wenn man dann online mal Bewertungen liest, ist die Unternehmenskultur quasi eher so ein bisschen negativ, weil eben die Leute auch die Meinung haben, das Unternehmen unterstützt eher Maschinen als die Komponente Mensch und quasi setzt dann lieber auch Maschinen ein, um effizienter zu werden. Und dementsprechend fühlen sie sich nicht so wohl. Findest Du, dass trotzdem dann der Erfolg gibt ihnen Recht? Oder siehst Du das eher kritischer?

B: Wenn ich jetzt ein dummer Kunde bin, der einfach ein Produkt auch ohne großes persönliches Envolvement kaufen möchte, sondern das muss schnell und einfach gehen, dann sage ich natürlich, je mehr Technologie, die es mir einfacher macht, desto besser, einfach und schnell etwas zu bestellen. Dass da hintendran natürlich irgendwie ein Mechanismus steht, der irgendwie nicht optimal sein kann, weil ansonsten man diese Preise auch nicht erzielen kann, würde als kritisch denkender Mensch sicherlich so sein.

I: Oder mal anders formuliert vielleicht, ist es überhaupt möglich, gerade in so einem internationalen Wettbewerb, in dem man ja steckt, zu sagen, man entscheidet sich eher für die eigenen Mitarbeiter und im Zweifel nutzt man eher kostspieligere Umschulungsmaßnahmen, als letztendlich einfach eine neue Technologie zu verwenden und die Arbeitsplätze zu kürzen?

B: Also wenn wir jetzt mal bei Amazon bleiben, im Lager, wenn ich mein Lager automatisiere, fällt der Arbeitsplatz weg. Da kann ich auch nicht viel umschulen. Die Frage ist, ist derjenige, der da herumrennt mit einem Scanner und das Paket packt, immer noch günstiger als eine Automatisierungstechnik. Sicherlich ist das, was automatisiert geht in so einem Amazon-Lager, schon relativ weit fortgeschritten. Also picken muss halt irgendjemand machen. Und entweder macht das ein Roboter oder es macht ein Mensch. Und das ist dann, glaube ich, eine einfache betriebswirtschaftliche Rechnung, was mich da günstiger macht. Das ist aber aus meiner Sicht jetzt wenig mit künstlicher Intelligenz in dem Sinne zu tun, sondern das ist eine Automatisierung der Arbeitsabläufe. Ob ich das immer gut finde weiß ich auch nicht. Wahrscheinlich eher nicht. Also ich bin schon gegen Akkordarbeit. Aber klar, also im Wettbewerb, wo kaufst du? Du siehst den, sage ich mal, den Artikel bei A hier für 15 Euro und der andere kostet 10 ohne Versandkosten, dann überlegst du dir auch nicht, ob der Mitarbeiter im Lager besser behandelt wird, sondern bestellst du wahrscheinlich den günstigeren, zum günstigeren Preis.

I: Wobei also Amazon aus meiner Sicht ist ja dahingehend so eine Art First Mover. Die haben diese technologische Chance jetzt für sich erkannt und nutzen die auch schon sehr, sehr intensiv. Aber wir sehen es ja jetzt, Du bist ja mittendrin, quasi verkaufst ja auch so Lösungen, andere Unternehmen setzen ja auch immer mehr auf Digitalisierung, Automatisierung und dann jetzt eben auch vielleicht dann längerfristig auf KI. Das heißt, jetzt wo vielleicht im Zweifel nur Lageristenjobs wegfallen, wird es ja flächendeckend eigentlich auch immer mehr Leute betreffen. Ob da jetzt eben schon frühzeitig Unternehmen oder vielleicht auch die Politik sagen muss, wir müssen, sage ich mal, so einen Arbeitsplätzentfall schützen. Glaubst Du, das ist notwendig? Oder denkst Du, nein, jede Revolution hat auch neue Arbeitsplätze erschaffen, das wird sich schon irgendwie wieder einpendeln.

B: Also ich glaube ganz fest daran, dass die Politik sich etwas einfallen lassen muss, wie sie mit den-. Also es wird weniger und andere Arbeitsplätze geben.

I: Es wird weniger geben, O.k.?

B: Es war auch bei jeder industriellen Revolution so, dass am Ende es weniger Arbeitsplätze in dieser speziellen Branche dann waren. Also nehmen wir mal ein Stahlwerk, da haben früher 150000 Mitarbeiter haben da gearbeitet. Heute sind es noch 20000 und von den 20000 sind gerade mal 10000 in der Produktion. Und die machen mehr wie früher. Also der Ausstoß ist höher als früher. Also von daher wird das so sein. Die Frage ist, entstehen genug andere Arbeitsplätze, um das aufzufangen. Und ich glaube, dass auch ganz viel neue Arbeitsplätze oder Jobs oder Jobprofile entstehen, die wir heute vielleicht so noch gar nicht kennen. Also ich glaube schon auch, dass Menschen in der Technologie mehr machen werden. Man muss immer auch lernen ein System, so wie wir es vorhin hatten, auch sagen, ob ihre

Entscheidungen, die sie treffen richtig oder falsch sind. Das wird sicherlich immer ein Mensch irgendwie bis zu einem gewissen Grad sein müssen. Es wird sicherlich dumme Daten schlau zu machen, wird sicherlich auch immer ein Mensch sein müssen, weil der der Maschine sagen muss, wie er die Daten zu interpretieren hat. Also das sind sicherlich Jobbilder, die wir heute so noch nicht so flächendeckend haben, also Datascientist wird das ja oft genannt. Und da muss man sicherlich in Weiterbildung und Ausbildung massiv investieren, sowohl als Unternehmen, als auch als Gesellschaft. Kann man da jeden der heute Instandhalter an einer Maschine ist mitnehmen? Das ist wahrscheinlich schwierig. Und dafür muss sich die Politik schon etwas einfallen lassen, weil ich nicht glaube, dass der Reichtum der Volkswirtschaft schrumpft. Man muss sich nur überlegen, wie man dieses erwirtschaftete Gut vielleicht anders verteilt. Also wenn die Wertschöpfung die gleiche ist, aber mit weniger Menschen, dann muss man sich halt überlegen, wie man Gewinne von Unternehmen anders besteuert, weil man eine Umverteilung hinkriegen muss. Das ist sicherlich etwas, was eine Diskussion ist, die die nächsten Jahre da bestimmen wird, weil-.

I: Und denkst Du, diese Diskussion sollte auch jetzt schon bereits geführt werden? Die wird ja auch schon im Kleinen, so universelles Basiseinkommen ist ja immer wieder-.

B: Genau, das ist ja so die erste Diskussion, die es dazu gibt. Ob das die richtige Lösung ist, weiß ich noch nicht. Im Moment, glaube ich, sollte man das eher dann in Weiterbildung, Ausbildung und so weiter investieren, als jetzt den Leuten einfach ein Grundeinkommen zu geben. Ich meine, das gibt es heute in Deutschland auch schon. Es ist vielleicht nicht so hoch. Letztendlich gibt es auch schon ein bedingungsloses Grundeinkommen. Also von daher ist das sicherlich auch eine Chance sich als Gesellschaft auch weiterzuentwickeln, aber das ist definitiv eine Diskussion, die geführt werden muss, weil es wird andere Arbeitsplätze geben. Es wird viele Arbeitsplätze für gering qualifiziert heißt das, glaube ich, immer, so ein bisschen, da wird viel wegfallen. Aber, ich glaube, auch andere Jobprofile, wie den des Controllers, heute studierter Betriebswirt, hoch qualifiziert, hochbezahlt, wird es deutlich weniger geben in Zukunft.

I: Wir hatten ja auch dieses Schlagwort, überall wo halt viele Datenmengen quasi analysiert, verarbeitet werden müssen, das kann wahrscheinlich längerfristig eine Maschine abdecken. Investmentbanker ist ja auch so etwas, kommen ja auch viele so rechnerische Themen mit rein. Und ich glaube, da wird wahrscheinlich auch sehr, sehr viel wegfallen. Gut, dann sind wir schon bei der letzten Frage, genau. Ich habe am Ende noch mal so eine ethische Betrachtung mit hereingebracht auf das ganze Thema. Wir hatten es ja jetzt auch schon quasi von Arbeitsplätzeentfall, dass auch viel Zeit investiert werden muss in die Umschulung der eigenen Mitarbeiter, aber dass wahrscheinlich trotzdem nicht jeder mitgenommen werden kann. Macht das dann überhaupt Sinn, jetzt rein aus einer gesellschaftlichen Perspektive, dann weiterhin auf so eine Technologie zu setzen, wo man eigentlich jetzt schon ganz genau weiß, die wird so einen Markt disruptieren und wahrscheinlich auch Leuten, mal sehr harsch formuliert, die Lebensexistenz wegnehmen, indem eben Jobs entfallen werden.

B: Klares Ja. Du wirst die Technologie nicht aufhalten. Alles was möglich ist wird der Mensch auch irgendwie machen. Du musst dich halt dazu als Volkswirtschaft oder auch als Gesellschaft hingehend aufstellen. Du musst die Bedingungen halt untersucht werden wenn es Schwierigkeiten gibt. Aber man darf dafür nicht die Chancen, die auch eine Technologie mit sich bringt, die vielleicht tatsächlich das Leben auch insgesamt besser zu machen für viele. Und wenn man mal überlegt was wir für einen Lebensqualitätssprung in den letzten 50 Jahren gemacht haben, das auf Technologie, dann sollte man die Chance sich nicht wegen (I: Nicht nehmen lassen.) aus Angst es könnte irgendetwas passieren, sich nicht nehmen lassen, sondern das tatsächlich auch als Chance begreifen, um da hineinzugehen. Und dass für die, wo es wirklich tatsächlich zum Negativen wird, dass den Aufprall möglichst sanft zu gestalten, dass man das in sozialem Frieden alles über die Bühne geht. Ohne den bringt ja auch die beste Technologie nichts. Also die Menschen müssen schon auch leben können.

I: Aber das deckt sich mit den anderen Aussagen der Experten.

B: Hoffe ich doch.

I: Genau, die haben auch gesagt, Technologie kann man nicht aufhalten. Und wahrscheinlich wird am Ende mehr Positives dabei herumkommen. Also Leute, auch in der Krebsfrüherkennung beispielhaft, werden Vorteile haben, als die Leute, die jetzt quasi am Anfang zumindest Mitleidende sind von dem Ganzen.

B: Ja, da gibt es ja ganz viele Sachen, also Medizin, das tägliche Leben, alleine was so etwas hier (I: Ersparnis gebracht hat.) Ersparnis gebracht hat und dein Leben verändert hat und Möglichkeiten gegeben hat, die man heute nicht hat. Reisen, Kommunikation, alles Dinge, die es vor 30 Jahren (I: Nicht gab.) so nicht gegeben habt. Wenn man sich überlegt, was das früher war, Freunde in den USA zu haben.

Die hat man zweimal im Leben gesehen und dann nie wieder. Heute kannst du jeden Tag skypen. Also von daher klares Ja zur Technologie.

7.9 Transkribiertes Experteninterview 7

Durchführungsdatum: 11. November 2018
Interviewdauer: 27 Minuten und 23 Sekunden
Geschlecht: Männlich
Höchster akademischer Abschlussgrad: Diplom-Betriebswirt
Aktuelle berufliche Position: Bereichsleiter Qualifizierung

I: In die Mitte. Perfekt. Genau. Funktioniert auch. Also, erste Frage lautet: Inwiefern meinen Sie denn, dass Automatisierungsprozesse bereits heute Einfluss nehmen insbesondere auf Managemententscheidungen in Unternehmen? Oder eben, dass das Management, anders formuliert, sich bereits heute auch so Software generierte Ergebnisse eben stützt und darauf basierend dann Entscheidungen fällt.

B: Was meinen Sie mit Software generierte Prozesse?

I: Software generierte Prozesse meine ich beispielshaft ein CRM-Programm. Wo quasi automatisch angibt beispielshaft, welcher Großkunde als nächstes angesprochen werden müsste. Oder auch Software, die dann eben Zahlen analysiert, und dann darauf basiert eben irgendwelche Handlungsempfehlungen ausspricht oder zumindest eine Richtung vorweist.

B: Ja, glaube ich schon, dass das einen großen Einfluss hat. Mit Sicherheit. Und gerade die Automatisierung hat dadurch eine große Auswirkung auf Arbeitsplätze und Sonstiges. Dass halt in einem Bereich Tätigkeiten vielleicht wegfallen, aber dafür vielleicht in einem anderen Bereich Arbeitsplätze geschaffen werden. Weil ich muss ja diese Anlagen dann auch warten, instand halten und so weiter. Aber vielleicht so die niederschwelligen Dinge fallen dann sicherlich weg. So einfache Montagetätigkeiten oder so, die dann halt ein Roboter oder eine Automatisierungsanlage erledigt.

I: Gerade weil Sie jetzt darauf eingegangen sind, dass Arbeitsplätze entfallen werden und neue entstehen. Denken Sie, das wird sich die Waage halten? Oder glauben Sie, dass eher mehr wegfallen werden und weniger entstehen?

B: Also ich glaube, im ersten Schritt werden eher mehr wegfallen und vielleicht weniger entstehen. Weil ich muss ja dann auch irgendwie, muss sich das Ganze ja auch amortisieren. Es muss sich dann ja auch rechnen. Und wenn nicht mehr Arbeitsplätze wegfallen, dann rechnet es sich ja nicht. Dann muss ich ja investieren. Es könnte aber natürlich sein, dass man dann vielleicht die Produktion erweitert und mehr automatisiert. Mehr Stückzahlen dann macht. Und dann könnten vielleicht wieder mehr Arbeitsplätze entstehen. Aber im ersten Schritt, glaube ich, werden Arbeitsplätze zu einem bestimmten Bruchteil wegfallen.

I: Okay. Auch aus der Frage heraus, man könnte ja beispielshaft auch so Strukturen dann anwenden, dass die Leute beispielshaft nur noch 20 Stunden die Woche arbeiten. Also einfach weniger arbeiten, aber quasi man dieselbe Stückzahl an Personal beibehält. Aber dann eben durch diese Maschinenunterstützung einfach weniger menschliche Arbeitskraft benötigt. Auf der anderen Seite, glauben Sie auch, dass Leute umgeschult werden können? Also das heißt, gerade wenn man sagt, in der Produktion muss wahrscheinlich oder wird viel automatisiert. Dass die Leute dann einfach in andere Abteilungen gesetzt werden können, die eben diese Automatisierung jetzt nicht im ersten Schritt unbedingt-.

B: Kann man sicherlich zu einem bestimmten Teil. Wenn sie jetzt aber einfache Montagetätigkeiten sind, dann bin ich mir nicht sicher, ob das Personal auch die Voraussetzungen mitbringt, in die höherwertige Tätigkeit einsteigen zu können. Das ist immer die Problematik. Oftmals sind es ja einfache Tätigkeiten, einfache Menschen, sage ich mal. Die vielleicht nicht unbedingt diesen Hintergrund haben, später diese Anlagen warten zu können. Da brauche ich vielleicht ein anderes Niveau. Und das wird vielleicht nicht immer funktionieren. Die andere Schiene, dass man sagt, der Arbeitsplatz entfällt nicht ganz, sondern wird vielleicht zu 80 Prozent oder zu 60 Prozent von einer Maschine unterstützt, und er hat nur noch 40 Prozent. Da ist natürlich die Frage, kann er mit diesen 40 Prozent Arbeitstätigkeit überleben? Verdient er da so viel, dass er seinen Lebensunterhalt bestreiten kann? Das ist die große Frage. Andererseits muss man klar sagen, wenn Arbeitsplätze wegfallen, die sehr stark auf Gesundheit gehen. Wo man weiß, das kann man vielleicht zehn Jahre machen und dann ist der Rücken kaputt, dann ist natürlich eine Automatisierung in Richtung Lebensqualität, in Richtung Gesundheit der Mitarbeiter sicherlich wieder anzustreben.

I: Gerade weil wir es davon haben. Denken Sie wirklich, dass so ein harter Cut kommen wird? Das bedeutet, wirklich Arbeitsplätze entfallen oder am Anfang, weil wir sind ja relativ in einem Frühstadium von dem Ganzen, was Automatisierung, KI angeht. Dass man erst mal sagt, man bringt das unterstützend ein. Das heißt, man hat einfach auch einen höheren Outcome von der Arbeitsleistung. Das heißt, die

Maschinen unterstützen erst mal nur den Menschen. Der Mensch arbeitet auf 40 Stunden auch weiter. Man stellt nur dann weniger ein. Und versucht dadurch, dass so ein bisschen schleichend oder langsam zu gestalten. Dass die Leute eben nicht direkt ihren Arbeitsplatz verlieren.

B: Also ich denke, in dem Prozess sind wir seit vielen Jahren ja schon mittendrin. Automatisierung hat sich ja in der Automobilindustrie so dermaßen etabliert und durchgesetzt. Also wenn ich vor zehn, 15 Jahren in der Automobilindustrie drin war, dann hat man noch wahnsinnig viele Leute gesehen. Jetzt vor Kurzem im Sommer war ich wieder bei Audi und habe dort die Produktion gesehen. Das sind ja deutlich weniger. Deutlich weniger Menschen unterwegs. Vielmehr ist dort automatisiert. Da haben wir schon ein riesen Level erreicht, sage ich mal. Muss man klar sagen.

I: Wobei, also so medial wird das Thema ja gar nicht so stark aufbereitet. Weil wenn Sie jetzt sagen, Sie haben jetzt schon erlebt, wie in kürzester Zeit eigentlich viel viel weniger Leute in der Produktion arbeiten. Wo sind denn die Menschen hin? Also das kann ja nicht sein, dass die dann alle arbeitslos wurden. Haben Sie da vielleicht eine Erklärung zu?

B: Also zum Teil klar, dass sie dann zum Beispiel in der Automobilindustrie geblieben sind. Aber die Automobilindustrie hat ja aufgestockt, höhere Stückzahlen gemacht. Und die höheren Stückzahlen verbunden mit Automatisierung. Aber dafür haben sie halt vielleicht nicht nur eine Linie, wo sie ein Auto produzieren, sondern drei parallel. Brauchen aber nicht mehr Mitarbeiter, weil sie das über die Automatisierung abgedeckt haben. Denke ich mal. Also dort wird es sicherlich so sein. In anderen Bereichen sieht es wieder anders aus. Also wenn ich jetzt die Logistikbranche anschaue oder so. Auch dort zieht die Automatisierungstechnik ja enorm ein. Also was man früher alles an Personal gebraucht hat. Amazon zum Beispiel. Um Material aus irgendwelchen Regalen rauszuholen, zusammenzustellen, zu verpacken und so weiter. Dort hat ja auch die Automatisierung enorm eingehalten. Und da spart man natürlich dann auch Personal. Aber braucht immer noch Personal, was vielleicht Tätigkeiten macht, die aber nicht mehr so anstrengend sind.

I: Wir hatten jetzt gerade Schlagwort Automobilindustrie. Die wahrscheinlich stark betroffen sein wird. Wahrscheinlich auch durchs autonome Fahren auch an sich. Logistik. Was für Bereiche denken Sie denn noch, sind jetzt zumindest gerade am Anfang sehr sehr stark betroffen von künstlicher Intelligenz, Automatisierung?

B: Ich denke schon in Richtung, wenn ich jetzt an den Speditionsverkehr denke. Wenn die LKWs automatisiert fahren, wird man sicherlich dort auch entsprechende Arbeitsplätze verlieren. Oder weniger Personal brauchen. Oder einfaches Beispiel, wenn bei mir der Müll vorm Haus abgeholt wird, ja da kommt teilwiese jetzt halt ein Müllwagen, da sitzt nur der Fahrer drin und steuert seinen Arm und holt den Mülleimer hinten zum Auskippen hoch. Aber nicht immer, ja, nicht immer. Also eine Zeit lang kam nur noch der. Jetzt sehe ich aber verstärkt wieder, dass zwei Männer hinten draufstehen. Ich weiß es nicht, an was es liegt. Vielleicht hat es doch nicht überall funktioniert. (I: Arm defekt.) Arm defekt. Ich weiß es nicht. Vielleicht kommen aber auch diese Müllwägen nicht in jede kleine Straße rein. Und da hat man gemerkt, mit Personal geht es vielleicht doch einfacher.

I: Und gerade auch, wenn wir mal Richtung in Finanzen schauen, Controlling. Also gerade die Abteilungen, die eben mit Datenmengen zusammenarbeiten. Die halt interpretiert werden müssen. Glauben Sie, dass da auch sehr sehr stark irgendwie am Anfang automatisiert wird. Oder glauben Sie, gerade diese Rechenleistung, oder dann die resul-, die Ergebnisse, die Interpretation der Daten, müssen noch Menschen aktuell machen?

B: Ich glaube, das Interpretieren der Daten und zu überlegen, Schlüsse daraus zu ziehen, ich glaube, das wird im Moment noch sehr sehr viel von Menschen gemacht. Und ich glaube, dort kann eher mit künstlicher Intelligenz später noch mehr einziehen. Denke ich mal. Aber ich glaube, da ist noch viel Bedarf. Das wird noch nicht, also viel Entwicklungsbedarf. Das wird noch nicht so weit sein. Denke ich mal. In anderen Bereichen ist man da schon weiter. Oder wenn ich jetzt an Steuer, Steuerberater, an Finanzberater und Sonstiges denke. (I: Versicherungen.) Da glaube ich, hat man zwar Steuerprogramme. Ich mache ja meine Steuer mittlerweile auch mit irgend so einem Steuerprogramm. Und kriege das hin. Ohne Steuerberater. Obwohl ich es nicht gerne mache. Aber ich bin schon erstaunt, wie gut diese Systeme schon unterstützen. Was sie alles vorschlagen und machen. Und deswegen glaube ich, dort wird es auch vorangehen. Wobei das immer noch viel zu kompliziert ist, das ganze Finanz und Steuerwesen.

I: Das kommt ja jetzt vielleicht auf den Bierdeckel. Man weiß es nicht.

B: Das sagen sie schon lange. Das sagen sie schon lange.

I: Genau. Also gerade weil wir auch jetzt dieses Beispiel haben, wo ein Kranarm vielleicht defekt ist. Man begibt sich ja gerade auch immer mehr, wenn man auf Automatisierung setzt oder auf KI, in Abhängigkeit. (B: Genau.) Ist das aus Ihrer

Sicht sinnig? Gerade wenn man weiß, man ist jetzt eigentlich in einem Frühstadium noch? Jetzt schon direkt so drauf zu setzen auf diese ganze Thematik?

B: Das muss, die Technik muss schon ausgereift sein. Ganz klar. Weil wenn die Technik dann versagt, und ich kann von Hand nichts mehr machen, dann bin ich sehr schnell am Limit. Wenn ich schaue, in den Firmen, wenn dort die EDV versagt, dann können die Mitarbeiter vielleicht noch einen halben Tag arbeiten, und dann ist Ende. Dann ist vorbei. Sobald der Schreibtisch und Papier aufgeräumt ist, und der Rechner und das Netzwerk funktioniert nicht, und ich komme nicht an meine Datenbanken und an meine Daten ran, dann kann ich die Leute nach Hause schicken. Dann kann ich nicht mehr sinnvoll arbeiten. Wenn ich gerade an Konstruktionsbüros denke oder so. Wo alles mit dem Rechner, mit CAD funktioniert. Wenn da der Rechner streikt, und ich komme an meine Datenbank mit den CAD-Daten nicht mehr ran, ist Ende, kann ich nichts mehr arbeiten. Und da ist die Abhängigkeit enorm groß natürlich.

I: Die Frage, die sich dahinter verbirgt, ist einfach, aus Ihrer Sicht, ist es eben aktuell sinnig, dann gerade, wenn man weiß, man hat vielleicht noch eine, auch wenn sie sehr klein ist, eine Ausfallquote? Weil man eben in diesem Frühstadium ist. Auf der anderen Seite, wenn das System funktioniert, kann man sich auch so einen gewissen Wettbewerbsvorsprung zu der Konkurrenz erarbeiten. Also glauben Sie, es ist besser jetzt schon darauf zu setzen? Oder erst mal noch abzuwarten, bis man wirklich sagt, okay, jetzt ist es komplett ausgereift, und man hat eigentlich eine null Prozent Toleranz auf Fehler?

B: Ich glaube, das kann man so global gar nicht beantworten. Das muss man immer im speziellen Fall sehen und prüfen, denke ich mal. Und viele Firmen machen das ja auch. Dass sie erst mal so eine Probeinstallation machen oder einen Teilbereich automatisieren, um Erfahrungen zu sammeln. Und wenn sie dann merken, es funktioniert, und es tut, erst dann stellen sie wahrscheinlich komplett um. Also als Unternehmer würde ich, glaube ich, nicht das Risiko wagen und von heute auf morgen sofort umzustellen, ohne irgendeinen kleinen Bereich mal probiert zu haben. Oder woanders das gesehen zu haben, und zu wissen, es funktioniert. Also ich glaube, wenn man da reinstolpert, dann könnte man unter Umständen ganz schön auf die Nase fallen, wenn das nicht ausgereift ist.

I: Gehen wir nochmal kurz zurück auf dieses ganze Thema Rekrutierung. Glauben Sie, dass Unternehmen aktuell bereits verstärkt eigentlich darauf achten sollen, dass auch Mitarbeiter, die vielleicht jetzt aktuell noch nicht unbedingt in Automat-

, in Digitalisierungs- oder IT-Tätigkeiten eingebunden sind, aber trotzdem jetzt gerade in der Nachrekrutierung diese Skills mitbringen müssen. Also eine gewisse technische Affinität.

B: Glaube ich schon, dass das heute wichtig ist. Dass man in dem Bereich was mitbringt. Also wenn ich einen neuen Mitarbeiter einstelle und ich habe die Möglichkeit, bei Dreien auszuwählen, würde ich sicherlich jemanden auswählen, der in dem Bereich ein bisschen eine Ahnung hat und ein bisschen Wissen mitbringt. Denke ich mal.

I: Und Sie gehen da auch davon aus, dass es immer wichtiger wird, dass man-. (B: Ja.) Gerade für mich als Betriebswirtschaftsstudent ist es wahrscheinlich aus Ihrer Sicht dann auch ratsam, sich nochmal mit einer gewissen IT-Komponente zu beschäftigen. Dass man zumindest das Hintergrundwissen hat. Wie das Ganze funktioniert.

B: Glaube ich schon. Das glaube ich schon, dass das heutzutage sehr wichtig ist. Aber auch nicht nur Wissen ist wichtig. Sondern dass ein Mitarbeiter sich schnell Dinge aneignen kann. Dass er flexibel ist. Dass er sehr schnell in Gebieten drin ist. Also ich glaube, der Mitarbeiter, der alles Mögliche weiß, Wissen gespeichert hat und es jederzeit wiedergeben kann. Das war der Mitarbeiter von früher. Der Mitarbeiter von heute, der muss sehr flexibel sein. Der muss ständig am Lernen sein und muss die neuen Medien auch nutzen können. Also ich glaube, es ist ein Wandel bei den Mitarbeitern da. Ganz wichtig. Und die müssen auch bereit sein, neue Dinge anzunehmen. Und nicht zu sagen: „Das haben wir schon 20 Jahre so gemacht. Das machen wir auch die nächsten zehn Jahre so. Punkt. Aus. Fertig." Sondern er muss bereit sein, sich mit Neuem auseinanderzusetzen, und das Neue auch annehmen. (I: Also agiler, offener gegenüber neuen Trends, Innovation.) Agiler, offener, schneller. Genau. Und diese Handlungskompetenz und dieses sich selber einarbeiten, selber zu wissen und dranzubleiben. Ich glaube, das ist das Wichtige heutzutage.

I: Und sagen Sie, da besteht auch noch ein Bedarf gerade im Hochschulsystem, Universitätssystem? Oder wir sind ja hier auch in einem Schulungszentrum. Dass man sagt, eigentlich muss auch dort schon jetzt angesetzt werden. Und man muss eigentlich fast in jedem Bereich eben so eine IT-Komponente mit reinbringen und dementsprechend schulen?

B: Glaube ich schon. Glaube ich schon. Das sage ich auch immer hier, wenn ich Interessenten oder Bewerber zur Beratung habe. Dann sage ich auch immer: „Ihr müsst bereit sein, mit EDV-Systemen, mit digitalen Systemen und solchen Dingen umgehen zu können." Weil die haben überall Einzug gehalten. Es gibt kaum, es gibt kaum mehr irgendwas, wo ohne EDV funktioniert. Selbst wenn ich jetzt in Gartenbau oder irgendwo reingehe, dann muss ich meine Pflanzen am Computer bestellen. Dann kommt mein Angebot per Email und ich muss vielleicht meine Rechnung per Email abliefern oder wie auch immer. Also ich glaube, es gibt kaum mehr einen Bereich, wo man nicht irgendwie mit der EDV was zu tun hat. Ja, und Leute, die dann sagen: „Nein, da will ich gar nichts damit zu tun haben. Ich bin der reine Künstler, der mit Bleistift und Papier arbeitet." Oder so. Gibt es nur noch ganz, ganz selten. Denke ich.

I: Aber gerade so dieses Bleistift und Papier Denken hat man ja schon eher bei etwas älteren Mitarbeitern, die jetzt nicht unbedingt, also vielleicht verstärkt, als jetzt bei Nachwuchskräften. Glauben Sie, dass es aber einfach auch eine Einstellungssache vom Unternehmen, also das heißt, dass das Management darauf Einfluss nehmen kann, indem es halt unterkommuniziert, hey, wir müssen uns digitaler aufstellen. Leute, schaut euch bitte an. Wir bilden Vorschulung oder Schulungsmaßnahmen an. Macht das bitte. Weil es ist auch für euch und ihr habt dadurch auch eine bessere Perspektive und Zukunft. Also dass man durch eine Kommunikationsstrategie auch im eigenen Unternehmen gerade auch bei bereits fest eingesessenen Mitarbeitern da so ein Umdenken erzeugen kann?

B: Glaube ich schon. Glaube ich schon. Also das Unternehmen muss es unterstützen. Muss bereit sein, die Mitarbeiter zu unterstützen. Muss es aber auch vorgeben und vorleben. Ich glaube, das hilft schon. Natürlich muss der einzelne Mitarbeiter auch bereit sein dazu. Wenn sich einer komplett dagegen sperrt, dann wird es schwierig. Ich habe aber die Erfahrung, dass die Generation, die sich komplett dagegen sperrt, so langsam rauswächst. Der Wandel, denke ich, ist da. Vor zehn Jahren oder vor 15 Jahren gab es sehr viele Teilnehmer, die zu uns gekommen sind, die haben keine Ahnung gehabt von Computertastatur oder sonst noch was. Das erlebe ich heutzutage eigentlich gar nicht mehr. So eine gewisse Grund-EDV-Kompetenz ist, glaube ich, schon überall da. Also man muss die Tastatur und das Einschalten vom Computer und so weiter, muss man nicht mehr erklären. Das musste man aber vor zehn Jahren teilweise noch den Leuten erklären. Was ist das für eine Taste? Was ist der Gartenzaun? Was ist das @-Zeichen und so weiter. Das mittlerweile, glaube ich, braucht man nicht mehr.

I: Ich habe mir auch noch die Frage aufgeschrieben, gerade in Hinsicht, dass eben bereits sogar Software Mitarbeiter auswählt anhand ihrer Kompetenzen. Ich nenne mal ein relativ spezifisches Beispiel. Gerade im Bankensektor ist es eigentlich sehr beliebt, dass Leute in den Interviewprozess, Telefoninterview oder Videointerview eingeladen werden. Eine Software generiert Fragen, stellt die dem Interviewer, dem Interviewten. Und er wird dabei aufgezeichnet. Und am Ende wertet dann die Software seine Antworten aus, seine Gestik und Mimik. Und erst dann, wenn die Software entscheidet, der Mitarbeiter ist kompetent genug, dann wird er quasi an einen aus der Firma weitergleitet. An jemand aus HR. Also grundsätzlich, was halten Sie von dieser Entwicklung? Und ist es überhaupt ratsam, einer Maschine schon jetzt eigentlich die Auswahl von Nachwuchskräften zu überlassen?

B: Ich könnte mir vorstellen, für so eine Vorauswahl, oder so was könnte ich es mir vorstellen. Aber für die endgültige Entscheidung, bin ich der Meinung, muss auch immer noch so ein bisschen das Bauchgefühl mitentscheiden. Man muss irgendwie eine Beziehung zum Mitarbeiter haben. Der muss sympathisch rüberkommen. Das muss irgendwie passen. Ich glaube nicht, dass eine Maschine oder eine Software das schon so kann. Dass man wirklich entscheiden kann, der passt ins Unternehmen oder der passt nicht. Der passt in mein Team oder der passt nicht in mein Team. Ich glaube, da muss am Schluss immer noch der Personalchef oder der Mitarbeiter oder der Vorgesetzte noch ein Auge draufhaben. Und so ein bisschen Bauchgefühl, glaube ich, schwingt immer noch mit bei der Entscheidung am Ende.

I: Also die Vorauswahl bedeutet, gerade wenn man eine große Datenflut hat an Bewerbern, (B: Genau.) dann macht es Sinn, da vorzuselektieren? (B: Ja. Genau.) Und in der Ansprache, also dass man beispielshaft sagt, okay, man möchte die und die Skills haben von einem Arbeitnehmer. Nehmen wir jetzt mal irgend so ein Netzwerk wie LinkedIn oder Xing. Und da quasi sucht dann eine Software automatisch nach Leuten, die diese Skills eingetragen haben, und schreibt die automatisch an? Glauben Sie, dass das auch Sinn-?

B: Das könnte ich mir auch vorstellen (I: Okay.) Das könnte ich mir auch vorstellen.

I: Also gerade auch-.

B: Aber ich kenne es ja auch von früher her, wenn eine Stelle in der Firma ausgeschrieben wird, und es kommen 200 Bewerbungen oder so. Dann sortiert vielleicht schon mal auch die Sekretärin vorab drei Stapel und sagt: „Und die würden gar nicht passen. Die vielleicht. Und die sind ganz gut." Und so ähnlich könnte ich es mir natürlich auch vorstellen. Über Software oder KI. Dass man sagt, da mache ich so eine gewisse Vorauswahl, um eine große Menge, die vielleicht sowieso nicht in Betracht kommt, schon mal rauszukriegen. Um schneller im Prozess voranzukommen.

I: Glauben Sie auch, dass so was gerade, dass man immer mehr auf Maschinen oder auf Software setzt, dann auch wirklich nach außen kommunizieren soll? Also gerade auch als Firma, ja als Art Firmenmarketing betreibt? Dass man sagt: „Wir sind modern aufgestellt. Wir setzen eben auch viele Automatisierungsmaßnahmen. Dass das gar nicht so kritisch von den Mitarbeitern oder von externen Leuten, die sich für die Firma interessieren, aufgenommen wird, sondern eher positiv?

B: Nein, das würde ich eigentlich nicht machen. Ich glaube, das würde ich nicht machen. Da würde ich eher sagen, da hätte ich eher die Befürchtung, dass das vielleicht ein bisschen abschreckt und die Bewerber dann eher verunsichert. Also das würde ich wahrscheinlich eher erst mal geheim halten. Und sagen, wie ich meine Bewerberauswahl treffe, das muss ich jetzt nicht unbedingt nach außen kundtun. (I: Gerade mal-.) Kann sich aber vielleicht auch ändern im Laufe der Zeit. Ich weiß es nicht.

I: Gerade mal anders formuliert. Sollte man vielleicht auch im Wertesystem von der Firma sagen: „Nein, wir haben eigentlich die Komponente Mensch an Priorität eins. Und natürlich gibt es Automatisierung. Natürlich gibt es eine immer besser werdende KI. Aber dennoch quasi diese Menschkomponente haben wir, schützen wir. Und wir wissen zwar, dass wir im Zweifel den Mensch ersetzen könnten. Machen wir aber nicht. Weil der Mensch eben aus unserer Sicht ein wertvolleres Gut ist als eine Software."

B: Schwierige Frage.

I: Oder gerade noch Schlagwort aus wirtschaftlicher Sicht. Ist es überhaupt sinnig, den Mensch an Raute eins zu stellen?

B: Also im Moment auf jeden Fall. Ich denke, das, was ein Mensch leisten kann, mit seinem Gehirn, mit seinem Wissen, mit seiner Anpassungsfähigkeit, mit seiner Möglichkeit, anhand von Fakten zu entscheiden, ist glaube ich im Moment sicherlich noch an erster Stelle zu sehen. Ob das in zehn, 20 Jahren noch so sein wird, weiß ich nicht. Aber in bestimmten Bereichen, glaube ich schon, dass der Mensch nach wie vor mit seiner Leistung, was er so alles mitbringt, nicht zu ersetzen ist. Denke ich schon.

I: Gerade wenn wir uns unser Deutschland mal als ein Land sehen im internationalen Wettbewerb. Wie kategorisieren Sie da gerade Deutschland, das Land ein, was Automatisierung und KI angeht? Also sind wir gut dabei? Sind wir eher im Durchschnitt?

B: Ich glaube, wir sind sehr gut dabei. Sonst würden wir in Deutschland nichts mehr produzieren. Weil die Lohnkosten sind einfach hier enorm teuer. Die Produktionskosten. Man hat ja häufig auch versucht, bestimmte Dinge zu verlagern. Produktion zu verlagern in Billiglohnländer. Und hat aber festgestellt, zum Teil geht es, aber in manchen Bereichen geht es einfach nicht. Weil man dann nicht mehr die Qualität hat. Gerade im Maschinenbau zum Beispiel sind dann viele Firmen wieder zurückgegangen nach Deutschland und haben gesagt: „Wir produzieren lieber hier. Aber versuchen halt, dass auszugleichen mit Amortisierung, mit Automatisierung. Um einfach die Produktionskosten gering zu halten. Und dennoch in Deutschland zu produzieren mit einer sehr hohen Qualität." Ansonsten würden wir hier nur noch Produkte entwickeln und vertreiben. Aber vielleicht die Produktion wo anders haben. (I: Aber das-.) Oftmals ist es aber auch eine Mischung. Ein Teil wird dort produziert, vorgefertigt. Und der Rest wird dann hier fertiggemacht und dann ausgeliefert zum Kunden. Um einfach hier nochmal am Schluss zu wissen, ich habe die Qualität, die der Kunde möchte.

I: Dann um ein bisschen tiefer in die Aussage jetzt einzusteigen. Glauben Sie, dass dann Automatisierung gerade, wenn viele Unternehmen wieder zurückgekommen sind, und dann verstärkt daraufgesetzt haben, Deutschland vielleicht sogar mehr hilft als anderen Ländern? Als Wirtschaftsstandort? (B: Ja.) Weil Sie haben ja auch davor gesagt, gerade so einfache Tätigkeiten können vielleicht einfacher übernommen werden von einer Maschine als die eine sehr hohe akademische Ausbildung voraussetzen. Und gerade in Deutschland haben wir ein gutes Qualitätsniveau, was Arbeitskräfte angeht. Das bedeutet, dass halt hier man auch diese schwieriger zu findenden Positionen eher besetzen kann.

B: Glaube ich schon, dass es uns in Deutschland mehr hilft als in anderen Ländern. Also wenn ich Billiglohnländer anschaue, wo man enorm viel Personal zur Verfügung hat, was wenig kostet, dann ist es ja klar, dass man für einen Montageprozess lieber 200 Leute hinsetzt, bevor man eine wahnsinnig teure Anlage dort baut und investiert. Dann ist unterm Strich das Produzieren mit Menschen wahrscheinlich günstiger. Schauen wir uns China an oder Korea oder sonst irgendwo. Da läuft es ja in der Richtung.

I: Gut. Dann sind wir auch schon bei der letzten Frage. Ich habe am Ende noch mal so eine ethische Betrachtung in das Ganze mit reingebracht. Und zwar, gerade wenn wir uns jetzt angeschaut haben, okay, eigentlich macht Automatisierung oder KI vor fast keiner Industrie halt. Jetzt am Anfang haben wir auch gesagt, es fallen wahrscheinlich zumindest im ersten Schritt Arbeitsplätze weg. Macht das dann überhaupt Sinn, weiter auf so eine Technologie zu setzen? Obwohl wir wissen, jetzt mal sehr hart formuliert, man nimmt Leuten ihre Lebensgrundlage, nämlich ihren Job, und auf der anderen Seite entstehen auch sehr sehr hohe Kosten, weil man natürlich auch interne Prozesse und Wertestrukturen und so weiter anpassen muss.

B: Es muss ausgewogen sein, meiner Meinung nach. Wir können uns ja nicht beliebig entfalten, sondern wir haben ja auch Konkurrenz um uns herum, um Deutschland herum. Und wir können jetzt nicht sagen: „Machen wir alles nicht." Und es funktioniert dann trotzdem nicht. Wir kriegen unsere Produkte nicht verkauft, weil sie zu teuer sind und so weiter. Also ich denke, wir werden einerseits dazu getrieben, das zu tun, müssen aber versuchen, es so ausgewogen zu tun, dass es funktioniert und dass es klappt. Das heißt, es kann nicht so sein, dass wir nachher plötzlich 20, 30 Prozent Arbeitslose haben. Dann wird es nicht funktionieren in Deutschland. Sondern es muss ungefähr ausgewogen sein. Und da hängt es natürlich auch damit zusammen, dass man halt guckt, wenn durch Automatisierung Arbeitsplätze wegfallen, dass man vielleicht über andere Branchen, andere Bereiche das ausgleicht. Wo man Personalmangel hat und braucht, Beispiel Altenpflege. Da sucht man händeringend Leute, und keiner will dort aber hin, weil schlecht bezahlt ist, weil es sehr anstrengend ist, und die Arbeitszeiten auch nicht ideal sind. Aber dann muss man halt das so irgendwie hinkriegen, dass man diese Nachteile wegkriegt. Dass die Arbeitszeiten vielleicht doch noch attraktiv sind. Das Lohngefüge muss einfach dann stimmen. Es muss bezahlbar sein, aber es muss halt auch so sein, dass wenn jemand in der Altenpflege arbeitet, dass er auch überleben kann mit dem, was er verdient. Und das wird die spannende Geschichte sein, das hinzukriegen. Und da muss natürlich auch die Politik und die Industrie sehr eng miteinander zusammenarbeiten, damit das funktioniert. Und da habe ich so manchmal das Gefühl, dass das nicht so richtig klappt diese Zusammenarbeit.

I: Das wäre auch noch eine Frage gewesen. Inwiefern Sie wirklich denken, dass da eben gerade politische gesetzliche Rahmenbedingungen geschaffen werden müssen, oder vielleicht auch unternehmerische Regeln definiert werden müssen. Und auch bereits heute man sich überhaupt mit dieser Thematik auseinandersetzen muss. Also dass man gerade sagt, man muss eigentlich dieser Massenarbeitslosigkeit entgegenwirken. Indem man sagt, nein, man kann entweder die Leute nicht so einfach rausfeuern oder umschulen. Also da ist auf jeden Fall ein Bedarf da aus Ihrer Sicht.

B: Ja, eindeutig. Eindeutig. Das muss Hand in Hand gehen. Die müssen zusammenarbeiten. Und die müssen das insgesamt sehen. Und nicht immer nur ihr kleines Stückchen.

I: Also auch intensiver, als jetzt aktuell schon-.

B: Deutlich intensiver meiner Meinung nach.

I: Deutlich intensiver. Gut. Dann war es das auch schon. Vielen Dank.

7.10 Transkribiertes Experteninterview 8

Durchführungsdatum: 11. November 2018
Interviewdauer: 46 Minuten und 57 Sekunden
Geschlecht: Männlich
Höchster akademischer Abschlussgrad: Diplom-Betriebswirt
Aktuelle berufliche Position: Teamleiter IT-Berufe

I: Genau. Dann die erste Frage lautet, inwiefern nehmen denn heute schon, ja softwaregenerierte Handlungsempfehlungen oder grundsätzlich Auswertungsdaten von eben Automatisierung Einfluss auf Managemententscheidungen? Glauben Sie, das ist schon stark ausgeprägt? Wie auch, ja, sage ich mal zuverlässig sind denn die Daten, die aufbereitet werden? Macht das Sinn? In die Richtung.

B: Ja, ich glaube, das ist schon stark ausgeprägt. Obwohl ich gleichzeitig sicher bin, dass viele, sowohl Entscheider als auch von Entscheidungen Betroffene sich darüber überhaupt dann im Klaren sind, dass das was sie da als Entscheidungsgrundlage nehmen, in Wirklichkeit durch irgendwelche Algorithmus entstanden ist.

I: Ok. Weil sie in die, sage ich mal, Prozesse gar nicht eingebunden sind in die, wo dann diese verwerteten Daten werden, oder warum glauben Sie, wissen die gar nicht, dass sie jetzt gerade auf Daten zurückgreifen, die durch sowas entstanden sind?

B: Auch weil vielen gar nicht die Reichweite klar ist. Also ich behaupte in ganz ganz vielen Unternehmen wird sowas wie (?Balance...#00:01:20#) gemacht. Da werden auch keine Zahlen ermittelt, errechnet. Dazu verwendet man häufig, dann was weiß ich, einfach mal Excel und macht Pivottabelle dazu. Und kriegt dann irgendwelche Zahlen raus. Meine Beobachtung ist, dass oft auch diejenigen, die diese Aufbereitung der Zahlen machen, nicht wirklich wissen, was sie tun.

I: Ok. Das wäre dann in dem Fall die Controlling Abteilung. Oftmals bereiten die doch dann diese Kennzahlen auf oder?

B: Ja. Genau. Da geht es immer, also derjenige bereitet die Kennzahlen auf, der das technisch hinkriegt. Nicht, das ist nicht zwingend derjenige, der inhaltlich versteht, um was es geht.

I: Ok. Ok. Und glauben Sie, dass da oder eben gerade auch eine fortschreitende Software oder KI diese Brücke schlagen könnte? Und dann wirklich nur noch das Ergebnis rauskommt?

B: Nein. Es wird viel schlimmer. Wenn nämlich eine Software...#00:02:17# wie Microsoft den Algorithmus schon out of the box liefert, dann muss ich im Unternehmen, das dann darauf basierend Entscheidungen trifft überhaupt gar nicht mehr Gedanken machen, wie kommt diese Entscheidungsgrundlage überhaupt zustande. Ja.

I: Ja, wobei-. Geht es dann tatsächlich schon so weit, dass sie wirklich Entscheidungen, finale Entscheidungen der Maschine überlassen würden? Wenn Sie sagen, dann braucht man gar nicht -.

B: So weit sind wir heute nicht. Also ich sehe ...#00:02:48#, dass, wir bereiten Zahlen auf, aber wir verlassen uns dann als Entscheidungsträger auf diese Zahlen. (I: Und hinterfragen nicht-?) Und hinterfragen nicht, wie kommen die zustande? Wo kommen die eigentlich her. Und das ist letztendlich der Schritt, oder ich sage mal, der Gap, der dann noch viel größer wird. Wenn ich den KI eben dann mal greift. Weil dann entscheiden irgendwelche Softwareentwickler in ...#00:03:15# oder Seattle. Wie die Zahlen, die wir dann als Grundlage für Entscheidungen haben, zustande kommen.

I: Also sie definieren halt die Rahmenbedingungen.

B: Genau und ganz viele Entscheidungsträger, befürchte ich, werden treudoof folgend sagen, wenn der Pfeil nach oben geht, dann ist das eine positive Entwicklung, wenn er nach unten geht, eine negative Entwicklung.

I: Aber das bedeutet, was ich so ein bisschen raushöre, diese Abhängigkeit zu eben so einer Software oder zu Technologie, die nimmt ja weiterhin zu. Aber das ist aus Ihrer Sicht eher eine negative Entwicklung, weil die Leute dann gar nicht mehr hinterfragen. Sondern das als gegeben hinnehmen, aber eben selber die Daten gar nicht mehr interpretieren. Und das vielleicht auch verlernen zunehmend? Ja?

B: Wir haben ja schon immer den Zwiespalt zwischen Sicherheit und Bequemlichkeit. Ganz oft tendieren Menschen dann eben zu Bequemlichkeit. Warum soll ich mir Gedanken machen über einen Auswertealgorithmus, wenn es den doch schon gibt. Also natürlich ist, es muss nicht jeder das Rad selbst erfinden, ganz gute Begründungen, um ganz vieles Zeit zu lassen. Und es ist ja auch so, es muss nicht jeder jeden Algorithmus programmieren. Aber den Anspruch, zu verstehen, warum das so ist und sich vor allem über die Reichweite im Klaren zu sein, dass, wenn ich mich auf sowas beziehe, den finde ich, darf man nicht aufgeben. Dürfte man nicht aufgeben, ich bleibe beim Konjunktiv.

I: (lacht.) Ok. Und inwiefern denken Sie tatsächlich, dass das immer mehr zunimmt. Also dass immer mehr Leute davon betroffen sind? Gerade wenn Sie sagen, irgendwann wird es so sein, dass dann aus Seattle, was weiß ich, Programmierer entscheiden. Das ist aus Ihrer Sicht dann schon, ja mit einer hohen Wahrscheinlichkeit versehen, dass-.

B: Genau. Als ich an Ihrer Stelle war, das war vor 20 Jahren, da war ich gerade mit meinem Studium fertig. Da haben wir uns im Studium noch ernsthaft Gedanken darüber gemacht, in welche Berufe IT schon eine wichtige Rolle spielt. Heute können wir die Frage umdrehen und mehr suchen nach welche Berufe gibt es noch, wo IT noch keine wichtige Rolle spielt. Und ich glaube, in nochmal 20 Jahren, stellt sich diese Frage gar nicht mehr. Weil IT sämtliche Lebensbereiche betreffen wird. Und wenn das richtig ist, wovon ich fest überzeugt bin, dann ist ja klar, von woher kommt meine Einschätzung, dass wir ...#00:05:59#. Je mehr IT Grundlage für Entscheidungen werden wird, ja, oder für das Arbeiten insgesamt wird. Je mehr dabei Entscheidungen auf Grundlage von irgendwelchen Algorithmen basierte Informationen gefällt werden sollen, und dann sind wir auch heute immer noch am Schnittpunkt zwischen traditioneller Datenverarbeitung und KI. Genau. Also aus meiner Sicht ist, da zitiere ich jetzt den Chef von Cisco Deutschland. Der gemeint hat, über KI reden wir dann, wenn Echtzeit zu langsam ist.

I: (lacht) Ok.

B: Also im Prinzip alles, was nach ...#00:06:53# in der Vergangenheit liegende Datenaufbereitung, das haben wir immer schon gehabt. Das geht heute schneller, wir rechnen heute schneller. Aber das ging vor 20 Jahren grundsätzlich schon genauso. So, jetzt ist aber ja, wenn wir zum Beispiel mal ein selbstfahrendes Auto nehmen, doof wenn dieses selbstfahrende Auto erst feststellt, dass es einen Unfall gehabt hat, wenn es den Unfall schon gehabt hat. Deshalb die Idee, KI, dieses Auto soll nach vorne gerichtet, wie ein Mensch in die Zukunft entscheiden, wenn ich mich jetzt so und so verhalte, dann wird es nicht zu dem Unfall kommen. (I: Also es soll Szenarien entwickeln können.) Genau. Das wäre dann keine Echtzeit mehr, sondern das ist schneller als Echtzeit. Es denkt in die Zukunft. Das ist das, was man ...#00:07:35# traditionellerweise abspricht. So und dann sind wir an dem Punkt, wo es dann um KI geht. So dann muss uns aber immer klar sein, das gilt ja nicht nur für selbstfahrende Autos, sondern das gilt für alle Systeme, die in die Zukunft denken können. Dass dann irgendjemand die Entscheidung getroffen hat, dass sich unterscheidet von demjenigen, der die Auswirkungen der Entscheidung zu erwarten hat. Also ich als Autofahrer im autonomen Auto bin derjenige, der den Unfall hat oder nicht. Aber ich habe keinen Einfluss darauf, ob ich den Unfall habe oder nicht. Weil das hat nämlich irgendjemand programmiert, der die ganz konkrete Situation, in der ich mich jetzt befinde, überhaupt nicht kennen konnte. Weil das einfach nur vielleicht Teil von seinem Szenario war, aber vielleicht auch eine andere Situation, die es so noch nie gegeben hat. In keinem Szenario, so, das eingetragen wurde, weil es völlig unvorstellbar war.

I: Aber gerade was Sie jetzt sagen, gerade ist ja eine KI eher auf bestimmte Prozesse, ja fixiert oder halt auch eingerahmt. Also das heißt, ein Programmierer gibt Rahmenbedingungen vor wie zum Beispiel „Fahr eine gerade Straße entlang." Aber wenn es dann eben, sage ich mal in Richtung Offroad geht, kann das System nicht mehr arbeiten. Glauben Sie, dass es dann wirklich eben auch KI darüber entsteht, dass selbstlernende Systeme entstehen. Das heißt, Sie müssen gar nicht mehr weiterhin mit Daten gespeist werden, sondern speisen sich selber? Oder wie das menschliche System, wir wachsen auf, wächst auch dann irgendwann ein Computer mit seinem Wissen?

B: Den Vergleich zum menschlichen Gehirn würde ich nicht ziehen. Also menschliches Lernen funktioniert sicher anders, als Computer Lernen. Aber ich bin mir ziemlich sicher, dass zukünftig IT Systeme eine Art von Adaptivität haben werden, die dann sich selber Rahmenbedingungen erschließen können. Die dann also sowas wie, was, wir Menschen würden es als Lernen bezeichnen, sowas werden die auch machen. Das machen die übrigens heute schon. Also Ihr Telefon weiß jetzt halt, wo Sie wohnen und wo Sie arbeiten. Weil es relativ simpel hochzurechnen, wenn der jeden Tag die gleiche Strecke fährt, jeden Abend zwischen 20 Uhr und morgens 5 Uhr dort sein wird, dann wird er dort schlafen. Ja, und wenn er von 8 bis um 17 Uhr an einem anderen Ort ist, dann wird er dort arbeiten. Also da gehört jetzt nicht besonders viel dazu, auf den Schluss zu kommen. Aber das passiert ja millionenfach. Also ich habe meinem Telefon nie erklärt, wo ich arbeite. Und trotzdem sagt mir das jeden Morgen, wie lange ich ...#00:10:38#. Und jeden Abend, wie lange ich heimbrauche. Und das sogar mit einer relativ hohen Trefferwahrscheinlichkeit. Es hat noch nicht gelernt, dass ich am Samstag und am Sonntag nicht nach Weilimdorf und sagt mir das halt auch am Samstagmorgen, wie lange ich nach Weilimdorf brauchen würde. Aber das ist für mich eine Frage der Zeit.

I: Aber gerade, weil Sie gesagt haben, es ist eigentlich fast jede Industrie oder jeder dann irgendwann betroffen. Von Automatisierung, von KI, auch ganz allgemein von Software. Glauben Sie, dass dann heutzutage Unternehmen auch verstärkt darauf achten sollten, gerade auch in der Rekrutierung von neuen Mitarbeitern, dass diese dann schon eine gewisse IT Affinität mitbringen. Auch wenn es, sage ich mal, ihr jetziger Beruf gar nicht unbedingt eine Art von IT Affinität erfordert?

B: Ja, zwingend. Also zumindest Anwender, IT Anwender können das, müsste so selbstverständlich sein wie Rechnen, Lesen, Schreiben.

I: Ok. Also die Basics. Ist wie Deutsch, Mathe, IT. (B: Genau.) Ok.

B: Also auch den Trend sehe ich schon. Also ich meine, E-Mails schreiben, im Internet surfen, Word bedienen, kann echt jeder. Da wird noch einiges dazukommen. Handy bedienen kann auch jeder.

I: Aber Excel Makros schreiben kann schon nicht jeder.

B: Ja, muss aber wahrscheinlich auch gar nicht sein.

I: Ja, ok. Aber gerade, wenn Sie sagen, da gibt es schon Entwicklungen, sagen Sie, dass Universitätsumschulsystem sich dahingehend schon positiv entwickelt, das heißt, mehr IT Studiengänge werden angeboten, oder dass Unternehmen das tatsächlich schon erkannt haben. Und eigentlich mittlerweile in diese Anforderungen an Mitarbeiter reinschreiben: IT Anwenderkenntnisse oder IT Kenntnisse?

B: Menschen lernen halt auch, ohne dass es formale Strukturen dafür gibt. Und zwar ganz ganz viel. Und ich glaube, das ist zwischenzeitlich eh jedem klar, dass man so ein bisschen Computer Bedienen zu den allermeisten Jobs dazugehört. Und deshalb braucht es auch keine besondere Ausbildung dafür. Ja, Menschen setzen sich da hin. Ich glaube, dass da Volkshochschule auch eine viel wichtigere Rolle spielt als Hochschule. Ja. Wo ich allerdings ein Problem sehe, ist niemand beschäftigt sich freiwillig mit sowas wie Sicherheit oder wie Sie mit gesellschaftlichen Auswirkungen. Also die Kompetenz, ein System bedienen zu können auch mit Daten zu füttern, die vielleicht anschließend wiederum verarbeitet werden oder

147

irgendwelche Schlüsse zulassen, ist relativ hoch und relativ verbreitet. Die Kehrseite der Medaille, nämlich Sensibilisierung für, was gebe ich von mir dort bekannt. Was mache ich von mir öffentlich, was mache ich nicht öffentlich. Wie gehe ich mit der Sicherheit um, ja. Das ist ein Problem. Und dadurch können natürlich auch Daten generiert werden, die eher negativer Natur sind. (I: Ok. Also die gegen einen eingesetzt werden könnte.) ...#00:14:28# Facebook Datenskandal miterlebt hoffentlich nur aus der Ferne, war nicht selber betroffen. Was man ja nicht weiß. Auch sowas ist natürlich dann, je mehr Daten irgendwo verfügbar sind, desto größer ist die Chance, dass jemand pathologisch diese Daten nutzt. Und auch dafür können natürlich konsequenterweise Systeme eingesetzt werden, die sowas wie KI beinhalten, die irgendwas ausrechnen, die was weiß ich, vielleicht tatsächlich eine Liste generieren, mit potenziellen Kunden, damit ich die kontaktieren kann, um denen zu versprechen, dass sie ihre ...#00:15:13#.

I: Aber gerade jetzt auch mit diesem Hintergrund der Abhängigkeit und vielleicht auch der Sicherheit, wenn man, sage ich mal KI immer mehr auch Verantwortung überlässt, denken Sie, das ist dennoch der Schritt in die richtige Richtung? Auf sowas weiterhin zu setzen, auf eine Automatisierung, auf eine, ja auf eine softwareunterstützte Interpretierung von eben eigenem Wissen oder von privaten Daten. Also macht das Sinn, weil es dann am Ende doch wesentlich mehr Effizienzersparnis bringt und auch die Gesellschaft als solches vorantreibt?

B: Sie haben gerade gefragt, ob es Sinn macht, weiterhin auf sowas zu setzen? (I: Genau.) Es gibt niemand auf der Welt, der diese Frage beantworten muss, ja weil die, das Gros der Menschheit hat sich implizit dafür entschieden, diesen Weg zu gehen. Der Weg ist eingeschlagen. Und man kann den nicht mehr bremsen. Es wird einfach weitergehen, weil das eine gesellschaftliche Entwicklung ist. Die, die Frage, die sich stellt ist, ob ich als einzelnes Unternehmen mich beteilige oder nicht. Aber es gibt zwischenzeitlich-. (I: Aber auch als Einzelunternehmen? Wenn Sie sagen, die Menschheit hat sich dafür entschieden, besteht dann überhaupt noch die Möglichkeit eines Unternehmens, zu sagen, nein, ich halte mich da raus.?) Natürlich nicht. Also in Wirklichkeit nicht. Aber ich kann es natürlich ...#00:17:00#. Ich kann sagen, ich mache mit, ich will das auch. Oder ich mache nicht mit. Ich diskutiere gerade mit meinen Mitarbeitern häufig über die Frage, ob denn Alexa was Vernünftiges ist oder nicht. Ich bin der Meinung, wir als ITler, du in der IT Ausbildung, müssen uns mit Sprachsteuerung beschäftigen, weil das die Zukunft sein wird. ...#00:17:30# habe ich mich mit vielen Menschen unterhalten, die vor einer ähnlichen Situation stehen und kommen immer wieder zu der Antwort, dass diejenigen, die das Stand heute am besten im Griff hätte, Amazon sei. Dann ist es doch nur konsequent, sich anzugucken, wie treibt das Amazon. Und das ist es aus meiner Sicht und das ist das, was dann zu Diskussionen bei uns führt, wenn ich sage, wir wollen IT Ausbildung machen auf Stand der Zeit, verweigern uns aber, eine Technik, die von einem Konzern stammt wie Amazon-. Weil Amazon eben so ein Konzern ist, man weiß nicht wie Onkel Fritz Buchlädle am Eck gefährdet ist, dadurch dass es diesen riesen Konzern in den USA gibt, der auch Bücher verkauft. Es ist so. Und. (I: Aber das Fazit ist-.) Wir retten nicht den Mikrobuchhandel bei uns im Dorf, wenn wir versuchen, den Kampf gegen die Windmühle aufzunehmen, sondern wir retten den Buchladen höchstens dadurch, wenn wir einfach mal ...#00:18:36# Amazon uns hilfreich ist und wir unsere Bücher einkaufen beim Buchladen ums Eck. Also das eine tun, ohne das andere zu lassen. Würden wir uns nicht beschäftigen mit dem Thema Spracheingabe, dann macht es ein anderer und dann sind wir diejenigen, die am Schluss benachteiligt sind, weil wir eben nur über Tastatur eingeben können und nicht über Sprache. Gut, das ist das Problem, vor dem ganz ganz viele Unternehmen stehen. Klammer auf werden Klammer zu. Vielleicht heute noch nicht, aber in Zukunft. Man kann sich natürlich verschließen. Man kann irgendwie waldorfmäßig Gemüse anbauen auf dem Acker. Dann macht es wahrscheinlich auch nicht wirklich, dann gibt es die Notwendigkeit nicht, dass man Sprachsteuerung von Maschinen, wenn man die Salatköpfe mit der ...#00:19:30# bewirtschaftet. Aber sobald man irgendwie Technologie produziert, vertreibt, wird man nicht drum rumkommen, sich auch mit moderner Technologie auseinanderzusetzen. Und dann ist ja ganz häufig die Fähigkeit-. Ich bin mir sicher, wir reden in zehn Jahren regelmäßig mit unseren Autos.

I: Ja, ich, also gerade, wenn Sie sagen zur Spracherkennung, Google hat ja jetzt vor Kurzem auch vorgestellt, dass sogar die Google KI Anrufe vollführt, zum Beispiel einen Friseurtermin vereinbart. Oder in einem Restaurant einen Tisch reserviert. Und Sie haben das tatsächlich vorgestellt und live durchgeführt. Und die Leute, die am anderen Ende saßen, also Menschen, denen ist es nicht aufgefallen, dass sie mit einer KI reden. Also von daher, wenn das heutzutage schon möglich ist, dann muss man nur 5,10 Jahre mit unserer heutigen Entwicklungsgeschwindigkeit prognostizieren und dann denke ich schon, dass viele Menschen dann davon betroffen werden, sind und auch die Technologie dann nutzen. Insbesondere im Unternehmensumfeld. Gerade wenn Unternehmen mittlerweile eigentlich gar keine Möglichkeit mehr haben zu sagen, ok wir setzen nicht auf diese Technologie. Besteht dann wenigstens die Möglichkeit aus Ihrer Sicht und wenn dann, wie, die eigenen

Mitarbeiter vielleicht auch so ein bisschen zu schützen? Weil man hat natürlich je mehr Intelligenz aus technischer Sicht kommt, desto weniger brauchen wir Intelligenz von menschlicher Sicht. Würde ich jetzt mal so in den Raum werfen. Sie können mir gerne widersprechen. Braucht man dann ein Wertesystem, unter dem, dass man sagt, nein, zum Beispiel ein Unternehmen sagt, die Komponente Mensch ist uns immer wichtiger als ein Computer grob gesprochen?

B: Ich hoffe, dass das heute noch so ist und auch in Zukunft so bleiben wird. Allerdings macht es aus meiner Sicht keinen Sinn, dass ein Mensch Tätigkeiten ausführt, die ein Computer besser kann. In Anbetracht dessen, dass wir ja über Fachkräftemangel diskutieren, ja. (I: In Deutschland, ja.) Ist es doch nur sinnvoll, wir lassen den Computer das machen, was der Computer besser kann. Konzentrieren uns darauf, das zu tun als Menschen, was der Mensch besser kann. Stand heute sind wir immer noch kreativer als ein Computer. Kreativität ist ja so eine Art von Intelligenz, die Maschinen immer noch überwiegend abgesprochen wird. Wir sind empathischer. Wir können schneller eingehen auf unser Gegenüber als es die Maschine kann.

I: Der SAP Chef hat mal gesagt „Machines can't dream." So, das zahlt ja da mit ein, ja. Aber gerade, wenn Sie sagen so, Einstellung sollte eigentlich sein, das was eine Maschine besser kann, machen kann, soll die Maschine auch tun. Denken Sie nicht, dass gerade mit künstlicher Intelligenz irgendwann Maschinen 80 Prozent besser können von heutiger Arbeitstätigkeit?

B: 80 nicht. (I: Glauben Sie nicht?) Nein.

I: Ok. Gerade wenn man eben jetzt diese Google Beispiel wieder aufnimmt, wenn zum Beispiel eine Kommunikation möglich ist zwischen einem Menschen und einer Maschine und dem Menschen fällt das noch nicht mal auf-. Oder warum sagen Sie, warum nicht 80 Prozent? Was glauben Sie, kann man nicht automatisieren oder wo sind da die Grenzen?

B: Also alles was face to face stattfindet, kann man nicht automatisieren. Da fällt es auf.

I: Also Vertrieb.

B: Genau, Beratung. Der ganze Bereich Personal, nahe Dienstleistungen. Ich würde mir jetzt die Haare nicht von einem Roboter schneiden lassen. Ja.

I: Ok und dann Gegenfrage-.

B: Und Pflege, all sowas. Kann ich mir jetzt nicht vorstellen. Da können sicher Roboter unterstützend tätig sein, das ist ja auch ok. Es muss ja nicht sein, dass die Krankenpflegerin den 100 Kilo Menschen händisch in der Gegend rumträgt. Wenn sie da irgendwie so eine Roboterunterstützung hätte, die dabei hilft, da ist das ja nur sinnvoll. Aber Unterstützung und dann sind wir über alle Bereiche hinweg, also weit weniger als 80 Prozent. 50 oder 55, vielleicht auch 60. Auf jeden Fall weniger als 80.

I: Ok, aber gerade, wenn man dann schon sagt, 50 Prozent ist ja eigentlich auch eine relativ hohe Zahl. Also das heißt, es werden Arbeitsplätze einfallen. Denken Sie, dass die Mitarbeiter dann umgeschult werden können? Also wenn man sagt, ok Sie sind jetzt auf einer Position, die kann eine Maschine besser. Wir setzen die Maschine jetzt ein. Wir wollen Sie aber als Mensch, als Arbeitskraft behalten. Dass man die Leute dann in kreativere oder eben Menschen nähere Positionen setzt, oder kritisch?

B: Also auch wenn die Entwicklung der IT ziemlich schnell vor sich geht, ist ja jetzt nicht die Gefahr, dass wir umschulen müssen im großen Stil, sondern die natürliche Fluktuationen, die wir haben im Unternehmen, die wird die Korrektur bringen. Also aus meiner Sicht. Also wir ersetzen ja nicht von heute auf morgen ganze Abteilungen durch Computer. Das wird schrittweise kommen. Clever ist natürlich, wenn ich zum Beispiel, Buchhaltung gilt als die nächststerbende Branche, ja. So dann setze ich halt irgendwann, wenn ich sehe, meine IT Systeme sind so weit, dass die autonome Buchhaltung machen können, dann wird das stapelverarbeitet einscannen kann, ...#00:25:43# und die das dann auch noch dem richtigen Konto zuweisen. Dann wäre es halt clever, ich würde halt als Unternehmer keine Menschen mehr einstellen, die händisch ...#00:25:49# sollen. Dann ist die Umschulung auch nicht notwendig, weil die Abteilung wird irgendwann altersbedingt aussterben. Und den Job werden die Computer übernehmen. Grundsätzlich werden Arbeitsplätze wegfallen. Aber KI fällt ja nicht vom Himmel. Die muss ja jemand vorher erzeugen. Es war schon in der Vergangenheit ja so, dass in der IT Branche mehr Jobs entstanden sind, als durch Rationalisierung in anderen Branchen weggefallen sind. Das sehe ich weiterhin so.

I: Also Sie glauben, es entstehen eher mehr Jobs. Auch durch die Technologie als wegfallen werden. Ok, das ist sehr sehr interessant. Und gerade, weil Sie gesagt haben, es, die Leute werden langsam aussterben und halt sanft rausgehen. Wir reden ja aber davon, sage ich mal von einem Alter oder von einem Menschen im Berufsleben von 50, 60 Jahren. Also in 50,60 Jahren redet man vielleicht noch nicht mal mehr über KI, dann ist die eben schon da. Und redet man von noch weiter, einer nächst höheren Ebene.

B: Arbeiten tut man ja maximal 45 Jahre. Und es sind ja nicht alle, die in der Buchhandlung arbeiten jetzt gerade erst eingestellt worden. Also manche arbeiten da ja schon seit 30 Jahren, die haben halt so, bis sie die 45 erreicht haben, so noch 15 vor sich. Ja. Manche arbeiten vielleicht da schon seit 40 Jahren, dann haben die noch 5 Jahre vor sich. Und manche müssen tatsächlich auch sich irgendwie bewegen im Unternehmen und einen anderen Job finden. Ob dann so tatsächlich eine Umschulung notwendig ist oder ob eine Anpassungsqualifizierung ausreichend ist, ja-. Also jemand, der seither Belege erfasst hat, dem würde ich zutrauen, dass er zukünftig auch Angebote ausfertigt. Das wird es weiterhin geben, weil zumindest, wenn es nicht ganz einfache Produkte sind, die ich verkaufen will. So ein Angebot ja schon irgendwie ein Stück weit auch ein kreativer Vorlauf hat. Wo wir wieder da an der Stelle sind, wo ich sage, das kriegt der Computer alleine nicht hin.

I: Aber was ich daraus schließe ist, Ihre Meinung ist, dass wir eher sanfter werden, als es vielleicht jetzt auch aktuell prognostiziert wird. Weil beispielhaft, große Consultinghäuser, die sagen 30% auch bei so Hotlineservices werden wegfallen. Weil eben dann eine KI automatisch diese Anrufe durchführt. Da wird man aber eher auch gerade im Deutschen gesetzlichen Rahmen dann darauf achten, wie gesagt, Sie können mir immer widersprechen, dass das eher fließend ist. Das heißt, es werden Leute aussterben und man versucht dann von der Personalplanung einfach weniger einzustellen.

B: Da überlegen wir uns noch, ob das dann zitierfähig ist oder nicht. Das sind doch eh Schrottarbeitsplätze. Das ist doch moderne Sklaverei. Das ist doch das letzte, was man sich vorstellen kann für jemanden. Und ich kann mir nicht vorstellen, dass irgendjemand gern an so einem Arbeitsplatz sitzt.

I: Ja, wobei ich, ich...#00:29:31#

B: Es ist ja aus der Gesamtgesellschaft, es wäre ein Fortschritt, wenn diese Arbeitsplätze wegfallen.

I: Aber, ich sage mal, diese, also zumindest aktueller Stand, müssen ja solche Tätigkeiten noch durchgeführt werden. Also oder es besteht Bedarf. Ob sie durchgeführt werden müssen, ist was anderes. Aber es besteht Bedarf. Und die Leute werden dann halt erst mal und die sind ja schon quasi oft nicht so hoch qualifiziert, werden noch stärker eher, ja verdrängt. Oder in Mitleidenschaft gezogen, obwohl sie schon einen schlechten Stand in der Gesellschaft haben. Also von daher ist es für sie zumindest eine negative Entwicklung.

B: ...#00:29:56# Ja, ja, das ist so.

I: Ok. Genau, also darum, gerade, weil ich habe auch noch eine ethische Betrachtung mit drin.

B: Aber ich habe trotzdem, an der Stelle nachtragend, die Hoffnung, dass zumindest die Kinder der Betroffenen für sich irgendwann mal verstehen, dass es kein Wert an sich ist, wenn man die Hauptschule gerade so besteht. Und nachher auch in einer anderen Tätigkeit, die ganz einfach ist, sein Leben fokussiert. Und mir gibt die Geschichte so ein bisschen Recht, die Kinder der Bergarbeiter im Ruhrgebiet haben ja auch gelernt, dass Kohle für Opa und für Großonkel und so ein ganz guter Job war, aber für den Vater schon irgendwie eine ganz schwierige Angelegenheit. Und die heutigen ...#00:30:51# nicht mehr den Traum haben, dass sie auch unter (?Tag hinfahren), um da Kohle rauszuholen. Weil jeder weiß, dass das Thema Steinkohle in Deutschland in absehbarer Zeit gänzlich erledigt wird und es das dann einfach gar nicht mehr geben wird. Und so denke ich werden auch viele, die heute noch einfache Jobs machen, lernen, dass eben Einfachjobs in der modernen Industriegesellschaft ganz ganz schwierig sind

I: Aber das bedeutet, wir brauchen einen Umbruch im Denken von auch den Nachwuchsgenerationen. Die dann einfach sagen ok, durch diese Digitalisierung fallen einfach Jobs weg, dafür brauche ich mich gar nicht mehr zu interessieren, ich muss eher herausfinden, was macht die Digitalisierung, wie kann ich sie für mich nutzen? Ist das dann auch eine Aufgabe aus Ihrer Sicht von Unternehmen? Dass die das dann auch nach außen kommunizieren oder sehen Sie das eher auf der politischen Ebene, dass man so ein Umdenken erzeugt?

B: Ich bin mir nicht sicher, ob man das überhaupt erzeugen muss oder ob das nicht wiederrum im Sinne von gesellschaftlicher Entwicklung einfach so kommt. Also ich gebe zu, ich selbst habe mal angenommen, dass ich einer Generation angehöre, die ihr Leben gerade noch so, der sein berufliches Leben gerade noch so hinter sich bringen kann, ohne dass dafür IT notwendig ist.

I: Aber meine Generation quasi-.

B: Genau, für Sie gibt es wahrscheinlich nur ganz wenig Erinnerung an die Zeit vorm Internet. Eigentlich gar keine oder, wenn Sie (I: Kaum-.) Genau. Meine Kinder sind mit dem Internet aufgewachsen. Die kennen überhaupt gar nichts anderes, für die ist völlig klar, dass egal welche berufliche Tätigkeit sie später mal ausüben werden, IT Systeme dort eine ganz herausragende Rolle spielen. Und das haben die gelernt innerhalb von einer Generation. Weil ich sage, ich bin zu meiner Schulzeit noch davon ausgegangen, Computer ist was für die drei Freaks aus der Klasse. Und wir alle anderen kümmern uns um die tatsächlichen wichtigen Dinge des Lebens.

I: Die Meinung gibt es nicht mehr.

B: Nein, also heute weiß jeder, dass ohne Computer das überhaupt gar nicht geht. Hat eine Generation gebraucht. Ist insofern verschmerzbar da, auch wenn die IT sich schnell entwickelt, ich nicht glaube, dass wir ab 2019 flächendeckend KI Systeme haben, die da im großen Stil Arbeitskräfte ersetzen.

I: Wir hatten jetzt ja Buchhaltung gerade angesprochen oder Automobilindustrie. Das sind jetzt, ja, Bereiche wo diese Automatisierung, KI jetzt schon schnell oder früh greifen wird. Wo sehen Sie vielleicht noch irgendwie Bereiche, wo es einerseits eben sehr sehr schnell passiert. Und Sie haben ja schon gesagt, überall wo menschlicher Kontakt notwendig ist, ist es schwer zu digitalisieren und automatisieren. Also was für Bereiche werden denn am ehesten davon betroffen werden? Wo die Leute quasi sich umschulen müssten jetzt dann schon frühzeitig oder vielleicht dann sich sogar nach einer neuen Position umschauen? (lacht) (6 Sek.) Grundsätzlich, also ich würde sagen alles was mit Controlling zu tun hat? Mit Verarbeitung von Datenmengen, stimmt's?

B: Ja genau, alles Quantitative, immer wenn es um Zahlen geht, ist natürlich ganz einfach für den Computer. Diese Zahlen aufzubereiten. XY unterscheidet alle Geschäftsprozesse in scaleable und non-scaleable. Und alles was scaleable ist, ist betroffen. Also immer, wenn es drum geht, mehr als einmal das gleiche zu tun. Ist ein Computer einem Menschen überlegen. Weil der Mensch kann auch bei der Wiederholung einer irgendwie gearteten Tätigkeit Fehler machen. Der Algorithmus, der einmal richtig funktioniert, macht keine Fehler. Der macht dann immer zukünftig das richtige, selbe. Ich glaube, das ist es.

I: Gerade so Produktion dann auch.

B: Überall dort, wo es um gleiches geht, muss man sich zumindest drauf einstellen, dass irgendwann mal eine Maschine die Tätigkeit übernehmen wird.

I: Und gerade jetzt auch hinsichtlich in dieser Entwicklung, inwiefern muss das Management von Unternehmen, also gerade die Führungsebene sich darauf jetzt schon einstellten? Wir hatten einerseits Personalplanung, andererseits ein bisschen aber vielleicht auch intern die Strukturen angepasst werden oder Hierarchien abgebaut.

B: Also wir haben heute schon ganz viel Unternehmen, neben der offiziellen Unternehmensführung den IT- Leiter als ganz ganz wichtigen Menschen. (I: CTO, Chief Technologie Officer, oder IT-Leiter.) Ja und Stand heute, das war schon vor zehn Jahren so, gilt ja in so einem Unternehmen, wenn der IT-Leiter sagt, das geht so nicht. Dann liegen alle anderen Zahlen höher). Dann geht es so nicht. IT Systeme sind nicht führbar. Also ich kann zumindest sagen, sie müssen jetzt irgendwas tun. Aber wenn ich ein Unternehmen zum Teil aufbaue auf Algorithmen, auf KI, dann bin ich immer angewiesen auf Dritte. Auf einen außenstehenden Dritten. Und nur wenn der mir die Lösung bietet, die ich haben will, dann kann ich die einsetzen. Wenn es die nicht gibt, dann gibt es die halt nicht. Dann kann ich aber den Computer hundert Mal sage, er soll das jetzt anders machen, dann wird er es immer noch genauso machen, wie er es vorher gemacht hat. Also insofern müssen wir unsere Führungskultur da ein Stück weit anpassen. Und das ist zumindest sicher eine Ausprägung, die wir haben. Wir müssen uns im Klaren werden da drüber, dass also auch IT, die ITler haben das, aber die anderen Führungskräfte, die müssten zwingend, und da sehe ich die Aufgabe der Unternehmen, sensibilisiert werden für: Was bedeutet es, datenbasierte Entscheidungen zu treffen. Die müsste man tatsächlich schulen und da sehe ich auch das Unternehmen in der Pflicht. Die, die einfach nur mitzunehmen eigentlich. Also, ja, Systeme, die man implementiert, transparent zu machen zumindest für die obere und mittlere Entscheidungsebene, dass die verstehen, warum machen wir das jetzt so und nicht anders. Weil das System eben so vorsieht. Oder das so am effizientesten ist oder oder oder. Wenn man die da mitnimmt, dann können die, dann lernen die auch damit umzugehen. Und dann ist das Ganze produktiv. Wenn man die nicht mitnimmt, lauft man Gefahr, dass das IT System in die Richtung und die Mitarbeiter in die andere. Was natürlich wiederrum die ganze Bemühung konterkarieren würde, wenn ich als Unternehmen nicht rationaler und effizienter werde. Sondern das Gegenteil davon.

I: Also ich nehme auch an, dass wenn das Management quasi dahingehend schon perfekt konditioniert und geschult ist, dass es ja auch Abstrahleffekte auf die Mitarbeiter hat, dass die sehen, ok mein Chef hat eine digitale Affinität, muss ich auch eine haben. Also das ist ja immer so ein bisschen eine, vielleicht auch Vorbildrolle, die dann Management einnimmt.

B: Ich meine, wenn ich predige als Manager, das papierlose Büro und jeder Mitarbeiter sieht, dass bei mir ein Stapel voller auf Papier gedruckte Unterlagen auf dem Schreibtisch liegt. (I: (lacht)). Dann nimmt mich halt auch keiner ernst.

I: Genau. Ok. Also sind Sie bei mir, dass sowas auch eine wichtige Rolle spielt, dass dann solche Werte von den Managern dann auch geteilt werden. Dann sind wir auch schon tatsächlich bei der letzten Frage. Wie gesagt, ich hatte am Ende noch so eine ethische Betrachtung mit drin. Denken Sie, dass die Frage kam ja schon mal ein bisschen auf, obwohl Leute ihre Arbeitsplätze verlieren werden, es Sinn macht, auf diese Technologie weiter zu setzen?

B: Uneingeschränkt ja. (I: Uneingeschränkt ja? Ok.) Es macht keinen Sinn irgendwelche Entwicklungen aufhalten zu wollen. Das lernt uns ja schon Donky Shot. Dass es mühselig ist gegen die Windmühle zu kämpfen. Und es ist eine Entwicklung, die so breit ist und so umgreifend, dass man nur sich selber schadet, wollte man die aufhalten. Also müssen alle Bemühungen dahingehen, diese Entwicklung für alle, die betroffen sind, möglichst human zu gestalten. Ja und dann muss sich der eine umschulen, die andere sanft in die Arbeitslosigkeit entlassen. (I: lacht) Nochmal andere von Anfang an so qualifizieren, dass sie gar nicht Gefahr laufen, dann unterzugehen in diesem System.

I: Gerade, weil Sie sagen sanft in die Arbeitslosigkeit entlassen, sehen Sie jetzt gerade in Deutschland da nochmal einen Bedarf bei der Politik, dass das Thema mehr noch aufgenommen wird? Dass man sagt, da ist jetzt gerade eine neue Revolution im Gange. Man muss sich damit beschäftigen und im Zweiten dann vielleicht auch gesetzliche Rahmenbedingungen schaffen, dass die Leute ein bisschen aufgefangen werden. Es gibt ja auch immer wieder diese Diskussion universelles Basiseinkommen beispielshaft. Oder, wenn Sie sehen, nein die Medienentwicklung ist eh so sanft, dann kann man sagen, dass es eben nicht notwendig ist.

B: Schwierig. Also da es ja häufig, Sie haben auch einen Bereich angesprochen, den mit der Telefonzentrale, wo eh schon um dreckige Jobs geht, da habe ich ganz ehrlich keine Lösung. Jemand, der Mitte 50 ist, seither Outbound Marketing im Callcenter macht, den werde ich, der hat auch seither keine Chance gehabt, irgendwie sowas wie Vermögensaufbau zu machen. Von dem wäre es so, so eine Vorruhestandsregelung, da brauchen wir uns gar keine Gedanken drüber machen, weil dann reicht das Geld trotzdem nicht. Also das ist das Dilemma für die Automobilindustrie. Die bieten immer noch an, 60-jährige in den Vorruhestand zu gehen, das ist aber kein Problem, wer irgendwie 40 Jahre lang bei Porsche oder Mercedes gearbeitet hat, der hat mit 60 so viel Geld angesammelt, dass er sich das leisten kann, in Vorruhestand zu gehen.

I: Darum ist ja die Frage, ob es neue Regelungen benötigt, dass man tatsächlich Leuten dann eben dann finanzielle Unterstützung gibt als Sozialstaat. Oder kann ja auch sein, dass Sie das sagen, nein, gab es immer, dass Leute quasi aus Jobs entlassen worden sind bei solchen Umbrüchen. Das wird sich schon auch irgendwie wieder einpendeln. Und am Ende hat die Bevölkerung trotzdem einen Mehrwert generiert?

B: Eigentlich in die Richtung, ja.

I: Gut, dann sind wir auch schon am Ende des Interviews.

B: Kommt drauf an, ohne dass Sie die Frage gestellt haben, möchte ich Ihnen noch eins mitgeben. Das kommt wahrscheinlich nicht vor, aber vielleicht ja doch. KI findet ja auch Einsatz im öffentlichen Bereich. (I: Im öffentlichen Bereich?) Da wo Politik entscheidend ist. Und da gibt es ja eine ganz klare Regelung, dass Entscheidungen zulasten von Bürgern, immer einen gesetzlichen Vorbehalt benötigen. Also man darf nur, die Verwaltung darf gegen den Bürger irgendwas machen, wenn es dafür ein passendes Gesetz gibt. Das Parlament muss beschließen, dass die Verwaltung zulasten der Bevölkerung irgendwas entscheiden darf. Das ist ganz ganz spannend, wenn in der öffentlichen Verwaltung KI Systeme zum Einsatz kommen. Weil A bin ich fest davon überzeugt, werden unsere Parlamente nicht überblicken können, was dieses System dann tatsächlich macht. Und die können dann eigentlich de facto überhaupt gar kein Gesetz erlassen, das legitimiert ein KI geschütztes Verwaltungshandeln.

I: Das heißt, Menschen müssen tatsächlich auch Bereiche abstecken, wo eine KI eben nicht verwendet darf?

B: Also nach unserem heutigen System Demokratie und Rechtstaatlichkeit, dem System, in dem wir aktuell leben, ist aus meiner Sicht gut vorstellbar, dass man im Bereich öffentliche Verwaltung tatsächlich KIs zum Einsatz bringen. Weil es in einem krassen Widerspruch steht zu diesem (I: Rechtsstaat.) Gesetzesvorbehalt, der eben eine wesentliche Säule unseres Rechtsstaates darstellt.

I: Wobei man ja annehmen könnte gerade wo es um, sage ich mal Gesetze geht, die kann ja eine Maschine, das sind ja nur Datensätze, die ja eigentlich mal abgetippt worden sind. Kann ja eine Maschine immer berücksichtigen oder ...#00:45:12# Ausschlusskriterium geben.

B: Nein, es gibt ein Verwaltungsverfahrensgesetz, das gilt für die öffentliche Verwaltung. Den Zwang, dass man Ermessen ausüben muss. (I: Ok. Ok, sehr interessant, das wusste ich zum Beispiel nicht.) Ja, also man muss jeden Einzelfall beurteilen und man muss dann immer abwägen, ist das Mittel, was mein einsetzt geeignet. Und ist es angemessen? Also es wäre geeignet, jemand der, ohne sich anzuschnallen Auto zu fahren, beizubringen, dass man sich anschnallen muss, wenn wir den zehn Jahre ins Gefängnis stecken. Aber das ist nicht angemessen. (I: Aber das ist nicht angemessen.) Genau. Das ist das Problem. Und das muss die öffentliche Verwaltung muss immer, die müssen Ermessen ausüben. (I: Und dieses Ermessen-.) Und das kann man-. (I: Das kann eine Maschine nicht.) Das kann eine Maschine nicht. Behaupte ich. Also ich kann mir nicht vorstellen, wie das eine Maschine können sollte und insofern ist das in dem Bereich ganz ganz schwierig.

I: Aber das ist ja zum Beispiel noch mal so ein Bereich neben eben beispielhaft Vertrieb, der eben aktuell durch KI abgedeckt werden kann oder sogar darf. Weil man auf sich einer rechtlichen Ebene befindet, wo es auch nicht Sinn macht, sowas einzusetzen.

B: Ja. Wobei dieses darf, das haben Sie jetzt gesagt. Ich bin mir nicht sicher, ob unsere Parlamentarier in tutto der Meinung sind, dass man das nicht darf.

I: Ok. Gut, aber sehr sehr spannend.